Kleines Handbuch
der Münzkunde
und des Geldwesens
in Deutschland

Kleines Handbuch der Münzkunde und des Geldwesens in Deutschland

Von Wolfgang Trapp

Mit 60 Tabellen und 31 Abbildungen

Philipp Reclam jun. Stuttgart

Umschlagabbildung:
Reichsguldiner der Stadt Nürnberg, 1562 (Vorderseite)

Universal-Bibliothek Nr. 18026

Gesamtherstellung: Reclam, Ditzingen. Printed in Germany 1999

ISBN 3-15-018026-0

Inhalt

1 Begriff des Geldes

Was ist Geld?

Eine leicht zu beantwortende Frage, sagen die meisten Leute. Sie zeigen zur Demonstration ihr Portemonnaie mit Münzen und Geldscheinen oder öffnen ihre Brieftasche mit Scheckformularen, Scheckkarte, Kreditkarte, Telefonkarte; sie reden von ihrem Sparbuch oder davon, daß sie »Geld auf der Bank« haben.

Geld hat in der modernen Wirtschaft außerordentlich viele Funktionen und erschcint daher in vielen Formen, so daß wir versuchen müssen, der Antwort auf die Frage nach dem Begriff »Geld« durch Teilfragen näher zu kommen.

Wie entstand Geld?

Als in vorgeschichtlicher Zeit jede Familie, Gruppe oder Dorfgemeinschaft ihren Bedarf an Nahrungsmitteln, Kleidung und anderen Gütern des täglichen Bedarfs selbst erzeugte, war noch kein Geld notwendig. Als ›Spezialisten‹, die für die Herstellung mancher Güter besonders geschickt waren, mehr davon fabrizierten, als sie selbst verbrauchen konnten, begann als erstes der Tauschhandel. Getauscht wurden Waren gegen Waren. Der reine Tauschhandel gestaltet sich aber mühsam und kompliziert. Die Menschen, die nach den beiden Weltkriegen die Mangelzeiten bestehen mußten, haben das erlebt, als es beispielsweise in einer Zeitungsanzeige hieß: »Tausche Klavier gegen Briketts«. Ein Tauschhandel kann nur funktionieren, wenn die tauschwilligen Menschen voneinander wissen. Das war in der Zeit, als es noch keinen ausreichenden Nachrichtenaustausch gab, ungleich schwieriger als heute.

Je umfangreicher der Gütertausch wurde, desto notwendiger war ein Hilfsmittel für den Tausch, das sich zugleich als Wertmesser eignete.

Die ersten Tauschmittel waren unterschiedliche Waren, die begehrt und daher leicht zu tauschen waren, wie beispielsweise Vieh, Felle, Salzblöcke, Edelmetalle usw. Mit zunehmendem Handel dienten als solches »Warengeld« mehr und mehr Metallstücke, die anfangs bei jedem Handel zugewogen wurden, bis die Obrigkeit das Gewicht durch einen Stempel beurkundete. Schließlich entstanden handliche, meist flache und runde Metallstücke aus Gold, Silber, Bronze oder Kupfer, deren Wert gleichfalls durch Stempelzeichen bescheinigt wurde. Damit war das Münzgeld entstanden, der Ursprung unserer heutigen Geldwirtschaft.

Welche Geldarten gibt es?

Wir unterscheiden Hartgeld (Münzen), Papiergeld (Banknoten) und Buchgeld (immaterielles Geld, Giralgeld).

Münzen sind Metallstücke, die eine staatlich vorgeschriebene Form haben müssen, um als gesetzliche Zahlungsmittel zu gelten.

Der Münzwert beruht entweder auf dem Metallwert (Kurantmünzen) oder auf einer Staatsgarantie ihres Werts (Scheidemünzen).

Die eigenwertigen Münzen wurden aus Gold, Silber und sehr selten aus Platin geprägt. Bis zum Ende der Edelmetallprägung am Beginn des Ersten Weltkrieges lag der Nennwert der Kurantmünzen nicht wesentlich über dem Metallwert. Dieses Münzgeld bildete bis in die jüngste Vergangenheit ein ebenso übersichtliches wie stabiles Geldsystem.

Papiergeld wird als Banknote von den Notenbanken ausgegeben; in Deutschland von der Deutschen Bundesbank, in Österreich von der Österreichischen Nationalbank und in der Schweiz von der Schweizerischen Nationalbank. Ursprünglich entsprach die Banknote einem Schuldschein der Bank auf den Inhaber mit der Verpflichtung, gegen Vorlage der Note den Gegenwert in Gold oder Silber auszuliefern. Heutzutage gibt es keine Einlösungspflicht mehr.

Münzgeld und Papiergeld bezeichnet man als *Bargeld.*

Buchgeld oder Giralgeld ist stoffloses, unsichtbares Geld. Hierunter versteht man das von den Geschäftsbanken in Form von Sichtguthaben geschaffene Geld. Über derartige Guthaben kann jederzeit durch Abhebung, d. h. Einlösung in Bargeld oder durch Scheck oder Überweisung verfügt werden. Auch mit Hilfe von Kreditkarten o. ä. kann man bargeldlos über das Guthaben disponieren. Über den Bildschirm kann der Berechtigte seine Bank anweisen, jemandem Geld zukommen zu lassen.

Kreditkarten, Scheckkarten sind selber kein Geld, sondern materielle Hilfsmittel, mit denen man über immaterielles Geld – Forderungen auf Bargeld gegen ein Geldinstitut – verfügen kann. »Plastik*geld*« ist demnach ein falscher, zumindest mißverständlicher Ausdruck.

Welche Funktionen hat Geld?

Geld ist zunächst eine *Zähl- und Rechengröße.* So wie eine Länge in der Maßeinheit Meter oder eine Flüssigkeit in der Einheit Liter gemessen wird, erfolgen Geldwertangaben in Einheiten der jeweiligen Währung. Im täglichen Leben ist beispielsweise bei Steuererklärungen, Bilanzen oder Haushaltsaufstellungen Geld eine Rechengröße, ein Hilfsmittel zum Wertvergleich. Zahlungen oder Wertübertragungen sind damit nicht verbunden.

Man kann auch sagen, Geld stellt einen *Wertmaßstab* dar und dient als Verrechnungseinheit, als Zwischengut, das für alle anderen Güter oder Dienstleistungen hingegeben werden kann und damit einen indirekten Tausch erlaubt.

Mit der Funktion des Wertmaßstabes ist auch die Aufgabe als *Mittel zur Übertragung von Werten* und damit als *allgemeines Tauschmittel* verbunden.

Sodann dient Geld zur *kurz- bis mittelfristigen Geldaufbewahrung.* Es wird damit kein Marktteilnehmer gezwungen, den Erlös für verkaufte Waren oder geleistete Dienste sofort wieder auszugeben. Statt dessen kann er beliebige Geschäfte an beliebigen Orten zu beliebigen Zeiten tätigen.

Schließlich ist Geld *gesetzliches Zahlungsmittel.* Auch diese Funktion dient dazu, die Aufgabe als Tauschmittel besser zu erfüllen. Niemand darf die Annahme gesetzlicher Zahlungsmittel zur Tilgung einer Schuld verweigern. Auch der Verkäufer muß mit der Bezahlung in der Geldeinheit, die als gesetzliches Zahlungsmittel gilt, einverstanden sein.

Ordnung des Geldes

Damit das Geld seine Funktionen erfüllen kann, ordnet der Staat das Geldwesen, es entsteht ein *Währungssystem.* In der Regel werden durch Gesetze und Verordnungen der Wert, die Geldzeichen und die Stoffe, aus denen sie bestehen müssen, die etwaige Deckung durch Edelmetalle sowie die umlaufende Geldmenge vorgeschrieben.

Das Währungssystem, kurz auch Währung genannt, ist das in eine rechtliche Form gebrachte Geldwesen.

Es gibt *gebundene* und *freie Währungen.* Zuerst gab es gebundene Währungen, bei denen das umlaufende Geld an ein Edelmetall – Gold, Silber oder eine Gold-Silber-

Legierung – gebunden war. Wenn Münzen im Umlauf waren, deren Metallwert ihrem Nennwert entsprach, wurde vom schon genannten Kurantgeld gesprochen. Für kleinere Zahlungen gab es daneben noch die geprägten *Scheidemünzen,* deren Materialwert geringer war als der Nennwert.

Der Wert einer Geldeinheit, wie Mark, Taler, Gulden o. a., wird in Gewichtseinheiten des Geldstoffes ausgedrückt, dem *Münzfuß* (vgl. S. 28, 51).

In Deutschland wurde 1871 eine einheitliche Goldwährung für das neugegründete Reich eingeführt, bei der eine Mark dem Gegenwert von 1/2790 kg Feingold entsprach, d. h. aus 1 kg Feingold mußten 279 Reichsgoldmünzen zu je 10 Mark geprägt werden. (Näheres S. 52.)

Gebundene Währungen können *ein* einziges Metall – Gold oder Silber – zur Grundlage haben (*monometallistische Währungen*) oder sich auf Gold *und* Silber beziehen (*bimetallistische Währungen*). In diesem Fall ist das Wertverhältnis zwischen den Währungsmetallen entweder gesetzlich festgelegt oder es ist frei schwankend.

Im Deutschen Reich bestand der Geldumlauf bis zum Jahre 1914 aus Goldmünzen (Goldumlaufwährung) und aus Banknoten, die bei der Reichsbank zu der gesetzlich festgelegten Parität von 2 790 M/kg in Gold eingelöst werden konnten. Mit Beginn des Ersten Weltkriegs entfielen Goldbindung und Goldeinlösungspflicht.

Als weitere Stufe der gebundenen Währung existiert die *Goldkernwährung,* bei der nur Banknoten und Scheidemünzen, aber keine Goldmünzen im Umlauf sind. Die Einlösungspflicht der Notenbanken bleibt auf Goldbarren und damit auf sehr große Beträge beschränkt, so daß sie für den täglichen Zahlungsverkehr keine Rolle spielt.

Dienen zur Deckung außer Gold auch noch durch Gold gedeckte Devisen, sprechen wir von einer *Gold-Devisenwährung.* Beispielsweise schrieb das Bankgesetz vom

30. August 1924 (RGBl. II S. 71) eine Bardeckung der Banknoten von 40% vor, wovon ¾ in Gold und ¼ in Devisen gehalten werden mußten.

Die Erkenntnis, daß die Stabilität des Geldwerts und das Funktionieren der Geldordnung nicht unbedingt einen wertvollen Geldstoff voraussetzen, wenn man nur den Geldumlauf genügend knapp hält, ließ die *freie Währung* entstehen.

Das Geld bekommt in einer freien Währung seinen Wert von den Gütern, die mit einer bestimmten Menge Geld erworben werden können. Die Notenbank muß den Geldumlauf im Verhältnis zur Güterproduktion so steuern, daß einmal der Geldwert stabil bleibt und zum andern die Finanzierung der Wirtschaft gesichert ist.

Abb. 1 gibt einen Überblick über die wichtigsten Währungssysteme.

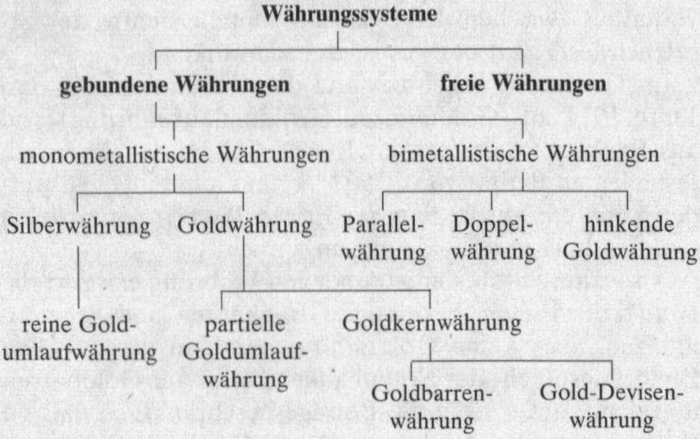

Abb. 1 Währungssysteme

2 Münzkunde

2.1 Begriff und Bezeichnung der Münze

Die Münze ist ein als Geld dienendes Stück Metall, dessen Übereinstimmung mit den gesetzlich vorgeschriebenen Eigenschaften durch Stempelung garantiert wird. Die Garantie erstreckt sich vor allem auf das Gewicht und die Zusammensetzung des Münzmetalls, den *Feingehalt*, d. h. den Anteil von Edelmetall (vgl. S. 24). Die Münzen müssen von »rechtem Schrot und Korn« sein.

Die Münzen der Neuzeit weisen außer der Wertangabe den Namen oder ein eindeutiges Kennzeichen des Ausgabelandes sowie das Prägejahr auf.

Entspricht der Metallwert einer Münze ihrem Nennwert, dem Nominalwert, haben wir eine *Kurantmünze*; im anderen Falle liegt eine *Scheidemünze* vor.

Vor der Reform des Münz- und Geldwesens im 19. Jahrhundert hatten die meisten Münzen eine offizielle oder eine volkstümliche Bezeichnung, die nicht nur der Bequemlichkeit, sondern auch der Klarheit im Handelsverkehr diente. Besonders wichtig war diese Namensgebung wegen des ständigen Wechsels der Münzfüße (vgl. S. 28, 51) und der Münzbilder im Mittelalter und der beginnenden Neuzeit, als es eine verwirrende Vielfalt und kein System bei der Namensgebung gab.

Die folgende Aufstellung bietet nur eine Auswahl der am meisten verbreiteten Bezeichnungen. Die Gliederung folgt einem Vorschlag von E. A. Stückelberg (*Der Münzsammler*, Zürich 1899).

Man hat die Münzen benannt nach

- dem *Münzherrn*

Kroiseios nach König Kroisos (Krösus) von Lydien (um 560/40 v. Chr.)
Daraikos nach König Darios (Darius) I. von Persien (550–486 v. Chr.)
Philippeus nach König Philipp III. von Makedonien (323–317 v. Chr.)
Otto-Adelheid-Pfennige nach Kaiser Otto III. (983–1002) und seiner Großmutter Adelheid als Vormund (991–994)
Juliuslöser nach Herzog Julius von Braunschweig (1574–1588)
Louis d'or nach König Ludwig XIII. von Frankreich (1614–43) und seinen Nachfolgern
Friedrich d'or nach König Friedrich II. von Preußen (1740–86)
Napoleon d'or nach Kaiser Napoleon I. von Frankreich (1804–15)

- dem *Titel des Münzherrn*

Augustalis nach Kaiser Friedrich II. von Hohenstaufen (Fridericus Augustus)
Real nach dem König von Spanien
Sovereign nach dem Souverän von England
Imperial nach dem Zaren (Imperator) von Rußland
Kaisergroschen (die österreichischen Dreikreuzerstücke) nach dem Kaiser von Österreich
Fürstengroschen nach dem Landgrafen Balthasar von Thüringen
Postulatsgulden nach dem vom Papst vorgesehenen Bischof einer Diözese (»Postulatus«)

• dem *Land oder Ort der Prägung*

Franc nach Frankreich
Portugalöser, Portugaleser (nach der Goldmünze Portuguez) nach Portugal
Tournosen nach der französischen Stadt Tours
Haller, Heller nach der Stadt Schwäbisch Hall
Joachimstaler nach der Stadt Sankt Joachimsthal in Böhmen

• dem *Münzgebäude*

Moneta (*monnaie, money, Münze*) nach dem Tempel der Juno Moneta, der Prägestätte Roms
Zecchine nach der Zecca, der Münzstätte von Venedig

• dem *Münzbild*

Kröten nach dem Wappen von Aegina (Schildkröte)
Eulen nach dem Wappen von Athen
Eulendukaten nach dem Bild auf der Rückseite: Eule auf Sonne (Ausbeutemünze des Bergwerks »Zur Eule« in Böhmen)
Papphahn (Papageihahn) ist ein Vier-Schilling-Stück des Herzogs Hans Albrecht von Mecklenburg (1592–1636), das nach dem Reichsadler auf der Rückseite den Spottnamen erhielt. Auch die braunschweigischen, hessischen und sächsischen Groschen der Zeit wurden Papphahn genannt
Papageientaler nach dem Bild auf der Rückseite: preußischer Adler auf einer Erdkugel im Schild. Das Volk sah darin einen schaukelnden Papagei
Salvatortaler nach dem Bild des Heilands auf schwedischen Münzen
Kreuzer nach dem Bild eines Doppel- oder Radkreuzes auf der Vorderseite einer von Meinhard II. von Görz-Tirol seit 1271 ausgebrachten Münze

- der *Umschrift*

Dukat nach dem letzten Wort der Umschrift auf venezianischen Goldmünzen: »Sit tibi Christe datus quem tu regis iste ducatus« (›Dieses Herzogtum, das du regierst, sei Dir, Christus, geweiht‹)
Justo nach dem Anfangswort des Psalmverses 92,13 in der Umschrift einer portugiesischen Goldmünze von König Johann II. (1481–95): »Justus ut palma florebit« (›Der Gerechte wird erblühen wie eine Palme‹)

- der *Farbe*

Albus, Weißpfennig, Witten, nach der ›weißen‹ (lat. *albus*) Farbe des Silbers
Schwarzpfennig nach der Farbe des oxidierten Kupfers
Plappart, Plappert, Blaphart, abgeleitet von frz. *blafard* ›bleich‹, nach der bleichen, matten Farbe der Münzen aus Billon, einer Silber-Kupfer-Legierung, die weniger Silber als Kupfer enthält (sie wurden ab der zweiten Hälfte des 14. Jahrhunderts geprägt)

- dem *Metall*

Aureus (lat., ›golden‹), römische Goldmünze
Argenteus nach lat. *argentum* ›Silber‹, römische Silbermünze
Gulden, ursprünglich eine Übersetzung von lat. *aureus:* Goldene (Münze). Geprägt seit dem 14. Jahrhundert. Als Ende des 15. Jahrhunderts das Silberäquivalent entstand, hieß der bisherige Gulden Goldgulden
Złoty nach poln. *złoto* ›Gold‹, ursprünglich ein polnischer Goldgulden
Silbergroschen
Nickel, 5-Cent-Stück der USA, aus einer Kupfer-Nickel-Legierung

- der *Herkunft des Metalls*

Donaugolddukaten
Inngolddukaten
Isargolddukaten
Joachimstaler
Rheingolddukaten

- der *Werteinheit*

Didrachme: 2-Drachmen-Stück
Dekadrachme: 10-Drachmen-Stück
Tetradrachme: 4-Drachmen-Stück
Doppeltaler
Dreifachtaler
Hälbling
Decime: französische Münze zu 10 Centimes
Centime: Wert eines Hundertstels des französischen Franc
Centesimo: Wert eines Hundertstels der italienischen Lira

- dem *Gewicht*

Drachme: ein altgriechisches Gewicht, eine Rechnungseinheit und eine Münze, meist in Silber, seltener in Gold
Pfund (von lat. *pondus* ›Gewicht‹): alte Gewichtseinheit und in der Folge Münzeinheit (Pfund Pfennige, Pfund Sterling)
Libra (lat., ›Pfund‹), daraus frz. *livre*, ital. *lira*
Mark: Gewichtseinheit, Währungseinheit und Name verschiedener Münzen
Peso (span., ›Gewicht, Stück‹): alte spanische Münze, im 16. Jahrhundert Hauptwährung in Amerika

- der *Dicke*

Groschen, von lat. *grossus denarius* ›dicker Pfennig‹
Dickpfennig
Dicktaler

- dem *Anlaß der Prägung*

Inthronisationstaler
Krönungstaler
Sterbetaler, Sterbedukaten und Sterbegroschen
Siegestaler
Sedisvakanzmünze, nach dem Tod eines geistlichen Münzherrn bis zur Neubesetzung seines Amtes geprägt
Auswurfmünze, bei besonderen Anlässen unter die Menge geworfen
Ausbeutemünze, aus dem Metall bestimmter Bergwerke geprägt

2.2 Münzähnliche Objekte

Medaillen, Schau- oder Denkmünzen dienen nicht dem Geldverkehr, sondern dem Gedächtnis an eine Person oder der Erinnerung an ein Ereignis. Zu den Medaillen im weiteren Sinne gehören Kriegsdenkzeichen ebenso wie Verdienst- und Dienstalterauszeichnungen. Die Medaille ist in der Regel rund und fast immer aus Metall hergestellt (gegossen, geprägt oder auf galvanoplastischem Wege erzeugt) und beidseitig gearbeitet.

Plaketten, eine spezielle Art von Medaillen, sind größer und haben häufig eine rechteckige, quadratische oder ovale Form. Sie sind meist aus Silber, Bronze oder Eisen gegossen, geprägt, getrieben, auch graviert und ziseliert. Sehr viele Plaketten sind einseitig gearbeitet und mit einer Aufhängevorrichtung ausgestattet.

Jetons (von frz. *jeter* ›werfen‹) wurden ursprünglich zu besonderen Anlässen – Krönungen, Hochzeiten, Geburten usw. – in die Menge »geworfen«. Jetons sind medaillenähnlich und haben keinen Geldcharakter. Sie dienen noch heute als Spielmarken.

Rechenpfennige, Zahlpfennige, wurden beim »Rechnen auf der Linie« gebraucht, einem seit dem Altertum üblichen Rechenverfahren, bei dem die Zahlen durch Marken – die Rechenpfennige – auf einem mit Linien versehenen Rechentuch, Rechenbrett oder Rechentisch dargestellt wurden. Auch Jetons wurden vielfach als Rechenpfennige verwendet.

2.3 Münzstoffe

Die Münzen bestehen seit alters aus Gold, Silber oder Kupfer. Selten sind die Metalle rein, sondern meist sind sie legiert, um entweder die Eigenschaften zu verbessern oder den Metallwert zu manipulieren.

Neben diesen drei Standardmetallen werden in geringerem Umfang Platin, Nickel, Zinn, Blei, Zink, Aluminium oder deren Legierungen ausgemünzt.

Das älteste Münzmetall ist wohl das *Elektron*, eine natürlich vorkommende Legierung aus Gold und Silber. Bei den Elektronmünzen des Altertums schwankt der Goldgehalt zwischen 30 und 80%.

Angeblich haben die Lydier unter König Krösus im 6. Jahrhundert v. Chr. als erste Münzen aus geläutertem *Gold* hergestellt, das aber noch kein Feingold im heutigen Sinne war.

In der Karolingerzeit wurde kein Gold gefördert, und als der Vorrat an einzuschmelzenden Goldmünzen der Antike aufgebraucht war, kam die Prägung von Goldmünzen vom 9. bis zum 13. Jahrhundert fast zum Erliegen. Nach der Entdeckung Amerikas war Gold reichlich verfügbar; es blieb bis zur Gegenwart das begehrteste Münzmetall. Jedoch wird das Gold selten chemisch rein als Feingold, sondern mit Silber oder Kupfer legiert ausgemünzt.

Platin wurde in Rußland nur für kurze Zeit, von 1820 bis 1845, ausgemünzt. Die Platinmünzen wurden, da unansehnlich geworden, 1845 aus dem Verkehr gezogen.

Silber ist der am meisten verwendete Münzstoff. Es wurde nur selten unlegiert verwendet, da reines Silber zu weich ist und sich daher zu schnell abnutzt. Meistens erhielt es zur Erhöhung der Härte einen Zusatz von Kupfer. Silber mit einem Zusatz von 50 und mehr Prozent Kupfer wird *Billon* genannt. Überwiegt im Billon das Kupfer derart, daß das Silber nach dem Weißsud nur als dünne Schicht die Oberfläche bedeckt, heißt dieser Münzstoff *Weißkupfer.* Der *Weißsud* ist ein Beizverfahren, um das Kupfer von der Oberfläche geringhaltiger Billon-Münzen zu entfernen. Der so erzeugte Silberglanz hält sich aber nicht lange.

Technische Schwierigkeiten haben die Scheidung des Silbers von beigemengten unedlen Metallen bis ins 19. Jahrhundert erschwert. Erst dann wurde die Herstellung von fast chemisch reinem Silber (998–999 fein) großtechnisch möglich. Bis dahin galt Silber mit 1/24 Beimengung (etwa 958 fein) als Feinsilber.

In Europa kam das meiste Silber in der Zeit vom 10. bis 12. Jahrhundert aus dem Harz. Auch die Tiroler Silberminen waren besonders ergiebig. Seit 1510 wurde auch im Joachimsthal (Böhmen) viel Silber gefördert. Nach den dort geprägten großen Silbermünzen sind die *Taler* (Dollar) benannt.

Ende des 16. Jahrhunderts ging die deutsche Silberförderung stark zurück. Dafür kam dann sehr viel Silber aus dem neu entdeckten Amerika.

Kupfer ist mit seinen Legierungen neben Gold und Silber das dritte klassische Münzmetall. Wird Kupfer mit Zinn legiert, so entsteht *Bronze.* Allen Bronzelegierungen ist die hohe Dehnbarkeit und damit die gute Prägefähigkeit gemeinsam. Die Münzbronze wird wegen der außerdem vorhandenen hohen Korrosionsbeständigkeit und guten Verschleißfestigkeit seit mehr als 150 Jahren in den meisten Ländern für Scheidemünzen verwendet. Sie besteht aus 95 % Kupfer, 4 % Zinn und 1 % Zink.

Zinn und *Blei* sind als Münzmetalle zu weich und wurden nur in Notzeiten verwendet. Zinn diente in Europa häufig als Werkstoff für geringwertige Medaillen und Jetons, Blei war wegen seiner leichten Bearbeitbarkeit und seiner oberflächlichen Ähnlichkeit mit Silber zu allen Zeiten bei den Münzfälschern beliebt.

Das silberähnliche *Nickel*, das an der Luft beständig ist, wurde seit Anfang des 19. Jahrhunderts viel für Scheidemünzen verwendet.

Nickel ist ein hervorragender Münzstoff. Wegen seiner hohen Verschleißfestigkeit und Korrosionsbeständigkeit behalten Nickelmünzen auch nach jahrzehntelangem Umlauf sowohl ihren Glanz als auch die Schärfe ihrer Prägung. Da Nickel ferromagnetisch ist, läßt es sich leicht von Kupferlegierungen ähnlicher Farbe trennen.

Aluminium ist ein Leichtmetall von silberähnlicher Farbe, aber mit geringer chemischer Beständigkeit und für Münzzwecke unzureichender Verschleißfestigkeit. Aus Reinaluminium wurden vor allem in Notzeiten Münzen hergestellt, wenn andere Metalle nicht zur Verfügung standen. Aus der goldgelben Aluminiumbronze werden dagegen häufiger Scheidemünzen geprägt.

Zink, ein bläulich-weißes, leicht korrodierendes Metall, wurde erst im und nach dem Ersten Weltkrieg für Kurs- und Notmünzen verwendet.

Eisen, richtiger *Stahl* genannt, ist wegen seines geringen Wertes und der raschen Oxidation nur in wenigen Ländern als Münzmetall verwendet worden. Nur in Notzeiten, beispielsweise in den beiden Weltkriegen, wurden große Mengen von Eisengeld hergestellt.

Schichtwerkstoffe mit besonderen magnetischen Eigenschaften wurden für betrugssichere Münzautomaten entwickelt. Die deutschen 2- und 5-Mark-Stücke bestehen aus einem Dreischichtenwerkstoff mit einem Kern aus magnetisierbarem Reinnickel und einer Kupfer-Nickel-Legierung (75% Kupfer, 25% Nickel) an den Oberflächen. Solche Münzen werden auch als *Sandwichmünzen* bezeichnet. Kleine Münzen haben in Deutschland seit 1968 einen Stahlkern, der bei den 1- und 2-Pfennig-Münzen beidseitig dünn mit Kupfer und bei 5- und 10-Pfennig-Münzen mit Tombak (einer Kupfer-Zink-Legierung) plattiert ist.

2.4 Schrot und Korn – der Edelmetallgehalt

Eine vollwertige Münze muß »von echtem *Schrot* und *Korn*« sein. Mit ›Schrot‹ – ›Rauhgewicht‹ – bezeichnet man das Gesamtgewicht der Münze, während ›Korn‹ den Feingehalt, den Gehalt an Edelmetall bedeutet. Der Feingehalt wird in Tausendteilen angegeben, wobei nur der Zähler des Bruches erscheint. Beispielsweise heißt »Gold 585«, daß in 1000 Teilen der Legierung 585 Teile, 585‰ Gold enthalten sind. Bis 1857 wurde, als die Mark noch Münz- und Edelmetallgewicht war, der Feingehalt des Goldes auf die Mark, die Einheit des Münzgewichts, bezogen. Auch das war eine relative Gehaltsangabe, da man sich auf die ganze Mark bezog.

Die Mark wurde bei der Angabe des Feingehalts folgendermaßen eingeteilt:

1 Mark Goldgewicht = 8 Unzen = 24 Karat = 288 Grän;

1 Mark Silbergewicht = 16 Loth = 64 Quentchen = 288 Grän.

Die Legierung der Münze wurde nach dem Edelmetallgewicht bestimmt. Lautet beispielsweise die Angabe, daß eine Goldmünze 21 Karat 8 Grän fein ist, so besteht die Münze aus 21 Karat 8 Grän = 260 Grän Feingold. Die Differenz zu 1 Mark, also 28 Grän, sind Zusatzmetalle (meist Silber oder Kupfer). Modern ausgedrückt, ist die Münze $^{260}/_{288} \cdot 1000‰ = 903‰$ fein (vgl. Tab. 1).

Feingold heißt unlegiertes, technisch reines Gold.

Der Feingehalt des Silbers (die Lötigkeit) wurde nach der Mark zu 16 Lot angegeben. Entsprechend gilt für eine Silbermünze von 13 Loth 6 Grän, daß sie aus einer Legierung geprägt wird, die in einer Mark 13 Loth 6 Grän Feinsilber und 2 Loth 12 Grän Kupfer enthält. Sie ist also $^{240}/_{288} \cdot 1000‰ = 833‰$ fein.

In den folgenden Tabellen sind die bis zum Ende des 19. Jahrhunderts gültigen Feingehaltsangaben in Karat den heute üblichen Promillebezeichnungen (Tausendteile) gegenübergestellt.

Tab. 1 Feingehaltsangaben für Goldmünzen

Karat	Tausendteile	Karat	Tausendteile
24	1 000,000 = 1 Mark fein	12	500,000
23	958,333	11	458,334
22	916,667	10	416,667
21	875,000	9	375,000
20	833,333	8	333,333
19	791,667	7	291,667
18	750,000	6	250,000
17	708,334	5	208,334
16	666,666	4	166,667
15	625,000	3	125,000
14	583,334	2	83,334
13	541,667	1	41,667

Tab. 2 Feingehaltsangaben für Silbermünzen

Lot	Tausendteile	Lot	Tausendteile
16	1 000,0	8	500,0
15	937,5	7	437,5
14	875,0	6	375,0
13	812,5	5	312,5
12	750,0	4	250,0
11	687,5	3	187,5
10	625,0	2	125,0
9	562,5	1	62,5

Tab. 3 Feingehaltsangaben in Grän

Grän	Tausendteile	Grän	Tausendteile
18	62,5000 = 1 Lot fein	9	31,2500
17	59,0278	8	27,7778
16	55,5557	7	24,3056
15	52,0834	6	20,8334
14	48,6112	5	17,3611
13	45,1390	4	13,8880
12	41,6667	3	10,4167
11	38,1945	2	6,9444
10	34,7223	1	3,4722

Bei den vollwertigen Edelmetallmünzen, den Kurantmünzen, spielte der Feingehalt eine große Rolle. Er wurde deshalb nicht nur in den Münzgesetzen, sondern auch in den »Valvationstabellen«, den Wechselkurstabellen des 17. bis 19. Jahrhunderts, sorgfältig angegeben.

2.5 Form und Gewicht

Gestalt und *Größe*

Unsere heutigen Münzen sind runde, flache Scheiben. Das war nicht immer der Fall. Aus dem antiken Griechenland etwa sind ovale Münzen überliefert, in der Schweiz wurden im 13. und 14. Jahrhundert fast viereckige Brakteaten (Hohlmünzen) geprägt. Seit dem 16. Jahrhundert kommen viereckige Münzen aus dickem Metall, Klippen genannt, vor allem in Sachsen und Salzburg vor. In Siam waren bis über die Mitte des 19. Jahrhunderts hinaus abgestempelte Silberklümpchen, Tikals (Kugelgeld), in Umlauf. Daneben gab es noch viele andere Münzformen, wie z. B. Miniaturnachbildungen von Waffen und Werkzeugen (sog. Gerätegeld). Auch Münzen mit einem Loch in der Mitte waren vielerorts üblich.

Der *Rand* der Münzen wurde bis zum Beginn der Neuzeit nicht bearbeitet und war daher unregelmäßig. Er wurde häufig befeilt, um Feilspäne des Edelmetalls zu gewinnen. Um dieses betrügerische Befeilen der Münzen zu verhindern, wurde zunächst ihr Rand gekerbt, bis durch eine verbesserte Prägetechnik die Münzen mit einem glatten Rand hergestellt werden konnten. Größere Münzen tragen seit dem 16. Jahrhundert oft eine Randschrift oder Randornamente.

Die *Größe* der Münzen ist für ihre Gebrauchstauglichkeit außerordentlich wichtig. In dem Münz-, Maß- und Gewichtsbuch von Louis Schmidt aus dem Jahre 1870 wird gefordert: »Es sollte keine Münze so klein sein, daß sie sich sozusagen zwischen den Fingern verliert. Sie soll aber auch nicht so groß sein, daß sie beim Gebrauch durch ihr Gewicht unbequem wird.« An diese Regel hat man sich oft nicht gehalten. Es gab im antiken Griechenland Silbermünzen von 3,5 mm Durchmesser und im mittelalterlichen Nürnberg die nach ihrer Form so genannten »Linsendukaten« aus Gold mit 5 mm Durchmesser. Die deutsche Reichsgoldmünze zu 5 Mark von 1873 mit 17 mm Durchmesser und 2 g Gewicht wurde wegen ihrer Unhandlichkeit schon 1910 wieder aus dem Verkehr gezogen.

Mittelalterliche Brakteaten (einseitig geprägte sog. Hohlmünzen im Wert eines Pfennigs) haben oft einen Durchmesser von 30 mm und wiegen nur ein Gramm.

Im Barock wurden außerordentlich große Münzen geprägt, die allerdings kaum zum täglichen Gebrauch, sondern mehr als Kapitalanlage gedient haben. Besonders bekannt sind die von Herzog Julius von Braunschweig (1574–88) aus Harzer Silber geschlagenen »Juliuslöser« im Wert von 2½ bis 16 Taler. Beispielsweise hatte der vierfache Reichstaler von 1685 einen Durchmesser von 75,6 mm und ein Gewicht von 104 g.

Das *Gewicht* der Münze – es hängt von den Abmessungen und der Dichte des Münzstoffes ab – wird von den Münzgesetzen vorgeschrieben und durch den *Münzfuß*, die »Aufzahl«, festgelegt. Diese Aufzahl ist die Anzahl der Münzen, die aus dem Münzgrundgewicht (z. B. 1 Mark, 1 Pfund, 1 Zollpfund oder 1 Kilogramm) geprägt werden dürfen. Manchmal ist auf den Münzen die Aufzahl angegeben. Beispielsweise steht auf einem 1823–56 geprägten preußischen Taler: EIN THALER. XIV EINE F. MARK. Das bedeutet, daß aus einer Mark Feinsilber 14 Taler zu schlagen waren. Zu der Zeit war die kölnische Mark zu 233,856 g preußisches Münzgewicht, ein Taler enthielt also 16,704 g Feinsilber. Bei einem Feingehalt von 750‰ ergibt sich ein Rauhgewicht von 22,272 g.

Im Mittelalter waren die Waagen noch recht ungenau. So wurden bei den zahlreich in Schweden gefundenen Edelmetallwaagen Unsicherheiten bis zu etwa 0,5 g festgestellt, die bei den zugehörigen Gewichtstücken noch darüber hinausgehen. Daher war es üblich, bei den Pfennigmünzen »al marco« zu kontrollieren. Es wurde nicht auf das Gewicht des einzelnen Schrötlings geachtet, sondern nur darauf, daß eine bestimmte größere Anzahl das vorgeschriebene Gewicht einhielt. Das Einzelgewicht konnte dabei beträchtlich vom Sollgewicht abweichen.

Größere Münzen wurden »al pezzo« justiert, d.h. jeder Schrötling wurde einzeln gewogen, die Untergewichtigen wurden wieder eingeschmolzen und die Übergewichtigen befeilt.

Durch die praktische Erfahrung bildeten sich gewisse bevorzugte Werte des Durchmessers, der Dicke und des Gewichts heraus.

Bei Goldmünzen liegen die üblichen Werte zwischen etwa 3,5 g (Goldgulden, Dukat, 10-Mark-Stück) und rund 8 g (römischer Aureus der augusteischen Zeit, englischer Sovereign ab 1816, 20-Mark-Stück).

Die Silbermünzen schwanken zwischen 3,5 g (leichte Drachmen, Denar, Fünfzehnkreuzer) und etwa 30 g (Taler). Zu den schwersten und größten Silbermünzen der Welt gehören wohl die Ende des 16. Jahrhunderts geprägten Juliuslöser mit ihren 104 g bei 75,6 mm Durchmesser.

2.6 Gepräge, Münzbild, Aufschrift

Das *Gepräge* einer Münze umfaßt die durch die Prägung erzeugten Darstellungen auf der Vorder- und Rückseite. Es sind dies das *Münzbild*, die *Aufschrift* und der *Rand.*

Schwierig ist es oft, die *Vorderseite (Avers)* einer Münze von ihrer *Rückseite (Revers)* zu unterscheiden. Als Grundsatz gilt, daß die Vorderseite den Namen des Prägeberechtigten und, falls dieser fehlt, die Angabe des Prägeortes trägt; bei den späteren Prägungen ist die Seite mit dem Wappen des Münzherrn maßgebend. Die Vorderseite, auch Hauptseite genannt, ist die wichtigste Seite der Münze.

Die ältesten Münzen Griechenlands zeigen eine vertiefte Darstellung, sie sind »Hohlmünzen«. Normalerweise aber tragen die Münzen seit dem 6. Jahrhundert v. Chr. bis heute erhabene Gepräge. Das stark plastische Hochrelief war bei den Griechen im Altertum beliebt. Bei den Römern war das Mittelrelief üblich, und das Flachrelief hat sich seit der Spätantike eingebürgert. Es ist für die maschinelle Münzherstellung besonders geeignet.

Im *Feld*, das glatt und blank gehalten wird, finden sich Jahreszahlen, Münzmeisternamen und Münzstätten. Der Rahmen des Münzbildes ist seit alters eine Perlschnur. Die Vorderseite trug in der Antike meist einen Götterkopf oder ein Herrscherhaupt. Die Rückseite der Münze zeigt sehr oft ein Symbol oder ein Wappen.

Die ältesten Münzen, die Anfang des 7. Jahrhunderts v. Chr. in Lydien geprägt wurden, sind ohne Schrift. Ihr Wert ergab sich aus ihrer Größe, aus ihrem Gewicht und aus ihrem Bild. Später ist eine Beschriftung die Regel. Die erste Münze mit Schrift ist der nach 630 v. Chr. geprägte »Phanes-Stater«.

Die *Aufschrift* ist die gesamte Schrift auf beiden Münzseiten. Die *Umschrift* dagegen ist nur die am Rand entlang laufende Schrift. Die Schrift auf dem Rande selbst ist die *Randschrift.* Eine ein- oder mehrzeilige Schrift in der Mitte des Münzfeldes schließlich heißt *Inschrift.* Abb. 2 zeigt schematisch das Gepräge einer modernen Münze.

Abb. 2 Schematische Darstellung des Gepräges einer modernen Münze

Tab. 4 Die nach 1871 in Deutschland prägenden Münzstätten und ihre Zeichen

		E	Königsberg, Dresden
A	Berlin	F	Magdeburg, Stuttgart
B	Breslau, Hannover	G	Karlsruhe
C	Kleve, Frankfurt a. M.	H	Darmstadt
D	Aurich, Düsseldorf, München	I/J	Hamburg

In der Bundesrepublik Deutschland prägen noch die folgenden fünf Münzstätten:

A	Berlin	G	Karlsruhe
D	München	J	Hamburg
F	Stuttgart		

2.7 Herstellung

Eine Münze wird in folgenden Schritten hergestellt: Schmelzen der Münzmetalle; Gießen der Zaine; Auswalzen der Zaine; Ausstückeln (Ausstanzen) der Ronden (Schrötlinge, Platten); Justieren der Ronden; Rändeln der Ronden; Prägen.

Schmelzen. Das Rohmaterial für die Münzlegierung besteht aus Barren der reinen Metalle, alten Münzen und Abfällen bei der Herstellung der Ronden. In der vorgeschriebenen Zusammensetzung werden die Bestandteile in Graphittiegeln eingeschmolzen. Eine Schöpfprobe wird analysiert und nach dem Ergebnis die Zusammensetzung korrigiert, um den gesetzlich vorgeschriebenen Feingehalt zu erzielen. Abb. 3 zeigt einen Schmelzofen, in den der Tiegel eingesetzt wurde.

Gießen. Die geschmolzene, in der Zusammensetzung für richtig befundene Legierung wird zu prismatischen Stäben, den *Zainen*, ausgegossen.

Auswalzen. Die gegossene Zaine wird zuerst in einem Vorwalzwerk zu einer geringeren Dicke bei gleichzeitiger Streckung stark ausgewalzt. Nach mehrmaligem Walzen wird zwischengeglüht, um Sprödigkeit zu vermeiden. Auf einem Fertig- oder Justierwalzwerk bekommen dann die Streifen die endgültige Stärke der späteren Münzen. Zwischen den Walzwerkdurchgängen wird, je nach Material, die Oberfläche durch Beizen oder Sandstrahlen behandelt, um Oxid- und Zunderschichten zu entfernen.

Ausstückeln. Die fertig gewalzte Zaine wird mit einer Schere in Stücke passender Länge geschnitten, aus denen die Ronden (Schrötlinge, Platten) gestanzt (ausgestückelt) werden. Diese Rohformen der Münze werden in Trommeln entgratet und gereinigt. Die ausgestückelten Streifen der Zaine heißen Schroten, betragen etwa 33 % des eingesetzten Metalls und werden wieder eingeschmolzen.

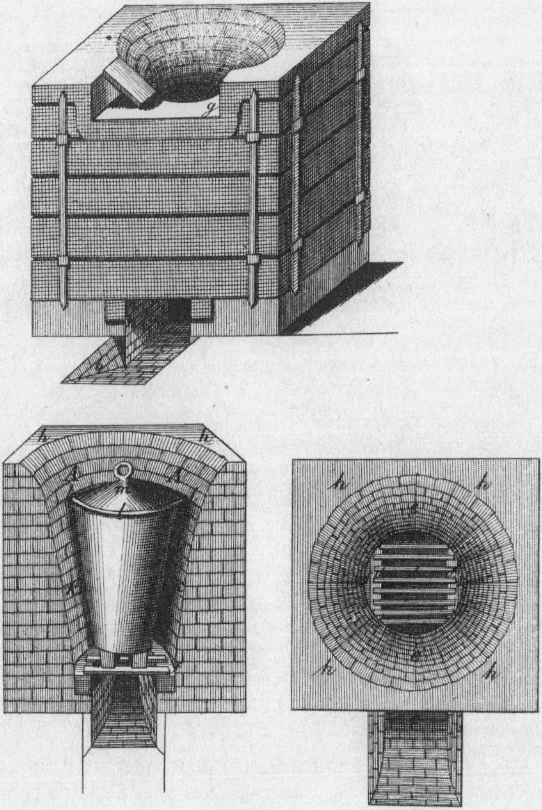

Abb. 3 Schmelzofen, Ende des 18. Jahrhunderts

Abb. 4 Justierung der Ronden von Hand, zweite Hälfte des 19. Jahrhunderts

Justieren. Die Ronden müssen vor dem Prägen auf das gesetzlich vorgeschriebene Gewicht geprüft werden. Die Zaine sind so gewalzt, daß die Ronden im allgemeinen etwas schwerer ausfallen als die Münzen. Früher wurden die Münzplättchen einzeln auf eine kleine Justierwaage gelegt und durch Beschaben auf das richtige Gewicht gebracht. Heute werden die Ronden mit elektronischen Sortierwaagen auf mehrere Gewichtsklassen verteilt und die Schabemaschinen entsprechend eingestellt. Untergewichtige Ronden werden wieder eingeschmolzen. (Abb. 4 zeigt die Justierung von Hand.)

Rändeln. Der noch rauhe Rand der Ronden wird auf einer Maschine durch Walzen zwischen zwei Stahlschienen gestaucht und dadurch geglättet. Es entsteht beidseitig ein aufgeworfener Rand, eine Randleiste, die die Prägung vor Abnutzung schützt. Sie wird Stäbchen genannt (vgl. Abb. 2). Geringwertige Münzen bleiben meist am Rande glatt, während Gold- und Silbermünzen sowie höherwertige Scheidemünzen in der Regel eine Randverzierung aus Kerben, Schuppen, Blättern, Punkten o. ä. erhalten. Münzen größeren Umfangs bekommen auch eine Umschrift. Die Rändelung soll auch das Befeilen verhindern und die Fälschung erschweren. Gekerbte Ränder werden beim Prägen durch entsprechende Gestaltung des »Prägeringes« erzeugt, während der glatte und der Schriftrand auf der *Rändelmaschine* (auch *Kräusel-* oder *Molettiermaschine* genannt) erzeugt wird. Dazu werden die Ronden zwischen zwei parallelen Stahlschienen hindurch gerollt, von denen die eine graviert ist. Abb. 5 zeigt das Prinzip des Rändelns.

Münzstempel. In der Regel wird ein Stempelpaar eingesetzt, bestehend aus Ober- und Unterstempel, mit denen Vorder- und Rückseite der Münzen gleichzeitig geprägt werden.

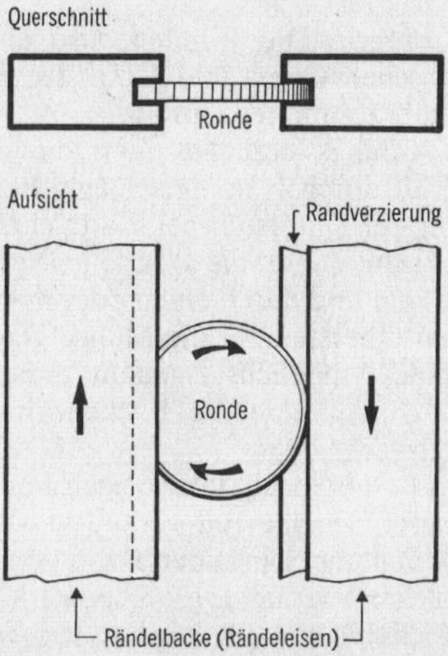

Abb. 5 Prinzip der Rändelmaschine

Ursprünglich wurde das Münzbild vom Stempelschneider nach einer Zeichnung seitenverkehrt direkt mit einem Stichel in das zylinderförmige Münzeisen eingearbeitet, »eingegraben«. Deshalb hieß der Stempelschneider auch Eisengräber. Der so hergestellte Stempel wurde anschließend gehärtet. Der zu einem Stempelpaar gehörende Unterstempel wurde »Stock«, der Oberstempel »Eisen« genannt.

Moderne Herstellungsmethoden gehen von dem etwa 15 cm großen Gipsmodell des Künstlers aus, das von der Reduktionsmaschine dreidimensional abgetastet wird. Die Bewegungen des Abtaststiftes werden auf die Größe der Münze verkleinert und in das Stahlstück der »Patrize« (positives Abbild) eingefräst. Diese wird anschließend gehärtet und mit einer hydraulischen Presse in den ungehärteten Stahlstempel eingesenkt. Nach der Härtung ist die »Matrize« (negatives Abbild) zum Prägen des positiven Münzbildes bereit.

Prägen. Die Ronden, also die Münzrohlinge, werden zwischen Ober- und Unterstempel gelegt und mit hoher Kraft zusammengepreßt.

Anfangs erzeugte man die zum Prägen notwendige Kraft durch Hammerschläge. Bei dieser *Hammerprägung* war der Unterstempel fest in einen Holzblock eingelassen. Auf ihn wurde die Ronde gelegt, darauf der Oberstempel gesetzt und durch einen oder mehrere Hammerschläge auf den Oberstempel die Münze geprägt (Abb. 6). Damit die Bilder möglichst genau die Ronde trafen, wurden die Stempel in die Backen einer Flachzange eingesetzt (Abb. 7).

Die größeren, talerartigen Münzen erforderten derartig starke Schläge mit zentnerschweren Hämmern, daß der Oberstempel in einer Bahn geführt werden mußte. Eine solche Vorrichtung, Klippwerk genannt, zeigt Abb. 8. Noch bis ins 18. Jahrhundert wurden kleinere Münzen

Abb. 6 Hammerprägung im 16. Jahrhundert. Die Arbeitsweise und das Werkzeug sind noch so wie in der Antike

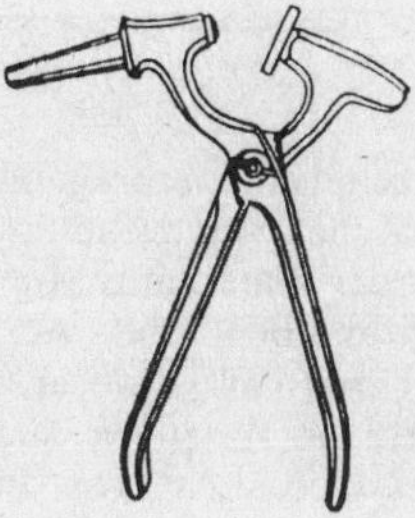

Abb. 7 Mittelalterliche Prägezange

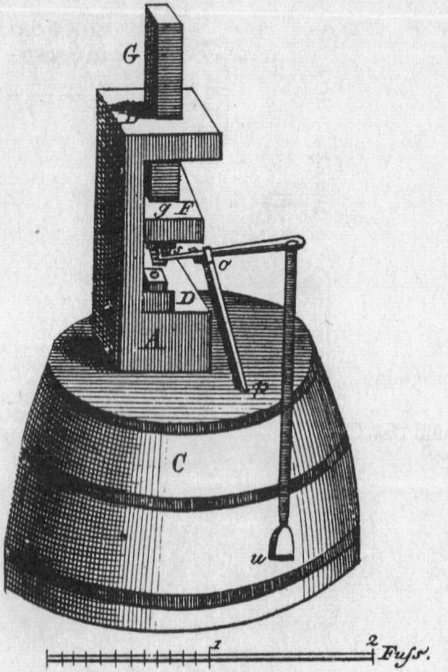

Abb. 8
Klippwerk

durch Hammerprägung hergestellt. In folgenden Zeiten ging man von der mühsamen Hammerprägung, die immer wieder fehlerhafte Münzen lieferte, zu anderen Prägeverfahren über.

Um 1550 wurde in der berühmten Münze zu Hall in Tirol ein *Walzwerk*, auch *Druckwerk* genannt, aufgestellt. Bei dieser Art von Prägeeinrichtung laufen die Zaine durch Walzen mit den eingravierten Münzbildern und werden dabei geprägt. Auf einer Walze ist die Vorderseite der Münze mehrfach eingraviert und auf der anderen genausooft die Rückseite. Erst nach dem Durchlauf der Zaine

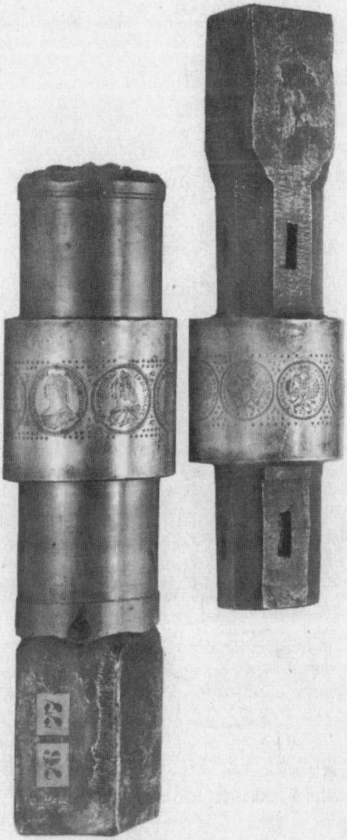

Abb. 9 Walzenpaar von 1748 aus der Haller Münze

werden die Münzen ausgeschnitten. Da eine kreisrunde Fläche durch Walzen oval wird, wurden die Münzbilder im entgegengesetzten Sinne oval auf die Walzen graviert (Abb. 9). Die Walzen trugen vier bis sechs Bilder der größeren und bis 19 der kleineren Münzen.

Eine weitere Verbesserung der Münzfabrikation brachten die im 17. Jahrhundert entwickelten *Taschenwerke* (Abb. 10 und 11).

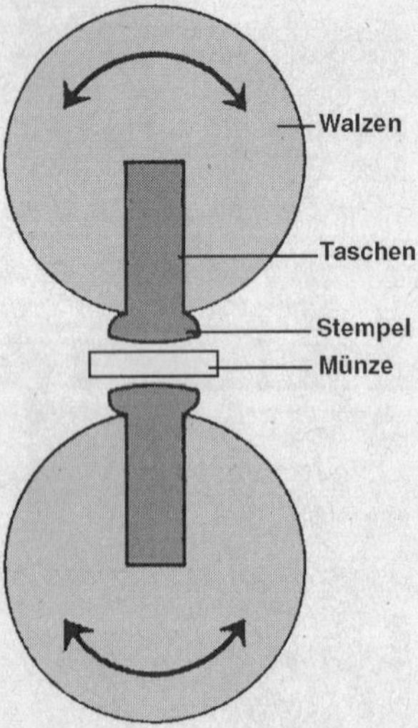

Abb. 10 Schematische Darstellung der Funktion eines Taschenwerks

Abb. 11 Stempel für ein Taschenwerk ▶

Bei diesen war nicht der gesamte Umfang der Walzen mit den Münzbildern graviert. Es wurden nur ein Paar pilzförmige Stempel in »Taschen« der Walzen eingesteckt (Abb. 12). Bei der hin- und hergehenden Bewegung der Walzen konnte zwar jeweils nur eine Münze geprägt werden, es war jedoch viel einfacher, bei Abnutzung einen einzelnen Stempel auszuwechseln statt einer ganzen Walze.

Einen gewissen Nachteil hatte das Prägen mittels der Walze: Wegen ihrer durch das Walzen gebogenen oder nicht kreisrunden Form konnten solche Münzen nicht in das Rändelwerk gebracht werden, mußten folglich beschnitten werden. Der senkrechte Prägeschlag, wie bei der

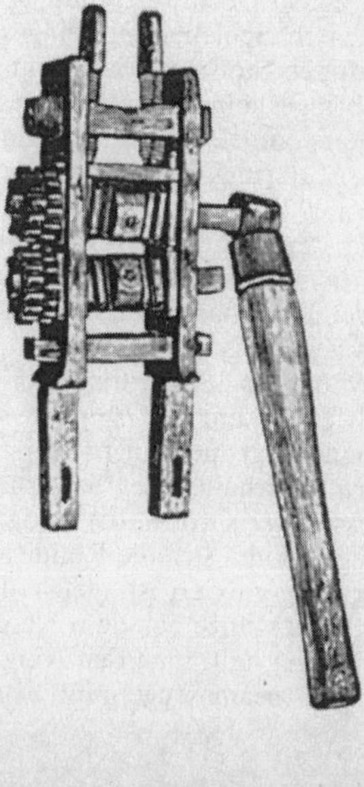

Abb. 12 Taschenwerk

Hammerprägung, war da vorteilhafter. Nur, daß die Hammerprägung, bei der oft mehrere Schläge notwendig waren, häufig ein ungenaues, ›versetztes‹ Münzbild erbrachte oder bei nicht ganz senkrechter Stellung des Oberstempels eine Münzhälfte ungenügend ausgeprägt erscheinen ließ.

Diese Nachteile beseitigte eine Prägemaschine, die unter den Namen *Spindelwerk, Stoßwerk, Anwurf, Balancier* bekannt ist. Sie war die wichtigste Prägeeinrichtung von etwa 1700 bis 1830. Diese starke Schraubenpresse übte die Kraft durch eine mehrgängige Schraube aus, die in einem Rahmen geführt war und mittels eines horizontalen, zwei bis drei Meter langen doppelarmigen Hebels gedreht wurde. Der Hebel trug an seinen Enden je etwa 30 kg schwere Schwungmassen und wurde von mehreren Arbeitern in Umdrehung versetzt, »angeworfen«. Die Schraube bewegte sich abwärts und übte auf den darunter angebrachten Schieber mit eingesetztem Oberstempel einen kräftigen Stoß aus. Ein Mann legte die Ronden mit dem Zubringer, einem metallenen horizontalen Arm, auf den Unterstempel. Diese Maschine – die wegen der starken Erschütterung feste Fundamente erforderte – gestattete etwa 30 Stöße in der Minute (Abb. 13).

Später entfiel die schwere körperliche Arbeit des Anwerfens dank des Einsatzes der Dampfmaschine und anderer Kraftmaschinen; die Ausnutzung stieg dadurch auf das Zwei- bis Dreifache.

Mitte des 18. Jahrhunderts, nach Einführung des Spindelwerks, kam die *Prägung im Ring* auf (Abb. 14): Die Ronde liegt nicht mehr frei auf dem Unterstempel, sondern innerhalb eines Stahlringes, dessen innerer Durchmesser der Größe der fertigen Münze entspricht. Beim Prägen dehnt sich die Ronde aus und ihr Rand wird, wenn der Ring graviert ist, gleichfalls geprägt. Damit in diesem Fall die Münze aus dem Ring leicht herausgebracht werden kann, teilt man den Ring in drei Segmente, die beim Prägen zusammengepreßt, beim Auswerfen aber etwas ge-

Abb. 13 Prägen mit dem Spindelwerk, 18. Jahrhundert

trennt werden. Bestehen die Randverzierungen nur aus senkrechten Kerben, so ist eine Teilung des Ringes nicht erforderlich.

Bis ins erste Drittel des 19. Jahrhunderts war die Spindelpresse die wichtigste Prägemaschine, bis sie durch das *Kniehebelprägewerk* von Dietrich Uhlhorn aus dem Jahre 1817 abgelöst wurde. Bei dieser Maschine wird die zum

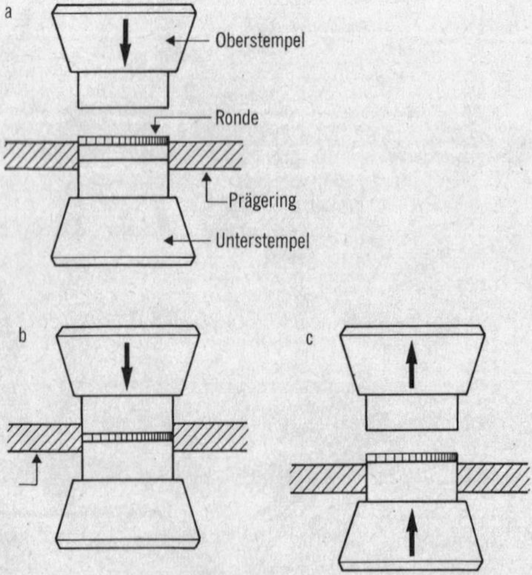

Abb. 14 Prägung im Ring

Bei *a* fällt die Ronde in den Ring. Der Oberstempel ist oben, der Unterstempel steht tief. Bei *b* geht der Oberstempel abwärts und preßt die Ronde gegen den Unterstempel: »Prägung«. Bei *c* geht der Oberstempel aus dem Ring nach oben heraus, und der Unterstempel folgt bis zur Oberkante des Ringes. Die Münze kann entnommen werden

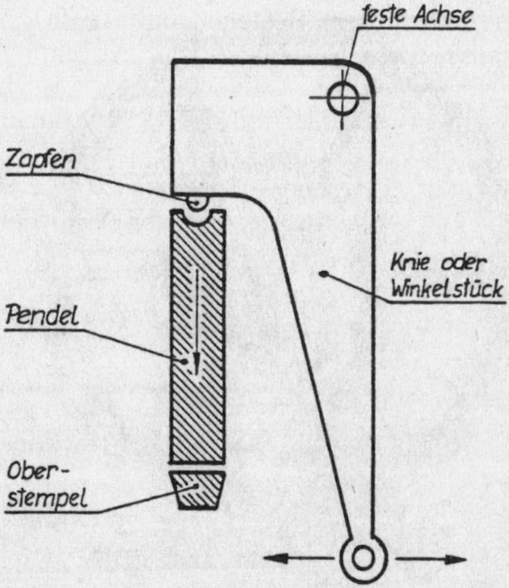

Abb. 15 Prinzip der Kniehebelprägemaschine von Dietrich Uhlhorn, 1817

Prägen erforderliche Kraft nicht durch einen Stoß, sondern durch die Kraftwirkung eines Hebels erzeugt (Abb. 15 und 16).

Die großen Vorteile des Kniehebelprägewerks bestehen in der – im Gegensatz zum Spindelwerk – kontinuierlichen Drehbewegung des Antriebs, die ein Kurbeltrieb in die Vertikalbewegung des Oberstempels umwandelt, und – bei verhältnismäßig geringer Antriebskraft – in der beträchtlich gesteigerten Prägekraft, die auch noch mit dem Verformungswiderstand wächst.

Außerdem laufen bei der Uhlhornschen Prägemaschine viele Arbeitsgänge automatisch ab, für die damalige Zeit eine außergewöhnliche Neuerung, da Arbeitskräfte in großer Zahl verfügbar waren:

Abb. 16 Kniehebelprägemaschine.
Seitenansicht mit Durchschnitt des Prägeständers

- Die Ronden wurden dem Vorratsbehälter selbsttätig entnommen und auf den Unterstempel gelegt.
- Der Prägering wird selbsttätig zu- und abgeführt.
- Die geprägten Münzen werden selbsttätig ausgestoßen.
- Durch eine geringe Horizontaldrehung des Unterstempels während der Prägung wird die Schärfe des Münzbildes wesentlich verbessert.
- Wenn keine Ronde zugeführt wird, schaltet sich die Maschine ab. Die Stempel werden dadurch geschont.
- Eine Überlastsicherung schaltet ab, wenn mehr als eine Ronde zugeführt wird.

- Beim Abschalten der Maschine steht der Prägemechanismus sofort still, so daß keine Fehlprägungen entstehen können.

Die Uhlhornsche Maschine prägte von den großen Münzsorten 36 bis 40 Stück, von mittleren 50 bis 55 und von kleinen 60 bis 75 Stück in der Minute. Die Bedienung erforderte nur eine Person, die den ordnungsmäßigen Gang der Maschine zu überwachen hatte und den Zuführungsbehälter mit Ronden füllen mußte.

Eine noch weitergehende Automatisierung und der Ersatz des trägen mechanischen Steuerungsgestänges durch elektronische Bauelemente haben in unserer Zeit eine Erhöhung der Prägezahlen bis zu etwa 300 Stück in der Minute möglich gemacht.

Die modernen Prägeautomaten arbeiten meist hydraulisch und werden elektronisch gesteuert. (Die empfindlichen Bauteile sind, wie die ganze Maschine, gekapselt, so daß eine Abbildung die Wirkungsweise nicht erkennen ließe.)

Der *Münzbetrieb*, die *Münzstätte*, auch Münze, Münzort, in Österreich Münzhaus genannt, war bis ins 19. Jahrhundert hinein ein reiner Handwerksbetrieb, geleitet vom Münzmeister.

Die Münzstätte entwickelte sich vom Kleinbetrieb im frühen Mittelalter, der oft dem reisenden Königshof von Pfalz zu Pfalz folgte, bis zum Großbetrieb in einer zentral gelegenen großen Stadt. Der Leistungsfähigkeit dieser großen Münzbetriebe entsprechend nahm deren Anzahl, die zur Zeit Karls des Großen etwa 60 betrug, auf 6 am Ende des 19. Jahrhunderts ab.

Die Münzstätte konnte unter verschiedenen Rechtsformen betrieben werden. Danach richtete sich auch die Stellung des Münzmeisters. Betrieb der Münzherr die Münze unmittelbar, so war der Münzmeister sein Beamter. War das Münzrecht dagegen verpachtet oder verpfändet, so konnte der Münzmeister wohl auch Unternehmer sein.

Die Beschaffung des Münzmetalls erforderte größere Geldsummen, die erst später durch den »Schlagschatz« (dazu im folgenden) wieder hereinkamen. Im 12. und den folgenden Jahrhunderten schlossen sich daher in vielen Städten finanzkräftige Bürger, meist Patrizier, zu einer Münzerhausgenossenschaft zusammen. Die Mitglieder dieser Verbindung hießen Hausgenossen und waren recht angesehen. Der Münzmeister war deren leitender Vorsitzender. Ihm oblag, »Frieden, Ordnung und Recht aufrechtzuerhalten, die ihm zustehenden Gerichtsbefugnisse in Münzsachen zu versehen, alle technischen Vorgänge bei der Münzbereitung zu überwachen und zu leiten und beim ganzen Prozesse der Münzfabrication nach bestem Wissen und Gewissen zu verfahren« (*Wörterbuch der Münzkunde*, hrsg. von Friedrich von Schrötter, Berlin ^{2}1970, S. 424). Pflichten, die er bei seiner Anstellung mit einem Eide als solche anzuerkennen hatte.

Die zweite Hauptperson eines Münzbetriebes war der »Wardein« (von ital. und span. *guarda* ›Wächter‹), ein Beamter des Münzherrn, der den Münzmeister zu beaufsichtigen hatte. Der Wardein hatte die Münzprägung zu überwachen, die Feinheit der Metalle, das »Korn«, zu probieren, die Münzen zu wägen, das »Schrot« zu prüfen und die übergewichtigen Münzen zu justieren. Außerdem mußte er die Prägewerkzeuge verwahren und trug die Verantwortung für den Schlagschatz und die Einhaltung des Münzfußes, zwei äußerst schwer miteinander zu vereinbarende Aufgaben.

Der *Schlagschatz* oder *Münzgewinn* ist der Unterschied zwischen dem Nennwert einer Münze und dem Marktpreis des Münzmetalls, abzüglich der Prägekosten. Der Schlagschatz ist naturgemäß bei den Münzen größer, deren durch den Münzfuß vorgegebener Materialwert unter dem der korrekt ausgebrachten Währungsmünzen liegt. Kleinmünzen wurden sehr häufig aus geringhaltigeren Legierungen geprägt als Währungsmünzen, da die Prägekosten sich ja nach der Stückzahl der Münzen und nicht nach deren Nennwert richten. Trotzdem war das Prägen von Kleinmünzen unbeliebt, so daß ein ständiger Mangel bestand. Der Schlagschatz lag meist zwischen 0,25 und 2,5% des Nennwertes der ausgebrachten Münzen. Gewissenlose Münzer, die den Münzfuß nicht einhielten, erreichten vor allem in der »Kipperzeit« (vgl. S. 77) Münzgewinne von über 50% des Nennwertes.

Wenn der Münzherr den Schlagschatz vergrößern oder bei steigenden Münzkosten zumindest nicht sinken lassen wollte, war der Wardein ein unbequemer Aufpasser. Darum wurde ihm vom 16. Jahrhundert an die Aufsicht über den Schlagschatz genommen und dem Münzschreiber übertragen. Kontrolleur des Münzmeisters ist er immer geblieben.

Je nach Größe der Münzstätte war noch weiteres Personal erforderlich, so der Münzschreiber, später Rendant genannt, Stempelschneider, auch Eisenschneider oder Eisengräber genannt. Zur Zeit der Walzenprägung, also von 1550 bis zum Ende des 18. Jahrhunderts, war der »Wellenschmied«, der für die Prägewalzen verantwortlich war, besonders wichtig. Ferner gab es Schlosser, Schmiede, Tiegelwärter, Zimmerleute, Münzscheider und schließlich die Münzarbeiter oder Münzer, die im Mittelalter Münzknechte hießen.

2.8 Münzrecht, Münzhoheit, Münzregal

Das Münzrecht oder die Münzhoheit, bis ins 19. Jahrhundert meist Münzregal genannt, ist das Recht, die zur Münzprägung und zur Organisation und Erhaltung des Münzwesens notwendigen Verfügungen zu treffen. Ursprünglich stand dieses Recht nur dem König zu. Regalien, lateinisch *iura regalia*, sind Hoheitsrechte, die im Mittelalter ursprünglich dem König (*rex*) als Träger der Staatsgewalt vorbehaltenen nutzbaren Gerechtsame, wie besonders Zoll-, Münz- und Marktrecht, Geleitschutz, Stromrecht, Bergrecht und das Recht an erblosen Gütern.

Seit dem 12. Jahrhundert gingen die Regalien vom König auf den Landesherrn über. In dessen Hand wurden sie Teil der allgemeinen Staatsgewalt.

Das Münzregal wurde im 14. und 15. Jahrhundert von den Kaisern unter bestimmten Vorschriften und Bedingungen an reiche Bürger verpachtet. Diese schlossen sich meist, wie unter »Münzbetrieb« erwähnt, zu sogenannten Münzerhausgenossenschaften, kaufmännischen Gesellschaften, zusammen. Fürsten, Grafen, Bischöfe, Äbte und große Städte erwarben in der Folge ebenfalls das Münzregal und trugen so zur Zersplitterung des Münzwesens im Mittelalter und der Neuzeit bei.

Bei der Ausübung des Münzrechts unterscheidet man drei wichtige Bereiche, in denen der Staat tätig wird:

- Die Wahl des Gegenstandes, der als Geld – Wertmaßstab und gesetzliches Zahlungsmittel – dienen soll, also das Recht der Währung
- Die Bestimmung der Größe, der Einteilung und des Nennwertes der Münzeinheit, also das Recht des Münzfußes
- Die Bestimmung der zur staatlichen Gewährleistung der Münzeigenschaft dienenden Zeichen auf der Münze, also das Recht des Gepräges.

Je nach den besonderen Gegebenheiten, etwa Verpachtung oder Verpfändung der Münzstätte, können diese Rechte verschiedenen Inhalt haben. Sie umfassen: die Ausgabe und Einziehung von Münzen; die Festsetzung der Nominale (vgl. S. 281); die Bestimmung des Münzbildes; die Bestimmung der Münzeinheit; die Bestimmung des Währungsmetalls und des Feingehalts; den Erlaß von Ausführungsbestimmungen sowie von Strafbestimmungen gegen Zuwiderhandlungen.

2.9 Münzfuß, Münzgewicht, Münzwaagen

Der *Münzfuß* regelt die Anzahl und Zusammensetzung von Münzen, die aus einer Gewichtseinheit (Mark, Pfund, Kilogramm) des Münzmetalls ausgeprägt werden dürfen. Von Bedeutung war dabei früher, zur Zeit der Kurantmünze, also bis etwa 1914, vor allem der Anteil des Edelmetalls. Bei modernen Münzen hat der Münzfuß für das exakte Gewicht und die Zusammensetzung wegen der Automatensicherheit große Bedeutung. Einige Beispiele sollen den Begriff »Münzfuß« näher erläutern.

Der Augsburger Reichsabschied von 1566 bestimmte, daß 8 Taler (Aufzahl; vgl. S. 28) auf die rauhe Mark (legiertes Münzmetall) und 9 Taler auf die feine Mark (unlegiertes Münzmetall) Silber gehen sollten. Damit ergibt sich für einen Taler ein Rauhgewicht (Gesamtgewicht der Münze) von 29,232 g und ein Feingewicht (Silbergehalt) von 25,984 g. Feingewicht durch Rauhgewicht geteilt ergibt einen Feingehalt von 888,889 Tausendteile Silber in der Münzlegierung. Zur damaligen Zeit lautete die Vorschrift für die Münzlegierung: Silber von 14 Lot und 4 Grän = 256 Grän. Die Differenz zu einer Mark von 288 Grän bestand aus Kupfer. 256 Grän dividiert durch 288 Grän ergibt wiederum eine Feinheit von 888,889 Tausendteile Silber.

Die Bezeichnung »9-Taler-Fuß« für diese Münzart nennt die Anzahl (Aufzahl) der Taler, die »auf« die feine Mark entfallen. Es war das Bestreben der damaligen Zeit, Zahlenverhältnisse zur Erleichterung des Rechnens nur in ganzen Zahlen anzugeben. Die Dezimalrechnung verbreitete sich erst im 19. Jahrhundert, vor allem unter dem Einfluß der dezimal geteilten Maße und Gewichte.

Als zweites Beispiel diene das »Gesetz, betreffend die Ausprägung von Reichsgoldmünzen, vom 4. Dezember 1871 (RGBl. S. 404)«, das auf ganzzahlige Verhältnisse keine Rücksicht nimmt. Darin heißt es:

§ 1 Es wird eine Reichsgoldmünze ausgeprägt, von welcher aus Einem Pfunde feinen Goldes 139½ Stück ausgebracht werden.

§ 2 Der zehnte Teil dieser Goldmünze wird Mark genannt und in 100 Pfennige eingeteilt.

§ 3 Außer der Reichsgoldmünze zu 10 Mark (§ 1) sollen ferner ausgeprägt werden:
Reichsgoldmünzen zu 20 Mark, von welchen aus Einem Pfunde feinen Goldes 69¾ Stück ausgebracht werden.

§ 4 Das Mischungsverhältnis wird auf 900 Tausendteile Gold und 100 Tausendteile Kupfer festgestellt.

Es werden demnach
125,55 Zehn-Mark-Stücke,
62,775 Zwanzig-Mark-Stücke
je ein Pfund (500 g) wiegen.

Damit ergaben sich folgende Gewichte der Reichsgoldmünzen:

	20 Mark	10 Mark
rauh	7,96495 g	3,98248 g
fein	7,16846 g	3,58423 g

Nach altem Sprachgebrauch ist das ein »1395-Mark-Fuß«.

Das Feingewicht der neuen Reichsgoldmünzen ergab sich aus folgender Rechnung:

Bei der bisherigen Silberwährung waren aus dem »Pfund fein« 30 Taler geprägt worden. Da die Mark dem Drittel des Talers entsprechen sollte, mußten 15,5 Pfund Feinsilber 15,5 · 90 = 1395 Mark wert sein, wenn man von dem damaligen Wertverhältnis von Gold zu Silber von 15,5 zu 1 ausgeht. Daraus ergibt sich, daß aus einem Pfund Feingold ebenfalls 1395 Mark oder 139,5 Stücke der Münze zu 10 Mark herzustellen waren. Für das 20-Mark-Stück ergab sich danach die Aufzahl 69,75 auf das Pfund Feingold. Bei der vorgeschriebenen Feinheit von 900 Tausendteilen für die Goldmünzen ergaben sich für das »rauhe Pfund« Aufzahlen von 139,5 · 0,9 = 125,55 für das 10-Mark-Stück und für das 20-Mark-Stück. Daraus errechnen sich die in § 4 angegebenen Gewichte der Reichsgoldmünzen: beispielsweise für das 10-Mark-Stück $500/139{,}5$ = 3,58423 g Feingewicht.

Das *Münzgewicht* des frühen Mittelalters war das römische Pfund von 327,45 g, das in 12 Unzen von 27,288 g eingeteilt war. An Stelle des römischen und des späteren, etwas größeren karolingischen Pfundes trat im 11. Jahrhundert die Mark als allgemeines Münzgewicht.

Die Mark war vermutlich eine nordgermanische Gewichtseinheit. Im Jahre 857 wurde zuerst in einer angelsächsischen Urkunde die »Mark« erwähnt. Im Norden war sie in 8 Unzen oder Öre geteilt. Da das römische Pfund in 12 Unzen geteilt war, entsprach die Mark ⅔ Römerpfund, wenn man annimmt, daß beide Unzenwerte übereinstimmen.

In Deutschland galt bis ins 11. Jahrhundert das Pfund als alleiniges Münzgewicht. Im Rheinland tauchte daneben die Mark auf. Da hier das Pfund in 16 Unzen geteilt wurde, entsprach die Mark mit 8 Unzen einem halben Pfund, wenn man wiederum die Gleichwertigkeit der Unzen annimmt.

Die Bedeutung Kölns als Handelszentrum bewirkte, daß sich diese Mark als »Kölner Mark« als Münzgewicht rasch in Europa verbreitete.

Die unempfindlichen Waagen der damaligen Zeit, wenig sorgfältige Wägungen der Normalgewichte und großzügige Rundungen ließen bald örtliche Unterschiede der einzelnen Markgewichte entstehen.

Im Durchschnitt hatte die Kölner Mark ein Gewicht von 233,85 g mit einer Schwankungsbreite von 231,156 bis 234,068 g. Diese Werte wurden aus überlieferten Gewichtstücken ermittelt.

Mit der Esslinger Münzordnung für das Heilige Römische Reich von 1524 wurde die Kölner Mark zum erstenmal allgemein als Münzgrundgewicht anerkannt. Bis zur Einführung des Zollpfundes von 500 g beim Wiener Münzvertrag von 1857 war die Kölner Mark *das* Münzgewicht.

Mit der preußischen Maß- und Gewichtsordnung von 1816 wurde die »preußische Kölner Mark« auf 233,856 g festgelegt. Als diese Mark 1837/38 von allen Mitgliedstaaten des Deutschen Zollvereins angenommen wurde, gab es zwar erstmals in allen deutschen Territorien ein einheitliches Münzgewicht, das aber nur wenige Jahrzehnte galt. Nur in Österreich galt statt dessen die Wiener Mark von 280,668 g, die 1⅕ einer Kölner Mark betragen sollte, so daß sich eine Wiener Kölner Mark von 233,870 g ergab.

Die Mark war nach dem streng durchgeführten Grundsatz der Halbierung eingeteilt (s. Tab. 5).

Dieselbe Einteilung bedeutete jedoch keineswegs, daß überall dieselben Gewichtswerte galten. Auf Seite 57 sind die wichtigsten Münzgewichte des Mittelalters aufgeführt, und Tab. 6 bringt eine Auswahl von Münzgewichten des 19. Jahrhunderts. Wenn im folgenden die Mark erwähnt wird, ist die kölnische Mark zu 233,856 g gemeint. Auf Ausnahmen wird jeweils hingewiesen.

Neben dem Gewichtssystem der Kölner Mark war eine andere, auf dem Pfund von Troyes beruhende Mark von

Tab. 5 Einteilung der Gewichtsmark

												Kölnische Mark g
Mark	1											233,856
Halbmark	2	1										116,928
Vierdung	4	2	1									58,464
Unzen	8	4	2	1								29,232
Lot	16	8	4	2	1							14,616
Setin	32	16	8	4	2	1						7,308
Quentchen	64	32	16	8	4	2	1					3,654
Richtpfennig	256	128	64	32	16	8	4	1				0,9135
Heller	512	256	128	64	32	16	8	4	1			0,457
Äßchen	4352	2176	1088	544	272	136	68	17	8,5	1		0,054
Richtpfennigteile	65536	32768	16384	8192	4096	2048	1024	256	128	64	1	0,0036

überregionaler Bedeutung. Die Stadt Troyes in der Champagne war bis zum Ende des 13. Jahrhunderts ein bedeutender Handelsort mit eigenen Münzen, Maßen und Gewichten. Das Pfund von Troyes enthielt 13½ römische Unzen und wog demnach 367,20 g. Dieses Pfund wurde in den Niederlanden seit dem 14. Jahrhundert im Münzwesen angewendet und setzte sich im 15. Jahrhundert in England durch. Man bezeichnete es hier als »Troy-Pfund«. Es war etwas schwerer als das Vorbild und wurde zuletzt mit 373,342 g festgestellt.

In Frankreich galt im Münzwesen bis zur Einführung des metrischen Systems die Pariser Troymark (Marc de Troyes) von 244,7529 g.

Zur Angabe der Feinheit, des Korns einer Münzlegierung, diente das *Probiergewicht*, das jedoch kein Gewicht war, sondern ein Maßstab zur Angabe des Feingehalts. Bei Silber wurde die Mark bis zum 17. Jahrhundert in 16 Lot zu 4 Quentchen zu 4 Richtpfennig = 256 Richtpfennig eingeteilt. Später war die Einteilung: 1 Mark = 16 Lot zu 18 Grän = 288 Grän. Bei Gold teilte man die Mark in 24 Karat zu 12 Grän = 288 Grän (vgl. dazu Kap. 2.3).

Wir unterscheiden für *Münzwaagen* zwei Verwendungsbereiche, die unterschiedliche Konstruktionen erfordern. Einmal werden Waagen, wie in Kap. 2.5 erwähnt, in den Münzstätten bei der Herstellung der Münzen benötigt, und zum andern dienen sie zur Kontrolle bereits umlaufender Münzen. Die Kontroll- und eigentlichen Münzwaagen dienen der Prüfung, ob die Münze im Verkehr das *Passiergewicht* einhält, d. h. noch verkehrsfähig ist. Das Passiergewicht einer Kurantmünze ist das noch zulässige Mindestgewicht, bei dessen Unterschreitung die Annahme verweigert werden kann. In den Jahrhunderten des hohen Mittelalters machte der Kaufmann das beste Geschäft im Fernhandel. Dazu mußte er selbst auf Reisen gehen. Zu der Zeit bestand das Geld nur aus Kurantmünzen außerordentlich großer Vielfalt, mit unterschiedlicher Abnutzung und teilweise absichtlich durch Befeilen des Randes verringertem Gewicht. Der Kaufmann brauchte daher eine Waage. Waagen für das heimatliche Kontor wurden zusammen mit speziellen Gewichtstücken, den Münzgewichten, in einem Holzkasten, der Lade, aufbewahrt. Auf der Reise jedoch war diese Art der Münzwaage zu sperrig. Seit dem späten 9. Jahrhundert bekam der Waagebalken deshalb Scharniere, so daß er zusammengeklappt mit der empfindlichen Zunge in den schützenden Waagschalen Platz fand (Abb. 17).

Tab. 6 Auswahl von Münzgewichten in der ersten Hälfte des 19. Jahrhunderts

Angaben in Gramm

Augsburg, Mark	236,100
Bayern, Kölner Mark	233,950
Brandenburg, Mark	211,926
Dänemark, Kölner Mark	235,296
Holland, Troy-Mark	246,064
Köln, Kölner Mark	233,856
Norwegen, Mark	234,540
Nürnberg, Mark	237,520
Paris, Troy-Mark	244,753
Portugal, Mark	229,500
Preußen, Kölner Mark	233,856
Spanien, Mark	229,500
Wien, Kölner Mark	233,890
Wien, Mark	280,668
Zollverein[1], Kölner Mark	233,856
Zollverein[1], Zollpfund ab 1857	500,000

[1] Mitglieder des 1834 in Kraft getretenen Deutschen Zollvereins waren Preußen, Bayern, Sachsen, Württemberg, Kurhessen, Hessen-Darmstadt und die Thüringischen Staaten. Baden, Nassau und Frankfurt a. M. kamen 1836, Luxemburg, Braunschweig und Lippe 1842, Hannover und Oldenburg 1854 hinzu

Abb. 17 Klappwaage aus dem 9./10. Jahrhundert

Die Klappwaagen waren bis ins 13. Jahrhundert weit verbreitet. Als aber in der Folgezeit der Fernhandel vom heimischen Kontor abgewickelt wurde und auf den Warenmärkten Geldwechsler ihren festen Stand hatten, wurden sie nicht mehr gebraucht. Dazu kam, daß Klappwaagen die für das Wägen von nun auch wieder geprägten Goldmünzen erforderliche Genauigkeit nicht erreichten; da Gold einen zehn- bis fünfzehnfach höheren Wert als Silber hat, läßt sich der gesteigerte Anspruch an die Genauigkeit der Waagen wohl ermessen.

Es folgte die hohe Zeit der klassischen Goldmünzwaage. In dem zugehörigen Kasten waren, neben der gleicharmigen Präzisions-Balkenwaage, zwischen fünf und fünfzig Goldmünzgewichte untergebracht. Abb. 18 zeigt eine typische Ausführung, die noch bis ins 19. Jahrhundert hinein üblich war. Bis zum Ende des 17. Jahrhunderts waren die beigefügten Gewichtstücke auf den Nennwert der

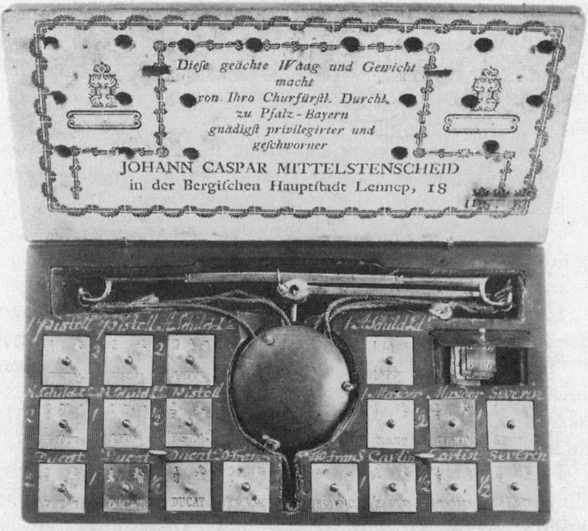

Abb. 18 Bergische Münzwaage vom Ende des 18. Jahrhunderts mit 18 Gewichtsstücken aus Messing mit Griffknöpfchen. Unter der Messingklappe vier Ausgleichsgewichte

Münze justiert. Mit der Verbesserung der Wägetechnik und der Technologie bei der Herstellung von Gewichtstücken wurde es Anfang des 18. Jahrhunderts möglich, die Gewichtstücke auf das Passiergewicht abzugleichen.

Das Passiergewichtstück wird meist, wenn kein Irrtum möglich ist, einfach »Passiergewicht« oder auch »Passierstein« genannt. Für jede zu prüfende Münzenart ist ein spezielles Passiergewicht erforderlich, bei den zahlreichen damals kursierenden Kurantmünzen waren Münzkästen mit mehr als zehn Gewichten keine Seltenheit.

Der Unterschied zwischen Normalgewicht und Passiergewicht kann, je nach gesetzlicher Vorschrift, 0,25 bis 1,5 % vom Normalgewicht betragen. Beispielsweise war das Passiergewicht der Reichsgoldmünzen von 1871 mit 0,5 % gesetzlich festgelegt.

In diesem Zusammenhang ist das *Remedium*, auch *Toleranz* genannt, zu erwähnen. Das Remedium ist die gesetzlich gestattete Abweichung nach Plus oder Minus vom Normalgewicht bei der Prägung. Es war bei den Reichsgoldmünzen mit 0,25 % vom Rauhgewicht und mit 0,2 % vom Feingehalt vorgeschrieben.

Im zweiten Drittel des 19. Jahrhunderts verschwanden die Münzwaagen aus dem privaten Gebrauch, da Kurantmünzen mehr und mehr durch Papiergeld ersetzt wurden und die noch umlaufenden Goldmünzen durch die verbesserte Prägetechnik, wie das »Prägen im Ring« (vgl. S. 42), sicher gegen das Befeilen geworden waren.

Es gab noch viele Sonderformen von Münzwaagen, mit denen man meist nur die gebräuchlichsten Münzen prüfen konnte. In der Gegenwart verwenden Banken und große Geschäfte Geldzählwaagen und Kontrollwaagen für Geldrollen zur Gewichtsprüfung von Scheidemünzen.

3 Münz- und Geldgeschichte

3.1 Mittelalter und frühe Neuzeit

Die Germanen der Völkerwanderungszeit fanden bei ihren Eroberungen in den bisher römischen Provinzen ein Münz- und Geldsystem vor, das zwar im Vergleich zu der augusteischen Zeit schon stark entartet war, aber gegenüber den Eroberern noch einen hohen Stand hatte. Formen der Naturalwirtschaft waren aus dem 3. Jahrhundert noch geblieben, daher genügten den Germanen zunächst die Münzen, die sie vorfanden. Später prägten sie vor allem Goldmünzen nach römischem Vorbild. Der Solidus und sein Drittel, der Tremissis oder Triens, waren die bevorzugten Werte. Unter den Merowingern prägten die Franken zunächst noch Solidi und Tremisses, bald aber wurde der Tremissis die bevorzugte Münze der merowingischen Zeit. Er ist in ungeheuren Mengen geprägt worden. Später aber wurde sein Gewicht und sein Feingehalt – von 1,51 g Gold zur Zeit Konstantins des Großen bis auf 0,39 g unter Karl dem Großen – immer geringer, bis er durch eine vollwertige Silbermünze ersetzt wurde.

Die Kaufkraft eines Tremissis um das Jahr 585 geht aus einer Notiz des Bischofs Gregor von Tours hervor, wonach man für einen Tremissis einen Scheffel Getreide oder 4 Maß Wein (ca. 34 ℓ) bekam.

Im 7. Jahrhundert wurden die Goldmünzen allmählich durch Silbermünzen ersetzt, die bis zum 13. Jahrhundert vorherrschten.

Den Rückgang der Goldprägung führte man bisher meist auf einen Mangel an Münzmetall zurück. Neuerdings sucht man dagegen die Ursache in einem schwindenden Vertrauen in die Qualität der zur Merowingerzeit geprägten Goldmünzen. Die Karolinger hätten das Mißtrauen gegen Goldmünzen durch gute und schwere Silberstücke zu beseitigen versucht.

Unter Pippin dem Kleinen (751–768) soll man erstmals die Prägestätte auf dem Revers der Münze genannt haben, was Karl der Große zum Gesetz machte. Jedenfalls hat sich die Silbermünze während der Karolingerzeit als einziges Zahlungsmittel durchgesetzt. Sie wurde nach dem römischen Denar benannt, hieß im Westreich folglich Denier. Auf deutsch nannte man diese neue Münze »Pfennig«. Von ihrem ursprünglichen Namen ist die noch im 20. Jahrhundert übliche Abkürzung ₰, ein *d* der deutschen Schreibschrift, für »Denar« abgeleitet.

Das Gewicht dieses silbernen Denars oder Pfennigs wurde von den Merowingern übernommen und der Münzfuß durch das Edikt von Vernon 754/755 folgendermaßen festgelegt:

> Aus dem Römischen Pfund Silber (327 g) sollten 264 Denare (Pfennige) geprägt werden.
> Es galten: 1 römisches Pfund = 22 Solidi (Schillinge)
> und 1 Solidus (Schilling) = 12 Denare (Pfennige)

Der Denar oder Pfennig hatte demnach ein Sollgewicht von 1,24 g Silber und entsprach damit ungefähr dem alten merowingischen Denar. Der Solidus oder Schilling war nur eine Rechnungseinheit oder Zählgröße und wurde nicht geprägt.

3.1.1 Die Münzreform Karls des Großen

Karl der Große übernahm zunächst den Pfennig. Um die Jahre 793/794 änderte er jedoch den Münzfuß in außergewöhnlicher Weise: die Pfennige wurden deutlich schwerer, und die Novi Denari – ›neue Pfennige‹, wie sie auf der Frankfurter Synode im Mai 794 genannt wurden – zeigten auf der einen Seite das königliche Monogramm und auf der anderen Seite ein Kreuz. Beide Seiten weisen je eine umlaufende Inschrift auf: die eine Seite + CAROLUS REX FR, die andere den Namen der Münzstätte. Dies blieb der Standard für Jahrhunderte. An die Stelle des römischen Pfundes trat als neue Gewichtseinheit das sogenannte Karlspfund zu 408 g. Aus ihm sollten 240 Pfennig geprägt werden, wobei 1 Pfund = 20 Schilling = 240 Pfennig gerechnet wurde. Dies ergab ein Pfenniggewicht von 1,7 g. Der Schilling blieb nach wie vor eine reine Rechnungseinheit.

Die Zählweise 1 Pfund = 20 Schilling = 240 Pfennig wurde für Jahrhunderte bestimmend. Sie hielt sich über das Mittelalter hinaus, in Großbritannien sogar bis 1971.

Der Pfennig wog nunmehr um 1,7 g. Über die Ursachen dieser beträchtlichen Erhöhung des Pfenniggewichts wird noch heute diskutiert. Vielleicht besteht ein Zusammenhang mit dem damals in Asien auftretenden Silberüberschuß. Der dadurch fallende Silberpreis konnte durch die Erhöhung des Pfenniggewichts ausgeglichen werden. Damit blieb dessen Kaufkraft ungefähr erhalten und damit der Wert der an den König zu zahlenden Abgaben.

Außer in Friesland, um den Handelsort Dorestad, erhielt sich nur noch in Bayern ein gewisser Goldumlauf. Dort liefen auf Grund des Handels mit Byzanz weiterhin Goldsolidi um. Der Schilling wurde daher in Bayern statt in 12 in 30 Pfennig geteilt. 8 Schilling, sogenannte Langschilling, ergaben dort ein Pfund, so daß wie im übrigen Reich 240 Pfennig auf ein Pfund entfielen.

Karl der Große verringerte die Anzahl der Münzstätten von über 400 auf etwa 30 und bestimmte, daß nur noch in seinen Pfalzen geprägt werden durfte. Allerdings begann das straff organisierte Münzwesen sich unter seinen Nachfolgern zu lockern; zunächst bekamen unter Ludwig I., dem Frommen (814–840), Bistümer und Abteien Münzgerechtsame verliehen. Damit wurde erstmals die königliche Münzhoheit durchbrochen. Von Bedeutung war die Errichtung der ersten Münzstätte östlich des Rheins in Regensburg.

Der Münzfuß Karls des Großen blieb auch unter den nachfolgenden Karolingern unverändert, wenn auch das Gewicht der einzelnen Pfennige erheblich schwankte. So sind beispielsweise aus der Regierungszeit Ludwigs I. Pfennige mit Gewichtswerten von 1,23–1,99 g bekannt, also eine Abweichung von etwa ± 23 % vom Mittelwert. Diese für eine Kurantmünze sehr große Spannweite erklärt sich aus der »al-marco«-Prägung (vgl. S. 28).

3.1.2 Zeit der Pfennige

Die Zeit von der Mitte des 8. bis zum Ende des 11. Jahrhunderts wird die *Periode des überregionalen Pfennigs* genannt. Mit dem 12. Jahrhundert beginnt die Periode der regionalen Pfennige, die erst mit dem Ende des 13. Jahrhunderts endet.

Der Pfennig, der nach zeitgenössischer Ansicht aus Feinsilber bestand, galt unabhängig von seinem Prägeort im gesamten Frankenreich und darüber hinaus, wie zahlreiche Münzfunde belegen. Neben dem Pfennig wurde noch, allerdings recht selten, der Halbpfennig (Hälbling, Obol) geprägt.

Diese zwei Münznominale konnten den Geldbedarf für die nächsten Jahrhunderte decken, d. h. solange der Bedarf an Geld sich auf den Fernhandel und die noch wenigen Städte beschränkte. Der Umfang des Fernhandels wie auch der des Lokalhandels war sehr gering. Damals lebten noch 99% der Bevölkerung auf dem Lande in Dorfgemeinschaften, die sich fast vollständig selbst versorgten und im Innenverkehr dank des Tausches von Ware gegen Ware oder Dienstleistung gegen Ware auf Geld weitgehend verzichten konnten. Die an den Feudalherrn zu leistenden Abgaben wurden überwiegend als Natural- oder als Dienstleistungen erbracht.

Die geringe Anzahl der geprägten Halbpfennige beweist gleichfalls den Umfang des örtlichen Kleinhandels, denn der Pfennig hatte eine beträchtliche Kaufkraft. So bekam man für einen Pfennig 6 kg Weizen, ein Pfund Wachs oder zwei Hühner. Ein Schwein kostete je nach Größe 4 bis 12 Pfennig. Ein Landarbeiter verdiente gewöhnlich ½ Pfennig am Tag.

Unter den Nachfolgern Karls des Großen, gegen Ende des 9. Jahrhunderts, begann die straffe zentrale Ordnung des Münzwesens sich zu lockern. Ludwig der Fromme (814–840) verlieh das Münzrecht, wie schon erwähnt, an Bistümer und geistliche Stifte und Ludwig das Kind (855–875) vornehmlich an königliche Würdenträger.

Mit der Vergabe des Münzrechts war die Bahn frei für die Verschlechterung des Münzfußes. Seit Heinrich IV. (1056–1106) war das Pfund zu 240 Pfennig nur mehr Rechnungseinheit, im Zahlungsverkehr mußte man mehr als 240 Pfennig auf das Pfund geben.

Die Zunahme der Prägestätten hing auch mit dem im Harz und im Schwarzwald beginnenden Silberbergbau zusammen. Mit der Ausweitung der arbeitsteiligen Wirtschaft war naturgemäß eine Zunahme des Handels verbunden und damit ein erhöhter Geldbedarf. Wegen der schlechten Straßen und der Transportgefährdung durch räuberische Überfälle hatte am Ende des 10. Jahrhunderts fast jeder bedeutende Markt seine Münzstätte. Führend in der Münzprägung wurden die rheinischen Bischofsstädte. Daneben waren die von den bayerischen Herzögen geprägten Regensburger Pfennige und die im östlichen Sachsen geprägten sogenannten Sachsen- oder Wendenpfennige in großer Anzahl im Umlauf. Der häufigste Münztyp überhaupt, von dem auch heute noch viele tausend Exemplare vorhanden sind, war der »Otto-Adelheid-Pfennig«, benannt nach Otto I. (936–973) und seiner Gemahlin Adelheid, der in Goslar aus den 970 in Gang gekommenen, ertragreichen Silbergruben des Rammelsberges in riesigen Stückzahlen geschlagen wurde.

Allerdings ist die Zahl der in Deutschland gefundenen Pfennige aus dieser Zeit relativ gering. Weit mehr deutsche Münzen aus dem 10. und 11. Jahrhundert fanden sich in Skandinavien, Polen und Rußland, was beweist, daß der Pfennig damals in erster Linie eine Fernhandelsmünze war. Der inländische Geldverkehr war nach wie vor recht gering und beschränkte sich vor allem auf Städte und deren Märkte. Auf dem Land versorgte man sich noch weitgehend selbst und per Warentausch. Die Abgaben an den Grundherrn wurden nur dann, wenn Bauern gelegentlich ihre Produkte auf Märkten verkauften, in Geld statt in Naturalien und Frondiensten geleistet.

In den Jahren zwischen 800 und 1150 wuchs die Anzahl der Städte im Reich von etwa 40 bis auf fast 200, und damit stieg auch der Geldbedarf. Denn am Ende dieser Entwicklung war die Arbeitsteilung im Rahmen der Stadtwirtschaft und der Handel auf den Märkten ohne Geld nicht mehr zu gestalten. Der Bedarf an Münzen in einer Stadt war wegen der mangelhaften Transportmöglichkeiten auf den schlechten und unsicheren Straßen nur durch eine Münzstätte am Ort zu sichern, die auch den Geldbedarf der Märkte in der Region deckte.

Für den sich langsam ausweitenden Kleinhandel war der Pfennig des 10. und 11. Jahrhunderts noch zu hochwertig, wenn auch seine Kaufkraft gegenüber der Karolingerzeit auf etwa die Hälfte gesunken war. Die steigende Anzahl von Hälblingen oder Obolen, d. h. halben Pfennigen, in den Münzfunden der damaligen Zeit ist ein Beweis für den wachsenden Bedarf an kleineren Werten.

Bereits im 11. Jahrhundert begann die bis ins 19. Jahrhundert andauernde Zersplitterung des deutschen Münzwesens. Schuld war das Erstarken der Territorialgewalten und die dadurch verursachte Vervielfachung der Prägestätten, denn kein Herrscher wollte sich die Einnahmen aus dem Münzrecht entgehen lassen. So gab es bald, außer den königlichen und herzoglichen Münzen, erzbischöfliche, bischöfliche, gräfliche und Abtspfennige. Auch wurden nach und nach die Gewichte der Pfennigmünzen verringert und damit der karolingische Münzfuß verlassen.

Wegen der unzureichenden Waagen wurde noch immer »al marco« geprägt, d. h. es mußte nur das Durchschnittsgewicht einer größeren Anzahl Münzen mit dem durch den Münzfuß vorgegebenen Gewicht übereinstimmen. Das Gewicht der einzelnen Pfennige konnte daher beträchtlich vom Nennwert abweichen. Vom Kölner Pfennig beispielsweise sind in den Jahren um die Jahrtausendwende Exemplare mit Einzelgewichten von 1,2 bis 2,1 g gefunden worden.

Diese Schwankungsbreite bot einen Anreiz, die übergewichtigen Stücke auszusortieren und einzuschmelzen; damit wuchs auch die Gefahr, daß der Münzfuß im Laufe der Zeit immer schlechter würde. In der Tat wiegt der Pfennig aus der zweiten Hälfte des 11. Jahrhunderts im allgemeinen nur noch knapp 1 g.

Im Laufe des 11. und 12. Jahrhunderts wurde eine neue Einheit als Münzgrundgewicht gebräuchlich, die Mark. Auf Seite 57 ist deren Wert in den einzelnen Regionen aufgeführt. Die Kölner Mark zu etwa 234 g erlangte die größte Verbreitung und war noch im 19. Jahrhundert die Grundlage der Münzfüße.

Zu Beginn des 12. Jahrhunderts, der »Städtegründungsperiode«, nahm der Geldverkehr beträchtlich zu. Wegen der wachsenden Zahl der Märkte hatten immer mehr Bauern Gelegenheit, ihre Erzeugnisse gegen Geld zu verkaufen.

Durch den Machtzuwachs der Territorialherren vermehrte sich die Anzahl der Münzstätten derart, daß Mitte des 13. Jahrhunderts bereits über 500 prägten. Dies und das Bestreben der vielen Münzherren, aus ihren Münzstätten möglichst großen Gewinn zu ziehen, trug nicht nur wesentlich zur Zersplitterung des deutschen Münzwesens bei, sondern war auch die Ursache für die zu dieser Zeit in Deutschland weit verbreiteten *Münzverrufungen.* Damit wurden die umlaufenden Geldstücke für ungültig erklärt, eingezogen und gegen neue umgetauscht. Meist waren die neu ausgegebenen Münzen schlechter als die aufgerufenen, häufig gab man für 4 alte nur 3 neue Pfennige.

Münzverrufungen gab es in ganz verschiedenen Zeitabständen: mehrmals jährlich, einmal im Jahr oder nur einmal alle paar Jahre. Im Westen Deutschlands war eine Münzverrufung nur bei einem Herrscherwechsel und bei einem Romzug üblich. Die Städte bekämpften die Münzverrufungen wegen ihrer beträchtlichen wirtschaftlichen Nachteile.

Das neue Münzbild mußte sich deutlich vom alten unterscheiden. Eine Änderung der Umschrift reichte nicht aus, da die wenigsten Menschen lesen konnten.

Besonders leicht zu unterscheidende Münzbilder (die auch künstlerisch hochstehend sein konnten) ließen sich auf den *Brakteaten* anbringen, die mit ihren bis zu 5 cm großen Durchmessern viel Platz boten. Brakteaten – von lat. *bractea* ›dünnes Blech‹ – sind sog. Hohl- oder Blechmünzen aus dünnem Silberblech, mit nur einem Stempel geprägt. Das Bild der Oberseite erscheint folglich auf der Unterseite spiegelbildlich vertieft. Doch gibt es auch Brakteaten, die beidseitig geprägt sind, was zu Verunklärungen der Münzbilder führte, weil eines auf das andere negativ durchschlug. Wahrscheinlich sind die Brakteaten aus dem Bestreben entstanden, mehr Silberpfennige aus einer Mark Feinsilber zu bekommen. Sie wurden erstmals Mitte des 12. Jahrhunderts im Harz, im Magdeburgischen und in Thüringen geprägt und verbreiteten sich im übrigen Deutschland mit Ausnahme des Westens und des Südostens.

Wie schon erwähnt, waren die großen Handelsstädte auf gleichbleibend vollwertige Münzen angewiesen. Sie versuchten daher, neben dem Marktrecht auch die Münzgerechtsame zu bekommen, indem sie von den ewig geldbedürftigen Fürsten entweder die Münze kauften oder sie sich gegen einen Kredit verpfänden ließen.

Die Bemühungen der Städte, die periodischen Verrufungen zu beenden, waren schließlich erfolgreich; es kam zur Schaffung einer überörtlich dauernd gültigen Münze, des »ewigen Pfennigs«, der allmählich die Brakteaten verdrängte.

Wichtigster der ewigen Pfennige wurde die Prägung der königlichen Münzstätte in Hall in Schwaben, der um 1200 erstmals erwähnte Heller (= Häller Pfennig). 600 Heller wurden damals aus der Mark Feinsilber geprägt. Später verringerte man seinen Silbergehalt immer mehr, bis er bei Einführung der Reichswährung 1871 nur noch als halber Pfennig umgetauscht wurde.

Die hochwertigste Pfennigmünze in Deutschland und wegen ihrer Stabilität auch die beliebteste war im 12. und 13. Jahrhundert der Kölner Pfennig mit einem Sollgewicht von 1,46 g. Nach der Mitte des 13. Jahrhunderts verlor auch der Kölner Pfennig an Wert. Seine Prägung wurde um 1288 eingestellt, die Zeit der Pfennigmünzen war vorbei.

3.1.3 Silbermünzen: Groschen, Kreuzer, Schilling

Das späte Mittelalter war die Zeit der aufblühenden Handelsstädte, Handel und Gewerbe nahmen in bisher unbekanntem Umfang zu. So wuchs der Bedarf an höherwertigem Geld, an größeren Silbermünzen. Es begann die *Zeit der Groschenprägung.* Die erste Silbermünze, die der Gattung zu ihrem Namen verhalf, war der »grossus denarius«, der ›dicke Pfennig‹, den Ludwig IX. von Frankreich im Werte von 12 Pfennig (deniers) 1266 zu Tours als »gros tournois« prägen ließ; aus ihm ist das Wort *Groschen* entstanden, mit dem heute noch die 10-Pfennig-Münze volkstümlich benannt wird. Der wichtigste Mehrfachpfennig in Mitteldeutschland wurde der Prager oder Böhmische Groschen zu 12 Parvi, der von König Wenzel II. von Böhmen zuerst 1300 aus dem Silber des Erzgebirges geprägt wurde. Der von Markgraf Friedrich II. von Meißen erstmals 1338 geschlagene Meißner Groschen ahmte den aus Böhmen nach und wurde in Norddeutschland und in Franken »Schilling« genannt. Im Rheinland prägten die Kurfürsten den »denarius albus« zu 12 Heller, auch *Weißpfennig* oder *Witten* genannt. Er wurde um die Mitte des 14. Jahrhunderts die Hauptsilbermünze am Nieder- und Mittelrhein.

In Bayern und Österreich setzte sich im Laufe des 14. Jahrhunderts der Böhmische Groschen durch, während von Tirol und Südkärnten her sich der silberne Kreuzer (»Zwainziger«) verbreitete. Der 1271 erstmals vom Grafen von Görz in Tirol, seit 1458 in Österreich geprägte Kreuzer hatte seinen Namen von dem Doppel- oder Radkreuz auf der Rückseite. Zwainziger hieß die neue Münze, weil sie dem Silber von 20 »Bernern«, den Pfennigen von Verona, entsprach. Wegen der wirtschaftlichen Bedeutung der Märkte Tirols gewann der Kreuzer sowohl nach Italien als auch nach Deutschland hinein Ansehen. Der Kreuzer sank in Deutschland zum Vierpfennigstück, das er, als kupferne Scheidemünze, in Süddeutschland bis zur Einführung der Reichswährung, in Österreich bis 1892 blieb. Der silberne Kreuzer war immer 1/60 des Guldens wert.

Am Oberrhein schlossen sich um die Mitte des 14. Jahrhunderts Städte und andere Herrschaften zu einem Bund zusammen. Dieser *Rappenmünzbund*, der 1403 seine endgültige Form erhielt und schließlich gegen 80 Städte und andere Gebiete umfaßte, darunter Basel, Freiburg, Colmar und die kaiserlichen Gebiete des Elsaß, schuf einen »ewigen Pfennig«, d. h. eine Münze, die von keinem Münzherrn verrufen (vgl. S. 68) werden konnte. Es gelang ihm, sein Münzsystem bis 1553 stabil zu erhalten. Es gab folgende Sorten: Pfennig oder Stäbler (nach dem Baselstab, dem Basler Wappen in Form eines Bischofskrummstabs, in seinem Münzbild); Rappen, eine schwarze Silbermünze zu zwei Pfennig; und ab 1425 kamen der Plappert (eine Groschenmünze zu 12 Stäbler), ein Vierer, 1513 der Dikken (1/3 Goldgulden) dazu und bald danach der *Batzen* zu 4 Kreuzer, der zur wichtigsten Kurantmünze der Schweiz wurde. Als Vierkreuzerstück blieb der Batzen bis zur Einführung der Frankenwährung im Jahr 1850 gültig. Auch im deutschen Münzwesen des 16. Jahrhunderts wurde der Batzen zur wichtigen Rechnungseinheit, in der die Werte der großen Münzen ausgedrückt wurden. Zu Anfang des 16. Jahrhunderts galt der Goldgulden 15 Batzen oder 60 Kreuzer.

3.1.4 Goldmünzen: Zechine, Dukat, Floren, Goldgulden

Außerordentlich bedeutungsvoll für die Zukunft des Handels war die Wiederaufnahme des Prägens von Goldmünzen. Im Jahre 1252 prägte Florenz seinen Fiorino d'oro, den *Floren* (Florenus) von 24 Karat Feingehalt und 3,537 g Rauhgewicht, der einem Pfund Silbergeld entsprechen sollte. Diese Münze wurde in riesigen Mengen und sehr sorgfältig »al pezzo« geprägt (vgl. S. 29). Als »goldene Münze« verbreitete sich der Floren in Deutschland und hieß bald nur »Gulden«. Die allgemein übliche Abkürzung »fl« war von »Floren« abgeleitet und bezeichnet noch heute den niederländischen Gulden. Als »Gulden« später nicht mehr der Name einer bestimmten Münze war, sondern zum Rechnungsbegriff wurde, sagte man »Goldgulden«, an sich ein Pleonasmus.

Auf Beschluß des Rats im Jahr 1284 begann auch Venedig – nachdem schon Genua dem Beispiel der Florentiner gefolgt war – eine Goldmünze zu prägen, die dasselbe Gewicht und dieselbe Feinheit wie der Floren hatte und nach der »Zecca«, der Münzstätte, *Zecchino*, deutsch *Zechine* genannt wurde. Ihr zweiter Namen *Dukat* leitet sich von dem letzten Wort der Umschrift ab: »Sit tibi Christe datus quem tu regis iste ducatus« (›Dieses Herzogtum, das du regierst, sei dir, Christus, geweiht‹). Der Zecchino ist von 1284 bis 1797 mit über die Jahrhunderte unverändertem Gepräge, Gewicht und Feingehalt geschlagen worden.

Mit »Dukat« wurden in der Folgezeit auch alle die zahlreichen Nachprägungen bezeichnet, deren Schrot und Korn konstant blieb. Die Augsburger Reichsmünzordnung von 1556 erklärte den Dukat zur offiziellen Goldmünzeinheit des Heiligen Römischen Reiches Deutscher Nation. Er wurde auch noch nach der Auflösung des Reiches (1806) mit unverändertem Rauhgewicht (von 3,5 g Feingehalt von $^{986}/_{1000}$) geprägt. In Deutschland geschah die letzte Ausmünzung 1872 in Hamburg, in Österreich 1915.

Die *Goldgulden* konnten nur mit kaiserlichem Privileg geprägt werden. Lübeck war die erste Stadt im Reich, die 1340 eine solche Erlaubnis bekam. Besonders am Rhein verbreitete sich die neue Goldmünze sehr schnell, so daß schon 1372 die Kurfürsten von Mainz, Köln, Trier und der Pfalz den Fuß des *Rheinischen Goldguldens* in Münzverträgen regelten. Die Goldgulden wurden von der Zeit an zum allgemein anerkannten Wertmesser im Münzwesen und zur maßgebenden Einheit des Großhandels, an der die Silbermünzen gemessen wurden.

Die wirtschaftliche Bedeutung der Staaten am Rhein hatte für das Münzwesen die weitere Folge, daß die Gewichtsmark von Köln sich als Grundgewicht des Münzwesens und des Edelmetallhandels im Reich durchsetzte. Sie blieb es bis zu dem Wiener Münzvertrag von 1857. In den Jahren 1837 und 1838 wurde ihr Gewicht mit 233,856 g festgestellt.

Überregionale Bedeutung bekamen zwei weitere Goldprägungen. In England wurde seit 1334 der »Nobel« im Gewicht von 7,7 g herausgegeben, der 6 Shilling 8 Pence galt, und aus Frankreich kam der »Ecu d'or« (›goldener Schild‹), der im Rheinland und in Westfalen 1¼ Gulden galt.

Die neuen Goldmünzen dienten fast nur dem Groß- und Fernhandel und den politischen Finanzgeschäften. Der Geldbedarf des täglichen Lebens wurde durch Heller, Pfennige, Kreuzer, Batzen, Rappen und die neuen Groschen gedeckt.

In der gesamten Münzgeschichte, von den Anfängen bis zum Ersatz der Kurantmünzen durch Banknoten in der Mitte des 19. Jahrhunderts, verschlechterte sich der Feingehalt der Münzen ständig. Die Ursache war vor allem das Gewinnstreben der Fürsten als Münzherren, die in Ermangelung von Steuereinnahmen auf den Schlagschatz angewiesen waren. Ein extremes Beispiel für eine solche Ausnutzung der Münzgerechtsame mit folgender Geldentwertung und Zerrüttung der Wirtschaft ist die Zeit der *Schinderlinge* 1456–60. Dies war die erste große Inflation in Deutschland. Sie hatte ihre Ursache in dem gewaltigen Geldbedarf von Kaiser Friedrich III., der mit seinem Bruder Herzog Albrecht wegen Erbstreitigkeiten in Fehde lag. Friedrich III. entzog die Münzprägung den Wiener

Hausgenossen und ließ Pfennige und Kreuzer mit ständig geringerem Silbergehalt herstellen. Auch der Bruder und Gegner des Kaisers ließ minderwertige Münzen schlagen. Die bayerischen Herzöge und andere benachbarte Fürsten schlossen sich notgedrungen an, denn nach dem Gesetz von Gresham – der Großkaufmann Thomas Gresham (1519–79) gründete 1570 die Londoner Börse – gilt: »Schlechtes Geld vertreibt gutes«, d. h. vollwertige Münzen werden gehortet und verschwinden aus dem Verkehr. Diese neuen, ständig schlechter werdenden Pfennige hießen im Volksmund bald Schinderlinge.

Der Wertverlust der Pfennige ließ sich an dem Kursverhältnis zum ungarischen Gulden ablesen. Um 1400 entsprach ein Gulden dem Gegenwert von 150 Pfennig, Anfang 1458 dem von 270 Pfennig, Ende 1459 mußte man schon 960 Pfennig und am 14. April 1460, dem Beginn der Prägung vollwertiger Pfennige, 3686 Pfennig für einen Gulden bezahlen. Gegen Ende der Schinderlingszeit bestanden die Pfennige fast nur noch aus Kupfer. Dabei stieg der Kurs des Guldens, nach Berichten von Zeitgenossen, um 20–30 Pfennig täglich.

Aufgrund der entsetzlichen wirtschaftlichen Zustände, die sich ständig verschlechterten, und der immer lauter werdenden Klagen aus der Bevölkerung ließ der Kaiser wieder gute Münzen prägen. Am 28. April 1460 übernahmen die Wiener Hausgenossen wieder die Münzstätte und schlugen gute Silberpfennige, von denen 180 auf einen ungarischen Goldgulden gingen. Die Herstellung der Schinderlinge wurde verboten. Das war das Ende der ersten großen Inflation in Deutschland – die nicht die letzte bleiben sollte.

3.1.5 Der Taler

Mit dem Beginn der Neuzeit brach auch in der Münzgeschichte um 1500 ein neues Zeitalter an: das des *Talers.*

Als erster Taler gilt der »Guldengroschen« – Groschen im Werte eines Goldguldens, den Erzherzog Sigmund von Tirol aus den reichen Silbervorkommen seiner Schwazer Gruben in der Münzstätte Hall in Tirol prägen ließ. Zuerst wurden im Jahre 1484 Stücke im Werte eines halben Guldens mit einem Gewicht von 15,85 g geschlagen. 1486 folgte das Äquivalent eines Guldens im Sollgewicht von einer Unze (31,83 g) und mit einem Feingehalt von 15 Lot ($^{937,5}/_{1000}$ fein). Die großen, mit rund 30 g ungewohnt schweren Silbermünzen, meist als *Guldiner* oder *Guldengroschen* bezeichnet, waren anfangs im Zahlungsverkehr noch sehr ungewohnt und dienten wohl mehr Repräsentationszwecken. Dasselbe gilt für die vielen Nachahmungen aus Süddeutschland. Erst als die Grafen Schlick 1516 bei Joachimsthal in Böhmen reiche Silbervorkommen entdeckten und seit 1518 in großen Mengen Guldengroschen prägten, begann der Guldiner sich schnell in Mitteleuropa zu verbreiten. Er hieß anfangs »Joachimstaler Guldengroschen«, dann »Joachimstaler« und schließlich nur noch »Taler«. Auch die Guldengroschen anderer Herkunft hießen bald nur noch Taler.

Der durchschlagende Erfolg des silbernen Talers lud zur Nachahmung ein. Die Grafen von Mansfeld schlugen seit 1521, die Kurfürsten von Brandenburg gleichfalls seit 1521, der Bischof von Würzburg seit 1523 und die freie Reichsstadt Lübeck seit 1528 Taler.

Die deutschen Kaiser hatten seit langem nur noch die Oberhoheit über die Goldwährung, sie regulierten noch im 16. Jahrhundert nach den Beschlüssen der Reichstage den Fuß der Goldmünzen. Mit dem Silbertaler, der den

Wert einer Goldmünze besaß, konnten die Fürsten das kaiserliche Goldmünzregal umgehen. Die Kaiser erhoben dagegen lediglich den Anspruch, auch die Prägung der neuen Silbermünzen zu überwachen, wie sie es bei den Goldmünzen taten.

3.1.6 Die Reichsmünzordnungen

Seit dem 15. Jahrhundert war die heillose Zersplitterung des Münzwesens eine ständige Klage der Reichstage. Deren Bemühungen, einheitliche Münzen zu schaffen, führten 1524 auf dem Reichstag von Esslingen zu der ersten Reichsmünzordnung, 1551 zu der zweiten und 1559 zu der dritten Reichsmünzordnung (auf Reichstagen in Augsburg).

In Esslingen wurde als neues Münzgewicht die Kölner Mark zu 233,8 g eingeführt, die für alle deutschen Gold- und Silberwährungen zu gelten hatte. Bis 1857 wurde der Münzwert nach der auf die Kölner Mark bezogenen »Aufzahl« bestimmt, der Anzahl der Stücke, die eine rauhe oder feine kölnische Mark ausmachten. Es wurde der *Guldiner* neben dem Goldgulden zur Reichsmünze erhoben. Weiterhin wurden die Wertverhältnisse der Groß- und der Kleinmünzen geregelt und eine Valvation (Bewertung) der umlaufenden Münzen vorgenommen, die einen gründlichen Überblick über das verworrene Münzwesens in Deutschland gab. Die Esslinger Münzordnung konnte sich vor allem wegen der Festsetzung eines zu hohen Feingehalts der Großsilbermünzen nicht durchsetzen. Das Umprägen wäre zu teuer gekommen.

Die beiden Augsburger Reichsmünzordnungen von 1551 und 1559 standen im Zeichen der Kreuzerwährung:

1 Gulden = 6 Zehner = 12 Fünfer = 30 Halbbatzen = 60 Kreuzer = 240 Pfennig.

Diese Pfennige waren österreichische Pfennige. Anstatt diese nun allgemein einzuführen, behielt man diejenigen der verschiedenen Länder bei, die meist nicht ohne Brüche in das System paßten. Nur im Süden hat sich der Kreuzer zu 4 Pfennig durchgesetzt, während nördlich des Mains nach Groschen und Pfennigen gerechnet wurde. Als Goldmünze wurde nunmehr der *Dukat* Reichsmünze. Von ihm gingen 67 auf die rauhe Kölner Mark, ihr Bruttogewicht von 233,8 g also. Das ergibt ein Stückgewicht von 3,49 g.

Zu Reichsmünzen aus Silber wurden bestimmt: der *Reichsguldiner* (auch *Guldentaler* genannt) zu 60 Kreuzer, $9\frac{1}{2}$ Stück auf die rauhe Mark, im Gewicht von 24,62 g und $14\frac{8}{9}$ Lot fein; dazu der *Halbguldiner* zu 30 Kreuzer, sowie 10-, 5-, $2\frac{1}{2}$- und 1-Kreuzer-Stücke.

1566 wurde aufgrund einer Novelle zur Reichsmünzordnung von 1559 noch der *Reichstaler* zu 8 Stück auf die rauhe Mark von $14\frac{2}{9}$ Lot ($\frac{889}{1000}$ Feingehalt) und einem Gewicht von 29,23 g (fein: 25,98 g) als Reichsmünze eingeführt.

Dieser Taler blieb von da an als *Reichsspeziestaler* bis gegen 1700 die Grundmünze des Reiches. Damit festigt sich die Trennung Deutschlands in Taler- (Nord- und Ostdeutschland) und Guldenländer (Süd- und Westdeutschland).

3.1.7 Zeit der »Kipper und Wipper«

Die Reichsmünzordnung von 1559 mit ihren umfangreichen Ergänzungen hatte die Grundlage für ein einheitliches Münzwesen mit einem System von Reichsmünzen geschaffen. Das Vorhaben scheiterte jedoch vor allem an dem Fehlen einer starken Reichsgewalt, die einmal die Unmenge der Münzstätten auf eine überschaubare Anzahl hätte reduzieren müssen, um sie auf Einhaltung der Prägevorschriften überwachen zu können. Verhängnisvoll war, daß die Münzherren den Schlagschatz als willkommene Einnahmequelle betrachteten und nicht gewillt waren, im Interesse des Handels ihrer Untertanen Münzen ohne Gewinn zu prägen. Die vorschriftsmäßige Ausmünzung der Großsilbermünzen wie Gulden oder Reichstaler warf Gewinn ab. Dagegen konnten die Kleinmünzen nur mit Verlust ausgebracht werden, wenn sie »von rechtem Schrot und Korn« sein sollten. Sie wurden daher gar nicht erst geprägt, so daß bald das Kleingeld, das Geld des täglichen Lebens fehlte. Kleinere Münzstände prägten daher Kleinmünzen mit weit geringerem Silbergehalt, als nach der Reichsmünzordnung vorgeschrieben war. Das Beispiel machte Schule, und auch die bedeutenderen Münzherren verringerten ihre Kleinmünzen. Sie verhinderten damit, daß ihre guten groben Sorten von den Nachbarn mit Gewinn umgeschmolzen wurden.

Aus diesen Gründen stieg der Taler bis zur Inflation der Ersten Kipper- und Wipperzeit erst langsam und dann rascher im Wert. Die Anzahl Kreuzer, die er galt, nahm zu. Da die Gewohnheit fortbestand, 60 Kreuzer einen Gulden zu nennen, erhöhte sich auch der in »Rechnungsgulden« oder »Zählgulden« ausgedrückte Wert des Talers. Sein ständiges Steigen war die ewige Klage der Zeitgenossen; die Wahrheit erkannten sie nicht, daß nicht der Taler an Wert zunahm, sondern daß die Kleinmünzen, die Kreuzer, Groschen verschiedenster Art, Albus, Schillinge usw., und ihre kleinen Mehrfachen wie die Batzen, sich in Schrot und Korn verschlechterten und damit im Wert sanken. Damit ergaben sich für den Reichstaler, den stabilen Wertmesser, höhere Beträge in Kleinmünzen.

Die Reichsmünzordnungen hatten ja den Feingehalt der kleineren Münzen so hoch angesetzt, daß sie nur mit Verlust geprägt werden konnten. Die Münzherren mit eigenen Silbergruben prägten deshalb vor allem grobe Münzen. Den Bedarf an kleinen Münzen deckten vor allem kleine Münzstätten, die sich nicht an die Bestimmungen der Reichsmünzordnungen hielten. Sie verringerten das Silbergewicht der Kleinmünzen, um einen Gewinn oder zumindest keinen Verlust zu erwirtschaften. Als aber die Kleinmünzen laufend schlechter wurden, berechneten Kaufleute für die großen, stabil gebliebenen Silbermünzen wie Reichstaler und Reichsgulden sowie für die Goldmünzen einen immer höheren Betrag an Kleinmünzen.

Der Reichstaler galt bis etwa 1585, wie vorgeschrieben, 68 Kreuzer, 1587 mußte ein Kreuzer mehr bezahlt werden, 1590 galt er meist 70 Kreuzer, um dann 1616/17 auf 90 Kreuzer zu steigen.

Das Jahr 1617 wird als Beginn der »Kipper- und Wipperzeit« betrachtet, einer Inflation, die durch fortschreitende Münzverschlechterung hervorgerufen wurde.

Zur Beschaffung des Münzmetalls für die vielen Münzstätten, die nicht ihr Silber aus eigenen Bergwerken beziehen konnten, waren zahllose Agenten, meist Juden, in den deutschen Landen unterwegs und wechselten die guten Sorten gegen die schlechten ein. Das Auflegen der Münze auf die Waage, das Wippen der Schale, das Kippen nach der Seite, wo das gute, schwere Geld lag, verschaffte diesen Aufwechslern den Namen »Kipper und Wipper«, der sich auf die ganze Zeit übertrug – so lautet eine von mehreren Erklärungen.

1618 brach der Große Krieg aus und erhöhte naturgemäß nochmals den Geldbedarf, der schon bei den Kriegsvorbereitungen immens gewesen war. Wie heutzutage die Notenpresse in solchen Fällen bemüht wird, so war es damals der Münzstempel. Der Feingehalt der Münzen wurde ständig verringert und die Menge vergrößert. Dieses Verfahren führte, wie zur Zeit der Schinderlinge, zu einer sich immer schneller steigernden Inflation. Vor allem die kleinen Leute hatten unter der Geldentwertung zu leiden, denn ihre Münze war die des täglichen Lebens, der Pfennig, der Kreuzer, der Batzen, der Heller. Die Oberschicht – Kaufleute, Patrizier, Hofbeamte – war dagegen von der Abwertung der Kleinmünzen kaum betroffen, denn ihr Geld waren die Speziestaler und die Dukaten. Die wurden nach wie vor mit gesetzlichem Schrot und Korn geprägt, denn sie konnten mit Gewinn ausgebracht werden.

Dagegen verschlechterte sich der Realwert der Kippermünzen immer schneller. Der Reichstaler, der 1566 nach der Reichsmünzordnung 68 Kreuzer galt, wurde Ende des Jahres 1620 schon mit 180 Kreuzer bewertet und kletterte im Herbst 1622, dem Höhepunkt der Inflation, auf 1000 Kreuzer. Dies bedeutet, daß in ungefähr dieser Anzahl von Kreuzern soviel Silber enthalten war wie in einem Taler.

Als schließlich die Bevölkerung die Annahme der Kippermünzen verweigerte und wegen des schlechten Geldes sogar Aufstände drohten, prägten die Münzherren vom Ende des Jahres 1622 an wieder vollwertige Kleinmünzen auf der Grundlage der Reichsmünzordnung von 1559/66. Die Kippermünzen wurden, ihrem geringen Metallwert entsprechend, drastisch abgewertet und eingezogen. In den Habsburger Landen beispielsweise verloren die Kippermünzen etwa 87 % des Nennwertes – ein hoher Verlust für den Besitzer. Für ein 48-Kreuzer-Stück bekam man 6 neue Kreuzer und für ein 12-Kreuzer-Stück 1½ neue. Den Reichsspeziestaler setzte man in Norddeutschland wieder auf 24 Groschen und in Süddeutschland auf 90 Kreuzer.

Die verheerenden Folgen dieser Inflation entsprachen genau denen der Zeit von 1918 bis 1923, die ebenfalls über Generationen angesammelte Ersparnisse vernichtete.

3.1.8 Zusammenfassung der Entwicklung im Mittelalter

Die Geldwirtschaft hat sich im Mittelalter nur schrittweise entwickelt. In Deutschland ist sie erst im 13. und mehr noch im 14. Jahrhundert allgemein geworden. Die vermehrte Nachfrage nach Geld traf auf eine Münztechnik, die sich seit dem Altertum kaum fortentwickelt hatte und nach heutiger Anschauung äußerst primitiv war. Die Münzen waren schnell abgenutzt und mußten daher bald wieder aus dem Verkehr gezogen werden. Wenn in früheren Zeiten die Münzen erst dann »verrufen«, d. h. für ungültig erklärt wurden, wenn der Münzherr wechselte, so fanden im späten Mittelalter Münzverrufungen oft jährlich, ja sogar mehrmals im Jahr statt.

Die handwerklich hergestellten Münzen – oft von hohem künstlerischen Wert – ließen sich auch leicht verfälschen, da sie nicht im Ring geprägt wurden und auch keine Randschrift hatten. Oft bestanden sie aus dünnen Silberblechen, waren also Brakteaten, deren Rand leicht zu beschneiden war. Außerdem war die Stückelung so ungleichmäßig, daß Stücke desselben Gepräges um mehr als die Hälfte über oder unter dem Durchschnitt lagen. Diese Unvollkommenheit der Münzen erforderte vor allem bei größeren Zahlungen, daß jede Münze mit Waage und Probierstein geprüft werden mußte. Im Großverkehr wurde daher, trotz Verbot, noch oft mit Barren aus Edelmetall bezahlt.

Die unterwertige Prägung und die anderen Mängel der Münzen waren für den Münzherrn eine Quelle der Bereicherung, neben dem Schlagschatz. Das Münzregal wurde nicht als Instrument der Förderung des Wohlstandes der Bevölkerung angesehen, sondern nur als Anspruch auf Münzgewinn. Dessen Höhe hing allein vom Gewissen des Münzherrn ab.

Die Städte dagegen erstrebten eine stabile Währung und suchten deshalb den Landesherrn zu bewegen, ihnen das Münzrecht abzutreten. Die Folge der gegensätzlichen Interessen und der teilweise daraus folgenden Vermehrung der Münzstätten war eine starke territoriale Zersplitterung des Münzwesens, die erst im 19. Jahrhundert beseitigt wurde.

Dieses Münzwesen des Mittelalters läßt sich nicht mit einem der heutigen Währungssysteme vergleichen. Es war eine gebundene Währung, die viel Ähnlichkeit mit einer Doppelwährung hatte (s. Abb. 1), und litt deshalb an folgenden Mängeln:

- Das Verhältnis des Wertes zwischen Gold- und Silbermünzen war falsch festgelegt. Dasselbe galt für das Verhältnis der großen zu den kleinen Stücken. Erst die Reichsmünzordnung von 1559 hat z. B. die Gleichsetzung des Goldgulden mit dem Silbergulden aufgehoben.
- Nach dem Verständnis der Zeit mußte jede Münze ihren Wert in sich, d. h. im Edelmetall tragen und die kleinen Münzen, wie Pfennig und Heller, bei denen an Feingehalt gespart wurde, weil die Prägekosten den Feingehalt überstiegen, mußten auch bei größeren Zahlungen angenommen werden. Lediglich Steuern, die mehr als einen Gulden betrugen, mußten beispielsweise in Augsburg in Gold bezahlt werden. Erst das Reichsedikt von 1559 beschränkte die Annahmepflicht von Kleingeld; beispielsweise mußten fortan in Augsburg bei Bezahlung größerer Summen Pfennige nur bis zu einem Betrag von einem Batzen angenommen werden. Erst im 17. Jahrhundert wurde das Dilemma ausgeglichen durch die Prägung von kleinwertigen Münzsorten, den Scheidemünzen, aus Kupfer.
- Das Münzregal wurde mißbraucht durch häufigen Münzverruf, durch Ausprägung minderwertiger Münzen und betrügerisches »Kippen und Wippen« beim Umwechseln von Münzen.

- Es mangelte an Münzen und besonders an kleinen Münzen, wegen der zu hohen Kosten der Herstellung. Dem Münzherrn blieb kein Gewinn. Gewinn aber war ja der treibende Grund für den Betrieb einer Münzstätte. Hätte man die Kleinmünzen aus reinem Kupfer geprägt, wie später dann, und wäre der Wert dieser »Scheidemünze« vom Landesherrn garantiert worden, so hätte es genügend Kleingeld für den täglichen Verkehr gegeben und ein Grund für Preissteigerungen im Kleinhandel wäre entfallen.
  In Deutschland wurden wegen der großen Silbervorkommen bis zum Beginn des 14. Jahrhunderts fast ausschließlich Silbermünzen geprägt. Erst im 14. Jahrhundert kamen Goldmünzen in Umlauf. Als sich im 15. Jahrhundert die Goldwährung nicht mehr aufrecht erhalten ließ, weil die deutschen Goldgruben und das Flußgold versiegten, auch die Besanten – Goldstücke der byzantinischen Kaiser – verbraucht waren, bekam der Goldgulden ein Äquivalent aus Silber (Guldengroschen, Taler).
  Neben den Kleinmünzen von nur örtlicher Geltung liefen die sogenannten Handelsmünzen um, die ihren Wert über die Jahre hinweg nahezu behielten. Für den Großhandel und den Verkehr über die Landesgrenzen hinweg hatten der Reichsspeziestaler, der Goldgulden und der Dukat außerordentliche Bedeutung.

Eine Übersicht der wichtigsten Münzfüße zeigt Tab. 7.

Tab. 7 Übersicht der wichtigeren Münzfüße, Münzordnungen, Münzgesetze und Münzverträge von 1484 bis 1873

Ag Silber *Au* Gold *K* Karat *L* Lot *Gr* Groschen *Sgr* Silbergroschen *Kr* Kreuzer *β* Schilling

Jahr	Bezeichnung Ort	Gesetzgeber Teilnehmer Land	Metall	Hauptmünze	Stücke aus 1 Mark rauh	Stücke aus 1 Mark fein	Gewicht rauh g	Gewicht fein g	Feingehalt L, K	Feingehalt ‰	Unterteilung
1484/1488	Münzreform Hall (Tirol)	Erzhzg. Sigmund v. Tirol	Ag	Halbguldiner	16[1]		19,9	15	15 L	937,5	30 Kr
			Ag	Guldiner	8[1]	9,38[1]	31,83	30	15 L	937,5	60 Kr
1500	Münzordnung Annaberg	Drei sächs. Herzöge	Ag	Guldengroschen Klappmützentl.	8	8,53	29,23	27,41	15 L	937,5	21 Gr
1518	Münzordnung Joachimstal	Grafen Schlick	Ag	Joachimstaler	8	8,06	29,23	27,20	14,9 L	930,6	21 Gr
1524	1. Reichsmünzordnung Esslingen	Kaiser und Reich (Karl V.)	Ag	Reichsguldiner	8	8,53	29,33	27,41	15 L	937,5	21 Gr
			Au	Goldgulden	89		2,409		22 K	916,67	21 Gr
1551	2. Reichsmünzordnung Augsburg	Kaiser und Reich (Karl V.)	Ag	Reichsguldiner	8	8,51	31,18	27,49	14,1 L	881,94	72 Kr
1558	Münzordnung	Kursachsen	Ag	Taler	8	8,86	29,00	26,49	14,4 L	902,78	24 Gr
1559	3. Reichsmünzordnung Augsburg	Kaiser und Reich (Ferdinand I.)	Ag	Reichsguldiner	9,5	10,22	24,62	22,89	14,9 L	930,56	60 Kr
			Au	Goldgulden		72	3,25	2,48	18,3 K	770,83	75 Kr
			Au	Dukat	67		3,49	3,44	23,4 K	986,11	104 Kr

Tab. 7 (Fortsetzung)

Jahr	Bezeichnung Ort	Gesetzgeber Teilnehmer Land	Metall	Hauptmünze	Stücke aus 1 Mark rauh	Stücke aus 1 Mark fein	Gewicht rauh g	Gewicht fein g	Feingehalt L, K	Feingehalt ‰	Unterteilung
1566	Reichsabschied Augsburg	Kaiser und Reich (Maximilian II.)	Ag	Taler	8	9	29,23	25,98	14,2 L	888,89	68 Kr
1667	Münzrezeß Zinna	Brandenburg, Kursachsen, Brschg. Lüneb.	Ag	(Rechnungs-)Tlr.		10,5	28,1	22,27			90 Kr / 24 Gr
			Ag	Gulden		15,75		14,85			60 Kr / 16 Gr
				Speziestaler							105 Kr / 28 Gr
1690	Münzrezeß Leipzig	wie Zinna	Ag	(Rechnungs-)-Tlr.		12		19,49			90 Kr / 24 Gr
			Ag	Gulden (⅔ Tlr.)		18	19,32	12,90			60 Kr / 16 Gr
			Ag	Speziestaler							120 Kr / 32 Gr
1753	Münzkonvention Wien	Österreich	Ag	Konventionstlr.	8,33	10	28,06	23,39	13,3 L	833,33	120 Kr / 32 Gr
		Bayern	Ag	Konventionsgld.	16,67	20	14,03	11,69	13,3 L	833,33	60 Kr / 16 Gr
1750	Münzedikt (Graumann-Fuß) Berlin	Preußen (Friedrich II.)	Ag	Reichstaler	10,5	14	22,27	16,41	12 L	750	24 Gr
			Au	Friedrichd'or	35	38,77	6,68	6,03	21,67 K	902,78	5 Taler
1837	Südd. Münzverein, Münchener Münzvertrag	Südd. Staaten	Ag	Rhein. Gulden	18,75	24,5	12,47	9,54		900	60 Kr

Tab. 7 (Fortsetzung)

Jahr	Bezeichnung Ort	Gesetzgeber Teilnehmer Land	Metall	Hauptmünze	Stücke aus 1 Mark rauh	Stücke aus 1 Mark fein	Gewicht rauh g	Gewicht fein g	Feingehalt L, K	Feingehalt ‰	Unterteilung
1838	Dresdner Konvention Dresden	Südd. u. Nordd. Staaten d. Dt. Zollvereins	Ag	Vereinsmünze: 2 Tlr. preuß. = 3,5 fl rhein.	6,3	7	37,12	32,81	14,4 L	900	210 Kr/60 Sgr
1856	Hamburger oder Lübische Kurantwährung	Hamburg und Lübeck	Ag	Mark Kurant 1 preuß. Tlr = 40		35					16 ß
1857	Wiener Münzvertrag, Deutscher Münzverein Wien	wie 1838, dazu Österreich Liechtenstein	Ag	Vereinstaler	27[2]	30[2]	18,52	16,66		900	30 Sgr
			Ag	Südd. Gulden		52,5[2]	10,58	9,52		900	60 Kr
			Ag	Gulden ö. W.		45[2]	12,34	11,11		900	100 NKr
			Au	Krone		50[2]	11,11	10,00		900	
				2 Vereinstaler = 3,5 fl rh = 3 fl österr. Währung							
1871/ 1873	Reichsgoldwährung, Münzgesetze Berlin	Deutsches Reich	Au	20 Markstück	62,775[2]	69,75[2]	7,965	7,1685		900	1 M = 100 Pf

[1] Münzgrundgewicht: Wiener Mark = 280,668 g

[2] Münzgrundgewicht: Zollpfund = 500 g

3.2 Neuere Zeit

3.2.1 Münz- und Währungswesen bis um 1750

Trotz des Dreißigjährigen Krieges mit seinen ungeheuren Verlusten an Menschen und Gütern und seinem riesigen Geldbedarf blieb das Geldwesen in Deutschland bis Kriegsende von Münzverschlechterungen weitgehend verschont. Wahrscheinlich wirkte die Erinnerung an die Kipper- und Wipperzeit noch nach.

Kurz nach Kriegsende (1648) allerdings nahm der Umlauf minderwertiger Geldsorten wieder zu. Gleichzeitig vergrößerte sich in ganz Deutschland der Münzenwirrwarr durch die Einfuhr fremder Geldsorten. In Deutschland wurden im Laufe des 17. Jahrhunderts weniger Taler geprägt, da die Silberausbeute der heimischen Bergwerke deutlich zurückging. An ihre Stelle traten zunehmend Philippstaler aus den spanischen Niederlanden, französische Louistaler bzw. Ecu d'argent u. a. m.

Da von Kaiser und Reich keine Besserung dieser Zustände erwartet werden konnte, suchten Kurbrandenburg und Kursachsen sich selbst zu helfen und schlossen im Jahre 1667 im Kloster Zinna, etwa 50 km südlich von Berlin, einen Münzvertrag. Sie vereinbarten für die Kleinmünzen, die »Schiede-Müntze«, den 9-Taler-Fuß der Reichsmünzordnung von 1559/66 durch einen 10½-Taler-Fuß als Rechengröße zu ersetzen. Der bisherige 9-Taler-Fuß für den geprägten Taler, der den Reichstaler in specie (im Unterschied zum Taler als Rechengröße) oder kurz Reichsspeziestaler genannt wurde, sollte beibehalten werden. 1668 trat Braunschweig-Lüneburg dem Vertrag von Zinna bei. Gleichzeitig beschloß man, im 10½-Taler-Fuß auch ⅔-, ⅓- und ⅙-Taler-Stücke zu prägen. Das ⅔-Taler-Stück (14,85 g Silber) wurde häufig als Gulden bezeichnet und entwickelte sich zur überregionalen Handelsmünze.

In den folgenden Jahren erschienen unterwertige ⅔-Talerstücke und eine Vielzahl ebensolcher kleinerer Münzsorten, die meist von neu eingerichteten, nicht kaiserlich anerkannten sog. Heckenmünzstätten stammten. Man kann von einer zweiten Kipperzeit sprechen, die aber nicht so verheerende Auswirkungen wie die erste von 1620 bis 1623 hatte.

Die schlechten Münzsorten erzwangen eine Revision des 10½-Taler-Fußes von Zinna. Kurbrandenburg, Kursachsen und das Herzogtum Braunschweig-Lüneburg beschlossen deshalb 1690 in Leipzig einen 12-Taler-Fuß. Der 12-Taler-Fuß war ebenso wie der Taler im 10½-Fuß eine Rechengröße, er wurde nicht geprägt. Seine Bezeichnung lautete Reichstaler (Rtlr., Rhtlr.) oder »Taler courant«. (Nicht zu verwechseln mit dem alten geprägten Reichstaler im 9-Taler-Fuß, dem »Reichsspeziestaler« oder »Reichstaler in specie«, der von 24 auf 32 Groschen oder 1⅓ Taler courant stieg.)

Geprägt hat man dagegen den auch als Gulden bezeichneten ⅔-Taler zu 16 Groschen. Er wurde die Hauptmünze. 18 dieser Geldstücke ergaben eine feine Mark Silber (daher die Bezeichnung des Leipziger Münzfußes als 18-Gulden-Fuß).

Der Leipziger 12-Taler-Fuß setzte sich in kurzer Zeit in den meisten Territorien Deutschlands durch. Zahlreiche Heckenmünzen wurden aufgelassen, so daß zunächst wieder Ordnung im Geldwesen eintrat.

Im Jahre 1738 wurde der 12-Taler-Fuß als Reichsmünzfuß anerkannt. Zu dieser Zeit war in Norddeutschland der Reichstaler (Rtlr.) zu 24 Groschen bzw. Guten Groschen (ggr) jeweils zu 12 Pfennig weit verbreitet. In manchen Gegenden teilte man den Reichstaler auch in 36 Mariengroschen zu je 8 Pfennig. In beiden Fällen hatte der Reichstaler 288 Pfennig. In Süddeutschland rechnete man üblicherweise in Gulden (fl) zu 60 Kreuzer (Kr). Daneben gab es viele regionale Münzsysteme, die in Tab. 7 aufgeführt sind.

Auch in Preußen war das Münzwesen recht zerrüttet. Seit 1729 wurde dort als größte die Silbermünze 1/12-Taler (2 Groschen) geprägt. Die »roten Sechser«, 6-Pfennig-Stücke, auf denen durch Abnutzung der anfängliche Silberglanz verlorengegangen und das rote Kupfer zum Vorschein gekommen war, bildeten die häufigste Münzsorte. Der weitere Bedarf an Münzgeld wurde durch ausländische schlechte Kleinmünzen, französische Louisblanc und Laubtaler (Ecus aux lauriers), Louisdor und Dukaten gedeckt.

3.2.2 Die preußische Münzreform von 1750

Friedrich der Große hielt eine grundlegende Reform für dringend erforderlich. Dafür konnte er den aus Holland stammenden Johann Philipp Graumann engagieren, der Leiter der Handels- und Finanzverwaltung sowie des Münzwesens im Herzogtum Braunschweig war. Friedrichs Reform sollte Preußen von ausländischen Münzen unabhängig machen dank einer eigenen Gold- und Silberwährung. Diese 1750 durchgeführte »Graumannsche Münzreform« hatte einen Taler zur Grundlage, von dem 14 auf eine Kölner Mark gingen; 21 Gulden machten eine Mark aus. Da der Leipziger 12-Taler-Fuß wegen der gestiegenen Silberpreise nicht mehr zu halten war, wurde das aus 12lötigem Silber (750 Tausendteile) bestehende Eintalerstück mit einem Silbergehalt von 16,7 g die in großen Stückzahlen geprägte Hauptwährungsmünze. Ein Taler hatte 24 Groschen zu je 12 Pfennigen. Dieser neue Silbertaler bekam dic Aufschrift »Reichstaler«, da er dem bisherigen Reichstaler als Rechnungsgeld entsprach. Der Silbergehalt war allerdings etwas geringer. Neben dem Eintalerstück gab es verschiedene Teilmünzen aus Silber (s. Tab. 8). Die

Taler mit ihren Dritteln, Sechsteln und Zwölfteln bildeten dann 100 Jahre lang die Kurantmünzen Preußens, und der Taler Graumanns wurde im 19. Jahrhundert der deutsche Vereinstaler.

An Goldmünzen prägte Preußen seit 1740 den Friedrichsd'or und dessen Halb- und Doppelstücke sowie den Dukat. Der Friedrichsd'or hatte einen Goldgehalt von 6,06 g und galt 5 Taler Silbergeld, wobei ein Wertverhältnis Gold zu Silber von 1 : 13,793 vorausgesetzt wurde (am 4. Mai 1750). Als dieses Verhältnis sich zugunsten des Goldes änderte, mußte, beispielsweise 1764, ein in Silber gerechnetes Aufgeld von 8 Groschen bezahlt werden.

Im Siebenjährigen Krieg (1756–63) wurde zur Deckung eines beträchtlichen Teils der Kriegskosten der Münzfuß bedeutend herabgesetzt. Diese Münzverschlechterung soll einen Gewinn von über 50 Millionen Reichstaler erbracht haben. Nach dem Krieg wurden die schlechten Münzen eingezogen und zu einem Kurs, der etwas unter ihrem Metallwert lag, umgetauscht. Aus dieser Währungsreform gingen die Geldbesitzer mit bis zu 75 % Vermögensverlust hervor.

Mit dem Münzedikt vom 25. März 1764 kehrte Preußen zum 14-Taler-Fuß zurück, der jetzt auch für Silbermünzen bis herab zum 1/12-Taler-Stück galt.

3.2.3 Die Bayerisch-österreichische Münzkonvention von 1753. Konventions- und Kronentalerfuß

Außer Preußen sind auch die meisten anderen deutschen Territorien Mitte des 18. Jahrhunderts bereits vom Leipziger 12-Taler-Fuß abgewichen. Österreich hatte 1750 den 20-Gulden-Fuß als neue Währung eingeführt, der schnell beliebt wurde, weil nicht nur die hohen Werte, sondern auch die Kleinmünzen bis herab zum Groschen nach demselben Münzfuß ausgebracht wurden. Zur Sicherung dieses Systems gegen ausländische Einflüsse schloß Österreich mit Bayern die Konvention vom 20. September 1753 ab, die die Währungen beider Länder auf eine gemeinsame Grundlage stellte. Der »Konventionsfuß« wurde zwar als Talerfuß eingehalten und auch von anderen Ländern übernommen, aber die im gesamten südwestdeutschen Raum zirkulierenden Kleinmünzen störten sehr. Bayern mußte daher schon nach einem Jahr den äußeren Wert des Talers um 20 % erhöhen. Der Taler wurde anstatt zu 120 Kreuzer zu 144 Kreuzer verrechnet. In dieser Form wurde der Konventionsfuß zu einem 24-Gulden-Fuß, den in den folgenden Jahrzehnten die meisten süd- und westdeutschen Münzstände annahmen.

Die Hauptmünze des Konventionsfußes war der *Konventionstaler*, von dem 10 Stück aus der feinen kölnischen Mark geprägt wurden. Dieser Taler wurde in 120 Kreuzer eingeteilt (im 24-Gulden-Fuß in 144 Kreuzer), der Kreuzer in 4 Pfennig, der Pfennig in 2 Heller. Wichtige Teilstücke des Talers sind der Gulden, zu 60 Kreuzer gerechnet, 20 Stück aus der feinen Mark, und das 20-Kreuzer-Stück – wegen des Münzbildes häufig »Kopfstück« genannt –, 60 Stück aus der feinen Mark.

In Nord-, West- und Mitteldeutschland sowie in Kursachsen und in Teilen Thüringens führte sich der Konventionsfuß nach dem Siebenjährigen Kriege ein, allerdings mit einer anderen Unterteilung als in Süddeutschland. Es wurde weiter nach dem »Reichstaler« als Rechnungstaler gerechnet, der in 24 Gute Groschen eingeteilt wurde. Das Zweidrittelstück zu 16 Guten Groschen entsprach nach süddeutscher Bewertung 60 Kreuzern (72 Kreuzern im 24-Gulden-Fuß) und war also gleich dem Konventionsgulden. Der Konventionstaler galt also 32 Gute Groschen (s. Tab. 8).

Tab. 8 Münzprägungen im Konventionsfuß

Konv.-Spezies-Taler	Konv.-Rechn. Taler[1]	Stücke aus 1 Mark		Gewicht		Feingehalt	Kurswert			Name der Münze
		rauh	fein	rauh g	fein g	‰	20 fl-Fuß[2] Kr	24-fl-Fuß[3] Kr	13⅓-Tlr-Fuß[4] Gr	
2	2⅔	4⅙	5	56,08	46,77	833,33	240	288	64	
1	1⅓	8⅓	10	28,07	23,39	833,33	120	144	32	
¾	1	11,1	13⅓	21,06	17,54	833,33	90	108	24	
½	⅔	16⅔	20	14,03	11,69	833,33	60	72	16	
¼	⅓	33⅓	40	7,02	5,85	833,33	30	36	8	
⅙	2/9	35	60	6,68	3,90	583,33	20	24	5⅓	1 Kopfstück
⅛	⅙	43⅓	80	5,40	2,92	545,14	15	18	4	
1/12	1/9	60	120	3,90	1,95	545,14	10	12	2⅔	½ Kopfstück
1/16	1/12	70	160	3,34	1,46	437,50	7½	9	2	
1/24	1/18	105	240	2,23	0,97	437,50	5	6	1⅓	¼ Kopfstück
1/32	1/24	117,78	320	1,99	0,73	368,06	3¾	4½	1	

1) auch Reichstaler genannt, nicht geprägt, wichtige Rechnungsgröße, vor allem in Norddeutschland

2) Österreich

3) Süddeutschland

4) Norddeutschland, außer Preußen

Tab. 8 (Erläuterungen)

fl Gulden; *Tlr* Taler

1 Reichstaler = 24 Groschen = 36 Mariengroschen (Groschen aus Niedersachsen mit Muttergottes auf einer Seite; zuerst 1503 in Goslar geprägt)

Kopfstück: Mit dem Kopf des Herrschers geschmücktes 20-Kreuzer-Stück des Konventionsfußes

In Bayern wurde nach der Kündigung der Wiener Münzkonvention 1754 auf der Grundlage des neuen Münzfußes geprägt. Es wurde aber der äußere Wert um 20 % erhöht, so daß der Taler anstatt 2 fl = 120 Kr künftig 2 fl 24 Kr = 144 Kr galt. Es entstand ein sogenannter 24-Gulden-Fuß, nach dem nicht geprägt, sondern nur gerechnet wurde. Für diesen Münzfuß gab es also kein eigencs Geld, sondern nur eine um 20 % erhöhte Bewertung der Münzsorten des 20-Gulden-Fußes. Der 24-Gulden-Fuß verdient sonach nicht den Namen eines Münzfußes, da er nur eine veränderte Bewertung des 20-Gulden-Fußes darstellt.

Um die neuen Sorten von den alten zu unterscheiden, wurden diese Münzen besonders gekennzeichnet, was beim Reichsspeziestaler nicht üblich gewesen war. Österreich prägte ein »X« – für »10« – in die Umschrift. Die anderen Münzstände benutzten Aufschriften wie: NACH DEM CONVENTIONSFUSSE, CONVENTIONSMÜNZE, X, ZEHN E(INE) F(EINE) MARK oder CONVENTIONSTALER. Damals kam in Deutschland der Brauch auf, alle Silberkurantmünzen des Konventionsfußes und bald auch anderer Münzsysteme mit der Aufzahl zu kennzeichnen, was bis 1871 beibehalten wurde.

Nur wenige deutsche Länder übernahmen den Konventionsfuß nicht. Preußen behielt den 14-Taler-Fuß, Hannover bis zum Beginn des 19. Jahrhunderts den 12-Taler-Fuß, Hamburg und Lübeck sowie Mecklenburg-Schwerin den 34-Mark-Fuß. Die Hansestadt Bremen schließlich behielt ihre in der Mitte des 18. Jahrhunderts eingeführte Goldwährung bei. Tab. 8 gibt einen Überblick über die Prägungen im Konventionsfuß.

Zu Beginn der Koalitionskriege (1792) verdrängte der in den österreichischen Niederlanden – die etwa dem heutigen Belgien entsprachen – seit 1755 geprägte Kronentaler in West- und Süddeutschland nach und nach das Konventionsgeld. Der Kronentaler hatte, entsprechend seinem Silbergehalt von 25,8 g, einen Wert von 159 Kreuzer. Auf Bitten Österreichs wurde er jedoch um etwa 2 % überbewertet, was einem Zwangskurs von 162 Kreuzer entsprach. Daher prägten die süddeutschen Länder etwa ab 1809 anstatt Konventionstaler nach dem 24-Gulden-Fuß Kronentaler nach einem 24½-Gulden-Fuß.

3.2.4 Münzsysteme zu Beginn des 19. Jahrhunderts

Zu Beginn des 19. Jahrhunderts bestanden in Deutschland fünf verschiedene Münzsysteme:

- Die Talerwährung galt im größten Teil von Nord- und Mitteldeutschland. Sie gab es in drei Arten: Preußen teilte den Taler in 24 Gute Groschen zu 12 Pfennig; Sachsen und einige mitteldeutsche Staaten in 30 Silbergroschen zu 10 Pfennig; Mecklenburg in 48 Schilling zu 12 Pfennig.
- Die Guldenwährung galt in den süddeutschen und einigen mitteldeutschen Staaten;
- die Lübische Währung in den Freien Städten Hamburg und Lübeck;
- die auf Feinsilber beruhende Bankowährung für den hamburgischen Großhandel; und
- die Talergoldwährung in Bremen.

Das Chaos bei den umlaufenden Münzen war noch schlimmer als das Durcheinander der Münzsysteme. Wenn nämlich ein neuer Münzfuß eingeführt wurde, hatte man bisher selten die umlaufenden Stücke des alten Münzfußes für ungültig erklärt und eingezogen. Aus diesem Grund kursierten viele Münzen deutscher Münzsysteme der letzten anderthalb Jahrhunderte neben ausländischen Gold- und Silbermünzen in ähnlich großer Zahl. Christian Noback führt in seinem 1833 erschienenen Kaufmannsbuch über 300 deutsche Silbermünzsorten auf.

Am schlimmsten war die Münzverwirrung in Süddeutschland. Ein typisches Beispiel ist eine Liste von Münzen, die ein Händler in einer süddeutschen Kleinstadt im Jahre 1869 eingenommen hatte und seiner Bank zur Gutschrift übergab. Die Summe von 15 834 Gulden setzte sich aus folgenden Sorten zusammen: Doppelkronentaler, Kronentaler, 2½-Gulden-Stücke, 2-Gulden-Stücke, 1-Gulden-Stücke, ½-Gulden-Stücke, ⅓-, ⅙-, 1/12-Reichstaler, 5-, 2-, 1-Franken-Stücke. Aus Gold: Pistolen (die seit 1537 ausgegebenen spanischen Doppelescudos), doppelte und einfache Friedrichsd'or, ½ Souvereins (englische Goldmünzen zu 20 Shilling, die erstmals unter König Heinrich VII., 1485–1509, ausgegeben wurden), holländische Wilhelmsd'or, österreichische und württembergische Dukaten, hessische 10-Gulden-Stücke und noch ein Stück dänisches Gold. Also 24 verschiedene Münzsorten in einem recht kleinen Bezirk.

Infolge der Wirren der französischen Revolution und der Napoleonischen Kriege war es auch in Preußen zu einer Schwemme unterwertiger Scheidemünzen gekommen. Zur Bereinigung dieser für Staat und Volk schädlichen Zustände wurde das »Gesetz über die Münzverfassung in den Preußischen Staaten« vom 30. September 1821 erlassen, die Vorstufe eines Münzgesetzes für das ganze Deutschland.

Der 14-Taler-Fuß blieb unverändert, aber die Scheidemünzen wurden von Grund auf neu geordnet. Es wurde ein Silbergroschen zu 1/30 Taler eingeführt, der 12 Pfennig galt. Der Taler hatte daher 360 Pfennig.

Tab. 9 bringt eine Aufstellung der deutschen Währungsgebiete und Münzsysteme zu Beginn des Jahres 1834.

Tab. 9 Währungsgebiete und Münzsysteme in Deutschland am 1. Januar 1834

Münzfuß	Währungseinheit (g Feinmetall)	Münzsystem	Länder
12-Taler-Fuß	Taler (19,5 g Ag)	1 Taler = 48 Schilling = 576 Pfennig	Mecklenburg-Schwerin[1)]
13⅓-Taler-Fuß (auch 20-Gulden-Fuß)	Taler, auch Taler Kurant (17,5 g Ag)	1 Taler = 24 Groschen = 288 Pfennig	Anhalt, Braunschweig[1)], Hannover[1)], Sachsen u. a. m.
		1 Taler = 36 Mariengroschen = 288 Pfennig	Lippe, Schaumburg-Lippe Waldeck-Pyrmont
		1 Taler = 48 Schilling = 576 Pfennig	Mecklenburg-Strelitz[1)]
		1 Taler = 72 Grote = 360 Scwaren	Oldenburg[1)]
14-Taler-Fuß (auch 21-Gulden-Fuß)	Taler, auch Taler Kurant (16,7 g Ag)	1 Taler = 50 Silbergroschen = 360 Pfennig	Preußen[1)]
		1 Taler = 24 Groschen = 384 Heller	Kurhessen (Hessen-Kassel)
		1 Taler = 54 Stüber	Ostfriesland

Tab. 9 (Fortsetzung)

Münzfuß	Währungseinheit (g Feinmetall)	Münzsystem	Länder
18½-Taler-Fuß	Rigsbankdaler (12,6 g Ag)	1 Rigsbankdaler = 96 Rigsbankskilling = 30 Schilling Kurant = ½ Speziestaler	Schleswig-Holstein
24½-Gulden-Fuß	Gulden (9,5 g Ag)	1 Gulden = 60 Kreuzer	Baden, Bayern, Frankfurt, Hessen-Darmstadt, Nassau, Württemberg u. a. m.
34-Mark-Fuß	Mark Kurant (6,9 g Ag)	1 Mark = 16 Schilling = 192 Pfennig	Hamburg, Lübeck
Pistolen-Fuß	1 Taler Gold (1,2 g Au)	Pistole, Friedrichsd'or usw. = 5 Taler Gold	Braunschweig[1)] Hannover[1)] Mecklenburg[1)] Oldenburg[1)] Preußen[1)]
		1 Taler Gold = 72 Grote = 360 Schwaren	Bremen

1) Länder mit Bimetallwährung

3.2.5 Reformen von München 1837 und Dresden 1838

In Süddeutschland waren die Kleinmünzen durchweg unterwertig, stark abgenutzt und nach den unterschiedlichsten Münzfüßen geprägt. Auch die Unterteilung des Kronentalers, einer wichtigen Währungsmünze, in 162 Kreuzer war für die Praxis außerordentlich hinderlich und erleichterte den Betrug. Eine schnelle Neuordnung schien hier besonders geboten.

Zwar hatte der Deutsche Zollverein von 1834 ein einheitliches Münz-, Maß- und Gewichtssystem zum Ziel, den Anlaß zum umgehenden Handeln gab aber die »Abwürdigung« der Halb- und Viertelstücke des Kronentalers in den Staaten des Kronentalerfußes. Bayern, Württemberg, Baden, Hessen-Darmstadt, Nassau und Frankfurt am Main gründeten daher am 25. August 1837 in München den »Süddeutschen Münzverein«, der bis zur Einführung der Reichswährung bestand. 1838/39 traten Sachsen-Meiningen, Hohenzollern-Sigmaringen und Hohenzollern-Hechingen, Hessen-Homburg und Schwarzburg-Rudolstadt diesem Süddeutschen Münzverein bei, der bis 1871 bestand.

Man einigte sich als Münzgrundgewicht auf die Kölnische Mark der Berliner Münze zu 233,855 g. Die Definition nach metrischem Gewicht leitete zu dem Münzpfund zu 500 g über, das 1857 im Wiener Münzvertrag die Kölnische Mark ersetzen sollte. Weitere Bestimmungen des Münchner Münzvertrages lauteten:

- Der Kronentalerfuß wird auf den bereits praktisch bestehenden 24½-Gulden-Fuß festgesetzt, d. h. der rheinische Rechnungsgulden, $^{60}/_{162}$ des Feingehalts eines Kronentalers, wird Kurantmünze und mit der Aufzahl 24½ ausgebracht.
- Als Ersatz für die Teilstücke des Kronentalers mit den unbequemen Verhältniszahlen werden Gulden- und Halbguldenstücke zu 60 bzw. 30 Kreuzer geschaffen.

- Die Vertragspartner verpflichten sich, bestimmte, nach der Bevölkerungszahl bemessene Kontingente zu prägen.
- Die Partner haben im bestimmten Turnus die Prägungen der anderen Teilnehmer zu prüfen.
- Die Stücke zu 6 und 3 Kreuzer werden im 27-Gulden-Fuß ausgebracht, sie bleiben unterwertige Scheidemünzen.
- Die Kreuzer und ihre Teilstücke werden nicht geregelt; so heißen die Viertelkreuzer in Frankfurt und Nassau Heller, sonst Pfennig. Bayern prägt als Heller auch den halben Pfennig.
- Die Vertragsmünzen erhalten ein einheitliches Münzbild und sind in allen Vertragsstaaten gültig.

Diese teilweise Bereinigung des Münzwirrwarrs war für die Vertragsstaaten die Voraussetzung für eine Neuordnung des Münzwesens aller Zollvereinsstaaten durch den Dresdner Münzvertrag vom 30. Juli 1838.

Mit dieser Übereinkunft wurde die Guldenwährung der süddeutschen Staaten in ein festes Verhältnis zur norddeutschen Talerwährung gesetzt, so daß 3½ Gulden 2 Taler entsprachen. Mit diesem Wert wurden in den beteiligten Staaten einheitliche »Vereinsmünzen« geprägt, die $^{900}/_{1000}$ fein waren und einen Durchmesser von 41 mm hatten. Das Münzbild und die Aufschrift waren ebenfalls vorgeschrieben. $6^{3}/_{10}$ gingen auf die rauhe Mark von 233,855 g. Dieser Doppeltaler war für den allgemeinen Gebrauch zu groß und mit 37 g auch zu schwer, so daß das Eintalerstück im Norden und das Guldenstück im Süden die wichtigsten Großsilbermünzen blieben.

Diejenigen Zollvereinsstaaten, die noch nicht den 24½-Gulden-Fuß oder den 14-Taler-Fuß besaßen, mußten sich für eine der beiden Währungen entscheiden.

Mit der Währungsunion 1838 zwischen den norddeutschen Talerländern und dem süddeutschen Guldengebiet war die Harmonisierung des deutschen Geldwesens wesentlich vorangekommen, obwohl die Rechnungssysteme sich noch unterschieden.

3.2.6 Der Wiener Münzvertrag 1857

Die letzte bedeutende Übereinkunft auf dem Gebiete der Währungen vor der Gründung des Deutschen Reiches und der Einführung der Reichswährung war der Wiener Münzvertrag von 1857.

Anlaß war der 1853 zwischen Preußen und Österreich geschlossene Handelsvertrag, durch den Österreich Anschluß an den unter Preußens Führung stehenden Deutschen Zollverein bekam.

Der Wiener Münzvertrag vom 24. Januar 1857 ließ die durch den Dresdner Münzvertrag von 1838 geordneten Münzverhältnisse in Nord- und Süddeutschland grundsätzlich unverändert. An der Silberwährung wurde festgehalten. Der preußische Taler hatte sich im Norden weiter ausgebreitet und war auch im Süden allgemein anerkannt. Daher wurde das Eintalerstück neben dem Doppeltaler zur Vereinsmünze erklärt. Damit galt der Taler in allen Zollvereinsstaaten und hatte sein Umlaufgebiet auf Süddeutschland ausgedehnt, während der süddeutsche Gulden sich nicht nach Norden ausbreiten konnte. Der Vereinstaler galt 1¾ Gulden (= 105 Kr.) »süddeutscher Währung« und 1½ Gulden (= 90 Kr.) »österreichischer Währung«.

Die vertragschließenden Parteien führten als Münzgewicht anstelle der Kölnischen Mark (233,855 g) das Zollpfund (500 g) ein.

Aus einem Pfund wurden geprägt:

- 30 Taler der »Talerwährung« oder
- 45 Gulden »österreichischer Währung« oder
- 52½ Gulden »süddeutscher Währung«.

Gegenüber dem 14-Taler-Fuß oder dem 24½-Gulden-Fuß, beide auf die Kölnische Mark bezogen, bedeutete dies eine geringfügige Verringerung des Silbergehalts um 0,22 %, die vernachlässigt wurde. Daher konnten die nach dem alten 14-Taler-Fuß geprägten Münzen denen des 30-Taler-Fußes gleichgeachtet werden. Dasselbe galt für die Guldenstücke.

Es ergab sich folgendes Verhältnis der drei Währungen zueinander:

- 2 Taler preußisch = 3½ Gulden süddeutsch (wie bisher) = 3 Gulden österreichisch. Damit
- 1 Gulden österreichisch = ⅔ Taler preußisch und
- ¼ Gulden österreichisch = ⅙ Taler preußisch.

Der österreichische Gulden wurde in 100 Neukreuzer geteilt.

Auch für die Scheidemünzen traf man verbindliche Regelungen. Es wurden Mindestmünzfüße festgelegt. Jeder Staat durfte nur so viele Scheidemünzen prägen, wie für Zahlungen im Kleinverkehr unbedingt nötig waren. Niemand war verpflichtet, Scheidemünzen anzunehmen, wenn die Zahlung auch in Kurantmünzen geleistet werden konnte.

Trotz der Verpflichtung, eine strenge Silberwährung einzuhalten, wurde zur »Förderung des Handels mit dem Auslande« die Prägung von »Vereinsgoldmünzen« zugelassen. Sie hießen Kronen und Halbkronen mit einem Gewicht von 10 g bzw. 5 g. Gleichzeitig wurde den Vertragsstaaten die Herstellung der bisher üblichen verschiedenartigen Goldmünzen untersagt.

Die Vereinsgoldmünzen waren Handelsmünzen mit wechselndem Kurs, der sich nach Angebot und Nachfrage richten sollte. Es durften allerdings über eine Dauer von maximal sechs Monaten öffentliche Kassenkurse gebildet werden, zu denen die Kronen »an Zahlungsstatt für Silber« zugelassen werden konnten. Abgenutzte Vereinsgoldmünzen brauchten nicht zum Nennwert eingelöst zu werden.

Aufgrund dieser recht restriktiven Bestimmungen bekamen die Kronen keine nennenswerte Bedeutung.

3.2.7 Münzverhältnisse kurz vor Einführung der Reichswährung 1871

Der Wiener Münzvertrag trug zur Vereinheitlichung des deutschen Münzwesens weiter bei. Der Vereinstaler verbreitete sich über ganz Deutschland und sogar über große Teile des übrigen Mitteleuropa. Es gab zwar noch unterschiedliche Währungssysteme und damit regional verschiedene Kleinmünzen, aber den Groß- und Fernhandel erleichterten die einheitlichen Münz- und Rechnungseinheiten doch sehr.

Die Einigungskriege von 1866 brachten u. a. territoriale Änderungen. In den von Preußen annektierten Gebieten Hannover, Kurhessen, Nassau und Schleswig-Holstein wurde am 1. Januar 1867 die preußische Währung eingeführt. Dagegen behielt Frankfurt am Main seine Guldenwährung bis zur Einführung der Reichswährung.

Österreich und Liechtenstein schieden 1867 aus dem Wiener Vertrag aus. Die in großer Anzahl geprägten österreichischen Vereinstaler blieben bis 1901 im Umlauf.

Nach diesen Änderungen gab es auf dem Boden des späteren Deutschen Reiches ›nur‹ noch sechs verschiedene Münzsysteme:

1. Der Taler im 30-Taler-Fuß zu 16,7 g Silber (früher 14-Taler-Fuß).
   1 Taler = 30 Groschen = 360 Pfennig.
   Gültig in Preußen (ohne Frankfurt), Anhalt, Braunschweig, Oldenburg, Sachsen-Weimar, Schwarzburg-Sondershausen, Schwarzburg-Rudolstadt Unterherrschaft, Waldeck-Pyrmont, Lippe-Detmold und in den reußischen Fürstentümern.
2. Der Taler wie (1). Aber:
   1 Taler = 30 Groschen = 300 Pfennig.
   Gültig in Sachsen, Sachsen-Altenburg und Sachsen-Gotha.

3. Der Taler wie (1). Aber:
   1 Taler = 48 Schilling = 576 Pfennig.
   Gültig in Mecklenburg-Schwerin und Mecklenburg-Strelitz.
4. Der Gulden im 52½-Gulden-Fuß zu 9,5 g Silber (früher 24½-Gulden-Fuß).
   1 Gulden = 60 Kreuzer = 240 Pfennig.
   Gültig in Bayern, Württemberg, Baden, Hessen, Hohenzollern, Frankfurt, Sachsen-Meiningen, Sachsen-Coburg und Schwarzburg-Rudolstadt Oberherrschaft.
5. Die Mark (kurant) im 75-Mark-Fuß zu 6,7 g Silber (früher 35-, davor 34-Mark-Fuß).
   1 Mark = 16 Schilling = 192 Pfennig.
   Gültig in den Hansestädten Hamburg und Lübeck. Seit 1856 war auch der Talerfuß als Landesmünzfuß anerkannt.
   1 Taler = 40 Schilling = 480 Pfennig.
6. Der Taler Gold zu ⅕ Pistole im 420-Taler-Fuß zu 1,2 g Gold.
   1 Taler Gold = 72 Grote = 360 Schwaren.
   Gültig in der Hansestadt Bremen.

3.2.8 Entwicklung des Papiergeldes bis zur Einführung der Reichswährung

Unter »Papiergeld« versteht man heute alles stoffwertlose, aus dem Werkstoff Papier hergestellte Geld. Dabei kann es sich um »Staatspapiergeld«, »Banknoten« oder »Notgeldscheine« handeln. Ursprünglich gab es nur Staatspapiergeld, ein in Währungsmetall nicht einlösbares papiernes Zahlungsmittel, dem die Währungseigenschaften als gesetzliches Zahlungsmittel durch die staatliche Autorität verliehen wurde (Zwangskurs), oder der Geldwert wurde dadurch garantiert, daß das Staatspapiergeld bei Zahlungen von Steuern oder anderen Abgaben an staatliche Kassen zum Nennwert angenommen werden mußte (eigentliches oder echtes Papiergeld).

Im Gegensatz dazu stellen Banknoten ein Geldersatzmittel dar, ein Geldsurrogat. Sie sind »uneigentliches Papiergeld«.

Die Banknoten wurden bei ihrem ersten Auftreten in Deutschland (1705) »Zettel« genannt und durch hierzu befugte Notenbanken, die »Zettelbanken«, ausgegeben. Sie müssen ganz oder zum Teil durch Währungsgeld gedeckt sein und sind auf Verlangen des Inhabers in Metallgeld einzulösen. Es sind Zahlungsversprechen von als zahlungsfähig bekannten Privatpersonen oder Instituten, den Banken. Der Ausdruck »Zettel« oder »Bankzettel« bedeutete keine Herabsetzung, sondern sollte sagen, daß es sich weder um Geld noch um Wertpapiere handelte.

In Krisenzeiten wurde den Banknoten häufig Zwangskurs verliehen und damit die Notenbank von der Einlösungspflicht entbunden, obwohl die Metallwährung formell weiter bestand. Mit dem Wegfall der Pflicht zur Einlösung waren die Zettel keine Forderungen auf Metallgeld mehr, sie wurden zu einem selbständigen Gelde und unterlagen einer selbständigen Wertbildung.

Ebenfalls in Krisen- und Kriegszeiten wurden bei einem Mangel an gesetzlichen Zahlungsmitteln von Kommunen oder Privatleuten sogenannte Notgeldscheine als Ersatz ausgegeben. Sie hatten, ihrem Wesen entsprechend, immer Zwangskurs.

Die ersten europäischen Banknoten gab im Jahre 1661 die »Stockholms Banco« aus. Ursache war die Größe und »Gewichtigkeit« der Kurantmünzen, die man wegen des Mangels an Edelmetallen aus Kupfer zu fertigen gezwungen war, der Materialwert mußte aber dem Nennwert entsprechen. Dieses »Kupferplattengeld« bestand aus amtlich gestempelten viereckigen Platten. Die 10-Taler-Münze hatte das außerordentliche Gewicht von 19,7 kg und ein

Format von 30×70 cm! Das 1-Taler-Stück mit fast 2 kg eignete sich ebenfalls nicht gerade für den Kleinhandel. An größere Zahlungen war gar nicht zu denken.

Bis zu einer Rückkehr zu einer Edelmetallwährung führte man folglich Zahlungsmittel aus Papier ein, sogenannte »Kreditivsedlar« (Vertrauensscheine), die, wie gesagt, von der Stockholms Banco 1661 erstmals ausgegeben wurden. Sie stellten ein auf Kupfermünze lautendes Zahlungsversprechen dar. Als 1665 das Land wieder eine Silberwährung erhielt und die Scheine allmählich aus dem Verkehr gezogen wurden, geriet die Bank bei der Einlösung der Vertrauensscheine in Schwierigkeiten, da sie zu viele Scheine ausgegeben hatte, und mußte deshalb schließen.

Das erste deutsche Papiergeld, abgesehen von einigen Notgeldausgaben, waren die 1705 von dem pfälzischen Kurfürsten Johann Wilhelm (»Jan Wellem«) ausgegebenen Bancozettel. Sie wurden von der in Köln ansässigen »Banco di Gyro d'affrancatione« in den Verkehr gebracht. Die Zettel waren zwar auf den Namen ausgestellt, damit noch kein echtes Papiergeld, konnten aber durch Giro, d. h. bargeldlos durch Überweisung übertragen werden. Nach vielen Schwierigkeiten konnten die Scheine unter Verlust bis 1777 eingelöst werden.

Das erste deutsche Papiergeld, das als Zahlungsmittel Bedeutung erlangte, waren die »Churfürstlich Sächsischen Cassen Billets«, die von 1772 bis 1867 ausgegeben wurden. Keine weite Verbreitung erlangten dagegen die auf »Pfund Banco« lautenden Noten der 1765 gegründeten preußischen Königlichen Giro- und Lehnbank (aus ihr wurde 1847 die »Preußische Bank« und 1877 die »Reichsbank«). Auch die 1806 von ihr ausgegebenen »Tresorscheine« waren kein Erfolg. Ihre Einlösung in Bargeld, also in Münzen, wurde bereits nach kurzer Zeit eingestellt. Sie erhielten statt dessen Zwangskurs. Die Schwankungen ihres

Verkehrswertes richteten sich recht genau nach der politischen Lage. Der Wert sank bei preußischen Niederlagen im Krieg gegen Napoleon bis auf 24% des Metallgeldes und erholte sich stetig nach der Schlacht bei Leipzig und stand Ende 1815 sogar bei 100%.

Hatte bis zum Anfang des 19. Jahrhunderts schon alle Welt, mit Ausnahme von England, mit Papiergeld nur schlechte Erfahrungen gemacht, so führten die Erfahrungen mit den französischen »Assignaten« der Großen Revolution regelrecht zum Verruf des Papiergeldes. Ab 1789 wurden diese verzinslichen Schuldverschreibungen des Staates ausgegeben, die durch beschlagnahmte Kirchengüter, Kronbesitz und Emigranteneigentum gedeckt waren. Dann aber führte der Geldbedarf dazu, daß 1792 die Assignaten in riesigen Mengen als unverzinsliches Papier und alleiniges Zahlungsmittel von der Revolutionsregierung ausgegeben wurden. Da ihnen kein ausreichendes Warenangebot gegenüberstand, sank ihr Wert derart, daß 1796 eine Note, in Gold gerechnet, für 0,3% ihres Ausgabepreises zu haben war. In demselben Jahr wurden die Assignaten abgeschafft.

Die Ausbreitung des Papiergeldes begann in Deutschland, als die von der Preußischen Bank seit 1847 ausgegebenen Banknoten das Vertrauen des Publikums fanden. Die anfängliche Kontingentierung wurde 1856 aufgehoben und der Preußischen Bank das unbeschränkte Notenausgaberecht verliehen. Damit bekam in Deutschland die Banknote den Vorrang unter den Geldscheinen. Das Staatspapiergeld hatte 1850 noch einen Anteil von rund 66% am gesamten Papiergeldbestand, bis 1860 war dagegen der Anteil auf etwa 20% gesunken.

Der allgemeine wirtschaftliche Aufschwung, eine liberale Wirtschaftsgesinnung, aber auch das fiskalische Interesse mancher Länder führte in den Jahren 1855–1856 zu einer Wele der Gründung von »Zettelbanken«, wie die

Notenbanken damals allgemein noch genannt wurden (vgl. S. 104). In dieser Zeit kam es zu 16 Neugründungen von unterschiedlicher Größe.

Langsam setzte sich auch in Deutschland Papiergeld als zusätzliches Zahlungsmittel durch. Wie aus der zeitgenössischen Literatur hervorgeht, bevorzugte man aus folgenden Gründen Banknoten anstelle von staatlichem Papiergeld:

- Die Wahrscheinlichkeit einer soliden, kaufmännischen Geschäftsführung sei bei einer Bank größer als bei einer politischen Institution, die zwangsläufig sachfremde Interessen verfolgt.
- Im Kriegsfalle sei eine private Notenbank mit ihren Reserven an Edelmetallen weniger gefährdet, da der Feind, wie man annahm, im Falle einer Besetzung des Landes wohl Privateigentum, nicht aber Staatseigentum schonen werde.
- Die notwendige Vertrauenswürdigkeit privater Notenbanken könne auch durch eine besondere Staatsaufsicht sichergestellt werden.
- Notenbanken können durch die Bedingungen, zu denen sie Handelswechsel ankaufen, besser als staatliche Institutionen den Bargeldumlauf den wirtschaftlichen Bedürfnissen des Landes anpassen.

Diese Argumente mögen uns heute nicht mehr alle überzeugen, waren indessen allgemeine Überzeugung damals.

Papiergeld wurde bis zum Ersten Weltkrieg nicht als Bargeld angesehen, sondern als Geldersatz. Es mußte auf Verlangen des Besitzers von den Notenbanken jederzeit in Kurantmünzen eingetauscht werden, Staatspapiergeld von den öffentlichen Kassen. Die Notenbanken hielten zu diesem Zweck einen erheblichen Vorrat an Metallgeld bereit. Tab. 10 zeigt die Entwicklung des deutschen Banknotenumlaufs 1840 bis 1875.

Tab. 10 Entwicklung der Stückgeldmenge von 1840 bis 1875

Jahresende	Stückgeldmenge insgesamt[1)] in Mio. Mark[2)]	in %	davon Münzen in Mio. Mark	in %	Papiergeld in Mio. Mark	in %
1840	1061	100	964	91	97	9
1845	1225	100	1112	91	113	9
1850	1462	100	1208	83	254	17
1855	1601	100	1301	81	300	19
1860	2014	100	1531	76	483	24
1865	2348	100	1664	71	684	29
1870	2977	100	1874	63	1103	37
1875	3869	100	2634	68	1235	32

1) Münzen und Papiergeld in Deutschland (ohne Österreich) einschließlich der schnell wachsenden Kassenbestände der Banken und Notenbanken. Diese betrugen 1840 erst 40 Mio. Mark, 1875 dagegen 934 Mio. Mark

2) Umrechnungen: 1 Taler (Vereinstaler) = 3 Mark, 1 süddeutscher Gulden = 1,71 Mark

Zur Verbreitung des Papiergeldes trug natürlich die Bequemlichkeit bei größeren Zahlungen bei. Es war weit mühsamer, 1000 Taler in Münzen zu bezahlen als in Papiergeld. Allein das Abzählen von 1000 Talerstücken oder von 500 Doppeltalern war zeitraubend verglichen mit der Übergabe eines 1000-Taler-Scheines, des damals größten Papiergeldwerts. Ganz abgesehen davon, daß eintausend silberne Talerstücke immerhin über 18 kg wogen.

Der in der zweiten Hälfte des 19. Jahrhunderts enorm angewachsene Banknotenumlauf setzte sich aus den verschiedensten Bestandteilen zusammen. Jeder Staat, der eine Notenkonzession erteilte, gab seiner Zettelbank eine Verfassung und Statuten, wie sie ihm gerade gefielen. So kam es, daß die deutsche Bankgesetzgebung eine wahre Sammlung aller möglichen Banksysteme darstellte. Die kleinstaatlichen Banken ahmten das Beispiel ihrer Regierungen nach und gaben auf kleine Beträge lautende Noten aus, bis hinab zu Eintalernoten. Um die Einlösung möglichst zu vermeiden, versendeten einzelne Banken ihre Noten an Geschäftsfreunde in entfernten Orten. Solche Notenbanken waren nur an einem möglichst langen Umlauf recht zahlreicher Noten interessiert, um recht ausgiebig den Vorteil eines unverzinslichen Darlehens zu genießen. Glücklicherweise wurde der weitaus größte Teil der umlaufenden Noten von den gut geleiteten größeren Instituten ausgegeben, vor allem von der Preußischen Bank. Daher war der Schaden durch das Geschäftsgebaren der kleinen Notenbanken nicht so groß. Die Noten der Preußischen Bank machten zu Anfang der siebziger Jahre etwa zwei Drittel des deutschen Notenumlaufs aus.

Am Vorabend der Reform des deutschen Geldwesens anläßlich der Gründung des Deutschen Reiches (1871) sagten Zeitgenossen über den Zustand des deutschen Papiergeldwesens folgendes:

- »Der Papiergeldumlauf sei im Verhältnis zum Münzgeldumlauf und auch im Verhältnis zur Bevölkerungszahl weitaus größer als in anderen Staaten.
- Ein Teil des Staatspapiergeldes und der Banknoten sei von zweifelhafter Sicherheit; die Noten hauptsächlich wegen ungenügender Deckungsvorschriften und des unbankmäßigen Geschäftskreises eines Teils der Banken.
- Sehr geklagt wurde über den starken Umlauf von Zetteln, welche auf ganz kleine Beträge lauteten, deren Einlösung, weil sie die Versendung zum Ausgabeort nicht lohnten, praktisch unmöglich war; ferner über den jämmerlichen Zustand dieser Zettel.
- Am schlimmsten fühlbar mache sich der Umlauf von Staatspapiergeld und Noten, welche man bei öffentlichen Kassen überhaupt nicht, im Verkehr nur unter

Schwierigkeiten wieder anbringen könne.« (Karl Helfferich, *Die Reform des deutschen Geldwesens nach der Gründung des Reiches*, Bd. 2, Leipzig 1898, S. 61 f.)

Diese reichlich verworrenen Papiergeldverhältnisse führten noch kurz vor der Reichsgründung zu gesetzlichen Maßnahmen. Der Norddeutsche Bund verhinderte durch das sog. Banknotensperrgesetz vom 27. März 1870 für sein Gebiet die Gründung neuer Notenbanken und die Erhöhung der Notenkontingente bei den bereits bestehenden Instituten. Ein anderes Gesetz vom 16. Juni 1870 verbot die eigenmächtige Ausgabe von neuem Staatspapiergeld.

3.3 Von der Einführung der Reichswährung bis zum Ersten Weltkrieg

3.3.1 Übergang zur Goldwährung

Seit der Mitte des 19. Jahrhunderts nahm der Druck der öffentlichen Meinung immer mehr zu, in Deutschland endlich einheitliche Maße, Münzen und Gewichte einzuführen. Während das dezimal geteilte metrische Einheitensystem bereits 1868/69 die Grundlage einer Maß- und Gewichtsordnung wurde, dauerte es noch bis in die Zeit nach der Gründung des Deutschen Reiches, ehe das »Gesetz, betreffend die Ausprägung von Reichsgoldmünzen« vom 4. Dezember 1871 (RGBl. S. 404) die Reform des Geldwesens einleitete. Voraussetzung dafür war die Übertragung der Zuständigkeit für die Reichswährung von den Bundesstaaten auf das Reich durch die Verfassung des Deutschen Reiches vom 16. April 1871 gewesen.

Ehe man aber der Einführung einer »Goldumlaufwährung«, wie geplant, nähertreten konnte, stellte sich naturgemäß die Frage, ob das neue Währungsmetall in ausreichender Menge zu vertretbaren Preisen zu beschaffen sei. Sie konnte bejaht werden, weil nach der Entdeckung der kalifornischen (1849) und kurz darauf der australischen Goldvorkommen das Gold gegenüber dem Silber billiger geworden war.

Umgekehrt hatten weltpolitische Ereignisse das Silber verteuert. Hinzu kam, daß die bedeutenden Finanzmächte Frankreich (seit 1870) und die Industriemacht England bzw. Großbritannien (seit dem 18. Jahrhundert), in der das Deutsche Reich das Vorbild für die eigene wirtschaftliche Entwicklung sah, Goldwährungen hatten (Frankreich allerdings eine Doppelwährung).

Beantwortet werden mußten ferner folgende Fragen:

- Sollte das Ziel eine Doppelwährung sein oder eine echte Goldumlaufwährung, bei der also Goldmünzen im Verkehr waren? – Da die vorhandenen Silbermünzen unmöglich sofort eingezogen und durch Goldmünzen ersetzt werden konnten, beließ das Gesetz vom 4. Dezember 1871 die umlaufenden Silberkurantmünzen und die neuen Goldmünzen als gleichberechtigte Zahlungsmittel im Verkehr. Das Umrechnungsverhältnis wurde festgelegt, Neuprägungen von Silber- oder anderen Münzen wurden allerdings untersagt. Dieser Zustand entsprach praktisch dem einer Doppelwährung, sollte aber nur einen befristeten Übergang zu einer Goldumlaufswährung darstellen.
- Wie waren die Geldwerte aufzuteilen? – Es war sofort klar, daß nur die dezimale Teilung der Währungseinheit in Frage kam.
- Wie war diese neue Einheit auszurichten? – Sie sollte einem größeren Teil der Bevölkerung bekannt sein oder wenigstens zu bekannten Münzen in einem einfachen Verhältnis stehen. Man erwog daher, entweder den Taler,

den ⅔-Taler (den Gulden) oder den ⅓-Taler (die Mark) als Rechnungseinheit zu bestimmen. Es wurde die Mark gewählt, denn nur so ergab eine Hundertteilung eine kleinste Münze, den Pfennig, die der sowohl in Nord- als auch in Süddeutschland umlaufenden kleinsten Münze sehr nahe kam und deren Zehnfaches wiederum dem in den Talerländern bekannten Groschen glich. Es wurde also die Mark zum Wert von ⅓ Taler oder 35 süddeutschen Kreuzern als Rechnungseinheit gewählt.

Zwischen Gold und Silber wurde das Wertverhältnis 15,5 : 1 zugrunde gelegt, das sich in Jahrzehnten bei der französischen Doppelwährung bewährt hatte. Die neuen Reichsgoldmünzen bestanden zu 900‰ aus Gold und zu 100‰ aus Kupfer. Aus einem Pfund (500 g) Feingold sollten 139½ 10-Mark-Stücke oder 69¾ 20-Mark-Stücke hergestellt werden. Diese Aufzahl ergab sich aus dem 30-Taler-Fuß des Wiener Münzvertrages von 1857. Bei einem Gold-Silber-Verhältnis von 15,5 : 1 mußte aus Gold die 15,5fache Anzahl von Stücken aus Silber geprägt werden. Da theoretisch aus 500 g Silber 3×30 = 90 Markstücke hergestellt werden konnten, mußten es aus 500 g Gold 90×15,5 = 1395 Stück sein. Die 10-Mark-Stücke enthielten damit 3,584 g Gold bei einem Gesamtgewicht von 3,982 g. Für das 20-Mark-Stück galten die doppelten Werte (womit es 25 französischen Franc oder einem englischen Sovereign gleichkam); 1395 Mark entsprachen 0,5 kg feinem Gold. Die Mark war zu klein, um als Goldstück geprägt zu werden, denn dies hätte bei einem Feingewicht von 0,358 g und einem Rauhgewicht von 0,398 g nur einen Durchmesser von 7 mm bei einer Dicke von 0,5 mm erhalten, ein für den täglichen Gebrauch völlig untaugliches Maß. Auch bei Verwendung einer geringwertigen Legierung von 333 ‰ Gold und 0,5 mm Dicke bekommt das Markstück erst Pfenniggröße. Man wählte daher 10- und 20-Mark-Stücke mit den angegebenen Gewichten als Umlaufmünzen.

Durch die Abnutzung beim Umlauf um nicht mehr als ½% vom Normalgewicht verminderte Goldmünzen sollten als vollgewichtig gelten. Stücke, die dieses Passiergewicht nicht mehr erreichten, wurden von den staatlichen Kassen zum Nennwert umgetauscht.

Das 10-Mark-Stück, ab 1875 offiziell als »Krone« bezeichnet, galt

- in norddeutscher Währung 3⅓ Taler,
- in süddeutscher Währung 5 fl. 50 Kr.
- in lübischer und Hamburger Währung 8 Mark Kurant 5⅓ Schilling,
- in Bremer Währung 3⅟₉₃ Taler Gold.

Diesen Umrechnungswerten lag das oben erwähnte Gold-Silber-Verhältnis von 1 : 15,5 zugrunde.

Das »Münzgesetz« vom 9. Juli 1873 (RGBl. S. 233) schloß die Reformgesetzgebung in allen wesentlichen Punkten ab. Es proklamierte die reine Goldwährung formell als Endziel der Münzreform und ordnete die Reichsgoldwährung in allen ihren Einzelheiten. Zur Ergänzung der 20- und 10-Mark-Stücke sollten goldene 5-Mark-Stücke zu 1,79 g Fein- und 1,99 g Nominalgewicht und darunter nur Scheidemünzen geprägt werden. Diese Goldmünzen zu 5 Mark mit 17 mm Durchmesser waren zu klein und bewährten sich nicht. Aufgrund der Münznovelle vom 1. Juni 1900 wurden sie eingezogen und außer Kurs gesetzt.

Neben den unbegrenzt auszuprägenden Goldmünzen sah das Münzgesetz ein System von Scheidemünzen aus Silber, Nickel und Kupfer vor, deren Ausmünzung begrenzt sein sollte. Ebenso wurden Höchstbeträge festgelegt, bis zu denen Scheidemünzen in Zahlung zu nehmen waren.

Die Scheidemünzen aus Silber wurden aus einer Legierung geprägt, die gegenüber den Silberkurantmünzen 10% weniger Silber enthielt. Der Feingehalt wurde auf 5 g pro 1 Mark bestimmt. Folgende Nominale waren vorgesehen:

- Silbermünzen zu 5, 2 und 1 Mark sowie zu 50 und 20 Pfennig
- Nickelmünzen zu 10 und 5 Pfennig sowie
- Kupfermünzen zu 2 und 1 Pfennig.

Als Sinnbild der Reichseinheit bekamen die Reichsmünzen ein einheitliches Aussehen. Die Nennwerte von 20 bis 2 Mark trugen auf der Vorderseite den Reichsadler mit der Umschrift »Deutsches Reich«, die Jahreszahl und den Wert. Die Rückseite war dem Bild des Landesherrn (z. B. von Baden, Bayern, Preußen, Sachsen, Württemberg) oder dem Wappen einer freien Stadt (z. B. Hamburg, Lübeck) vorbehalten. Die kleineren Nominale zeigten auf einer Seite den Reichsadler und auf der anderen Seite den Wert, zum Teil im Kranz, und die Umschrift »Deutsches Reich«.

Die erforderlichen Prägungen von Reichsmünzen beanspruchten eine Reihe von Jahren. Die Landesmünzen mußten also noch eine entsprechende Zeit gültig bleiben. Allerdings wurden die Nominale, die nicht in das System paßten, sowie ausländische Münzen schon bald außer Kurs gesetzt. Die noch vorübergehend gültigen alten Landesmünzen wurden folgendermaßen bewertet:

1-Taler-Stück = 3 Mark,
⅓-Taler-Stück = 1 Mark,
⅙-Taler-Stück = 50 Pfennig;

in den Ländern mit Talerwährung außerdem:

1/12-Taler-Stück = 25 Pfennig,
1/15-Taler-Stück = 20 Pfennig,
1/30-Taler-Stück = 10 Pfennig,
½-Groschen-Stück = 5 Pfennig,
¼-Groschen-Stück = 2,5 Pfennig,
⅕-Groschen-Stück = 2 Pfennig,
1/10-und 1/12-Groschen-Stücke = 1 Pfennig.

Bei dem allmählichen Umtausch der kleinen Landesmünzen hatte man offenbar die bayerischen Hellerstücke im Wert von ½ Pfennig vergessen, sie haben sich auch ohne Außerkurssetzung allmählich verloren.

Mit der »Verordnung, betreffend die Einführung der Reichswährung« vom 22. September 1875 (RGBl. S. 303), trat die Reichswährung im gesamten Reichsgebiet am 1. Januar 1876 in Kraft. Damit mußte auch Bayern, als letzter deutscher Bundesstaat, die Rechnung nach Mark und Pfennig übernehmen.

Die alten Silbertaler galten aber weiterhin mit einem Wert von 3 Mark, bis sie durch Bekanntmachung vom 27. Juni 1907 (RGBl. S. 401) zum 1. Oktober 1907 außer Kurs gesetzt wurden. Damit war die »hinkende Goldwährung« beendet und die Währungsreform abgeschlossen. Weil aber die Bevölkerung auf den gewohnten »Taler« (= 3 Mark) nicht verzichten wollte, beschloß der Bundesrat am 27. Juni 1908, die Prägung von 3-Mark-Stücken einzuführen.

3.3.2 Reform des Papiergeldes

Die Aufgabe, auch das Papiergeld den Erfordernissen einer modernen Wirtschaft anzupassen, stellte sich beträchtlich schwieriger dar als die Neuordnung des Münzwesens. Von seiten der Einzelstaaten gab es anfangs Widerstand gegen die vollständige Zentralisierung des Papiergeldes und die Errichtung einer deutschen Zentralbank. Die Finanzminister der Einzelstaaten sahen die Aufgabe der Rechte zur Ausgabe von Banknoten und Staatspapiergeld als Verlust einer bequemen Art der Geldbeschaffung. Außerdem erwarteten sie durch den Umtausch des dann ungültig werdenden Landespapiergeldes große Ausgaben.

Nach schwierigen Verhandlungen einigte man sich auf einen Kompromiß, der als Artikel 18 in das Münzgesetz vom 9. Juni 1873 (RGBl. S. 233) eingeführt wurde:

- Ab dem 1. Januar 1876 dürfen nur noch auf Reichswährung (Mark) lautende Banknoten in Wertabschnitten von mindestens 100 Mark in Umlauf bleiben und ausgegeben werden. Alle übrigen Banknoten sind bis zu diesem Termin einzuziehen.
- Ebenfalls bis zum 1. Januar 1876 soll das bisherige Staatspapiergeld der deutschen Länder eingezogen werden. An seiner Stelle erfolgt die Ausgabe von Reichspapiergeld, über dessen nähere Umstände ein noch zu erlassendes Reichsgesetz zu befinden hat.

Banknoten unter 100 Mark waren verboten, da Zahlungen in diesem Bereich bequem mit Münzen zu leisten waren. Reichsgoldmünzen zu 10 und 20 Mark waren 1873 schon in ausreichender Menge im Umlauf.

Endgültig wurde das Staatspapiergeld durch das »Gesetz, betr. die Ausgabe von Reichskassenscheinen« vom 30. April 1874 (RGBl. S. 40) geregelt.

Diese »Reichskassenscheine«, reichseinheitliches Staatspapiergeld, sollten in Werten von 5, 20 und 50 Mark ausgegeben werden und die bisherigen Emissionen der deutschen Bundesstaaten ersetzen. Die Bundesstaaten hatten künftig nicht mehr das Recht, Staatspapiergeld auszugeben.

Die Annahme der Reichskassenscheine im Privatverkehr konnte verweigert werden, sie stellten also kein gesetzliches Zahlungsmittel dar. Da aber alle Kassen des Reiches und der Bundesstaaten sie in Zahlung nehmen mußten und die Reichshauptkasse sie in Bargeld, Münzen, einlöste, war ihr Umlauf in der Bevölkerung gesichert.

Die Neuordnung des Banknotenwesens war wesentlich schwieriger, und zwar vor allem wegen der großen Anzahl der Notenbanken, die auf Grund landesherrlicher Privilegien Noten ausgaben und meist privatrechtlich als Aktiengesellschaften organisiert waren. Das »Bankgesetz« vom 14. März 1875 (RGBl. S. 177) beruhte auf einem Kompromiß. Seine wichtigsten Bestimmungen lauteten:

- Banknoten sind keine gesetzlichen Zahlungsmittel, eine Verpflichtung zur Annahme besteht nicht (§ 2).
- Banknoten dürfen nur in Stückelungen zu 100, 200, 500, 1000 Mark oder einem Mehrfachen von 1000 Mark ausgegeben werden (§ 3). (Vorwiegend wurden 100-Mark-Scheine ausgegeben. Werte über 1000 Mark wurden nicht emittiert.)
- Jede Notenbank ist zur Einlösung ihrer Banknoten zum vollen Nennwert verpflichtet (§ 4).

»Titel II« des Bankgesetzes von 1875 regelte die Errichtung der »Reichsbank« und deren Aufgaben. Sie ging aus der Preußischen Bank hervor und übernahm deren Aktiva und Passiva. Die Reichsbank hatte als Zentralbank des Deutschen Reiches währungspolitische Aufgaben: Sie sollte den Geldumlauf im Reichsgebiet regeln (§ 12) und war verpflichtet, Barrengold zum festen Preis von 1392 Mark für ein Pfund feines Gold gegen ihre Noten einzutauschen, also anzukaufen (§ 14).

Die Reichsbank war, wie vorher die Preußische Bank, ein Institut des öffentlichen Rechts, dessen Kapital allerdings von privaten Anteilseignern aufgebracht war. Sie stand unter der Kontrolle und Leitung des Reichs (§ 12). Der Reichskanzler war weisungsberechtigt.

Am 1. Januar 1876 waren die Papiergeldreformen abgeschlossen, die Reichsbank nahm ihre Tätigkeit auf, das Bankgesetz trat in Kraft. Banknoten durften fortan nur noch in Reichswährung und Wertabschnitten nicht unter 100 Mark zirkulieren. Der überwiegende Teil des alten Staatspapiergeldes der Länder war eingezogen und durch Reichskassenscheine ersetzt worden.

Mit der Gründung der Reichsbank als zentraler Notenbank war den meisten der 33 privaten Notenbanken die Grundlage entzogen. Sie mußten in den folgenden Jahren die Ausgabe ihrer Banknoten aufgeben. Nach 1905 bestanden im Deutschen Reich nur noch fünf Notenbanken: die Bayerische Notenbank, die Württembergische Notenbank, die Sächsische Bank, die Badische Bank und die Braunschweigische Staatsbank, die aber im Jahre 1905 auf ihr Emissionsrecht verzichtete.

3.3.3 Deutsche und europäische Währung bis zum Ersten Weltkrieg

Nach diesen Reformen waren die Geldverhältnisse in Deutschland wohlgeordnet. Die Reichsbank ergänzte ihr Zweigstellennetz und begann den unbaren Zahlungsverkehr, den Giroverkehr, auszubauen. Die Bevölkerung überwand ihr Mißtrauen gegenüber dem Papiergeld, so daß der Umlauf an Banknoten von Jahr zu Jahr zunahm.

Ab 1878 waren alte und ausländische Münzen aus Deutschland fast verschwunden. Die Goldwährung war stabil. Der Index der Lebenshaltungskosten schwankte zwar zwischen 1871 und 1900 um einen Mittelwert, um dann bis 1913 langsam zu steigen. Das lag aber nicht an den Währungsverhältnissen, sondern an der allgemeinen wirtschaftlichen und politischen Entwicklung. Bis 1914 gab es im Münzwesen nur geringfügige Änderungen, die sich aus den Erfahrungen im Zahlungsverkehr ergaben. Die Einziehung des goldenen Fünfmarkstücks im Jahr 1900 gehört beispielsweise hierher.

Von Bedeutung war das Münzgesetz vom 1. Juni 1909 (RGBl. S. 507), das für das Deutsche Reich die »Goldwährung« offiziell einführte, was in der Praxis längst geschehen war (im Gesetz von 1878 hatte es allerdings noch

»Reichswährung« geheißen). Außerdem faßte es die Münzgesetze von 1871, 1873 und spätere Änderungen zusammen. Das Pfund als Münzgrundgewicht wurde durch das Kilogramm ersetzt.

Neben Deutschland hatten bis 1890 alle bedeutenden Industrienationen die Goldwährung oder eine Doppelwährung eingeführt. England war dabei das Vorbild, es hatte seit 1816 eine auf dem Sovereign (zu 7,32 g Gold) beruhende Goldwährung.

Auf dem Wege zu dieser Verbreitung der Goldwährungen war die Gründung der Lateinischen Münzkonvention am 23. Dezember 1865 in Paris zwischen Frankreich, Belgien, Italien und der Schweiz bedeutsam gewesen (Griechenland trat 1868 bei). Ziel der Konvention war, gleichartige Gold- und Silbermünzen zu prägen, die Doppelwährungen mit einem Wertverhältnis zwischen Gold und Silber von 1 : 15,5 beizubehalten und die wechselseitige Annahme der Münzen der Einzelstaaten an den Staatskassen zu garantieren. 1875 beschlossen dann die drei skandinavischen Staaten Schweden, Norwegen und Dänemark, zur Goldwährung überzugehen. Rußland folgte 1888 und Österreich-Ungarn mit seinen Nachbarstaaten 1892.

Damit waren die Währungen aller dieser Länder, die zu den bedeutenden Industrienationen gehörten (Tab. 11), durch den Goldgehalt ihrer Münzen, dic Goldparität, miteinander verbunden. Wechselkursschwankungen hielten sich daher in engen Grenzen. Die Jahrzehnte vor 1914 gelten als die Epoche des klassischen internationalen Goldstandards und damit als eine Periode besonderer Geldwertstabilität.

Tab. 11 zeigt wichtige Münzen der Goldwährungsländer um 1912.

Tab. 11 Wichtige Münzen der Goldwährungsländer um 1912

Land	Rechnungseinheit	Wert Mark	Goldmünze	Gewicht rauh g	Gewicht fein g	Feingehalt ‰	Bemerkung
Belgien[1]	Franc	0,81					s. Frankreich
Dänemark[2]	Krone	1,125	10 Kronen	4,480	4,0322	900	
Deutsches Reich	Mark	1,00	10 Mark	3,98248	3,58423	900	
Frankreich[1]	Franc	0,81	10 Franc	3,2258	2,9032	900	
Griechenland[1]	Neudrachme	0,81					s. Frankreich
Großbritannien	Pfd. Sterling	20,42	Sovereign	7,998805	7,32238	916,67	
Italien[1]	Lira	0,81					s. Frankreich
Japan	Yen	2,09	20 Goldyen	16⅔	15,0	900	
Niederlande	Gulden	1,68	10 Gulden	6,720	6,049	900	Doppelwährung
Norwegen[2]	Krone	1,125					s. Dänemark
Österreich-Ungarn	Krone	0,85	10 Kronen	3,38753	3,04875	900	ab 1892 Goldw.
Rußland	Rubel	2,17	10 Rubel	8,60259	7,74234	900	ab 1899 Rubelw.
Schweden[2]	Krone	1,125					s. Dänemark
Schweiz[1]	Franken	0,81					s. Frankreich
Spanien[1]	Peseta	0,81					s. Frankreich
USA	Dollar	4,189	10 Dollar	16,71813	15,04632	900	Doppelwährung

[1] Lateinische Münzunion [2] Skandinavischer Münzbund

3.4 Vom Ersten Weltkrieg bis zur Gegenwart

3.4.1 Abschied von der Goldwährung und Große Inflation

Mit Ausbruch des Ersten Weltkrieges stellte die Reichsbank, ebenso wie die Notenbanken der anderen kriegführenden Staaten, die Einlösung ihrer Banknoten in Gold ein. Damit war das Ende der klassischen Goldwährungen gekommen. Allmählich trat an deren Stelle ein Geld- und Kreditsystem, das auf Papiergeld und bargeldlosem Zahlungsverkehr beruht.

Im Deutschen Reich verabschiedete der Reichstag am 4. August 1914 mehrere Gesetze, die die Goldwährung durch eine »Papierwährung« ersetzten und der Finanzierung des Krieges dienten:

- Die Pflicht der Reichsbank, ihre Banknoten einzulösen, wurde rückwirkend zum 31. Juli 1914 aufgehoben.
- Privatnotenbanken konnten, ebenfalls rückwirkend zum 31. Juli 1914, ihre Banknoten anstatt in Gold in Reichsbanknoten einlösen.
- Reichskassenscheine erhielten den Status gesetzlicher Zahlungsmittel. Sie wurden nicht mehr in Münzgeld eingelöst.
- Der bislang mögliche Eintausch größerer Beträge an Scheidemünzen bei den öffentlichen Kassen in Gold wurde aufgehoben.
- Schuldverschreibungen des Reiches mit dreimonatiger Fälligkeit wurden, so wie bisher nur Wechsel, zur Dekkung der Banknotenausgabe zugelassen. (Hierdurch konnte die Reichsregierung die Staatsfinanzen mit Hilfe der Notenpresse ausgleichen. In den folgenden Jahren wurde das immer hemmungsloser ausgenutzt.)
- Die Darlehenskassen, die zur Förderung von Handel und Gewerbe Kredite vergaben, konnten »Darlehens-

kassenscheine« ausgeben. Sie galten zwar nicht als gesetzliche Zahlungsmittel, wurden aber von den öffentlichen Kassen angenommen.

Aufgrund dieser Kriegswährungsgesetze vom 4. August 1914 wuchs die gesamte Geldmenge bis 1918 auf den fünffachen Betrag gegenüber 1913 an. Dagegen verringerte sich der Münzbestand in demselben Zeitraum auf 5% des Wertes von 1913. Bezogen auf die Gesamtgeldmenge betrug der Münzanteil 1913 noch 56%, er sank bis 1918 auf 0,61% und bestand nur noch aus Scheidemünzen (Tab. 12). Damit war die Jahrtausende währende Zeit der Kurantmünze als Zahlungsmittel zu Ende gegangen.

Wegen der Kriegsbedürfnisse wurden die Kupfer- und Nickelmünzen aus dem Verkehr gezogen und durch solche aus Eisen, Zink oder Aluminium ersetzt. Obwohl Silber in der Kriegswirtschaft nicht so sehr benötigt wurde, prägte man keine Silbermünzen mehr, ließ sie aber im Verkehr. Nur die ½ Markstücke prägte man aus dem Silber der eingezogenen 2-Mark-Stücke noch bis 1919 weiter.

In doppelter Hinsicht waren die Gesetze vom 4. August 1914 von besonderer währungspolitischer Tragweite:

- Die Bestimmungen, die die Einlösbarkeit der Reichskassenscheine, der Banknoten und der Scheidemünzen aufhoben, bedeuteten, daß das Deutsche Reich den Status eines Goldwährungslands aufgab.
- Die Bestimmungen, welche die Wechsel und Schuldverschreibungen des Reiches sowie die Darlehenskassenscheine zur Deckung von Banknoten zuließen, bedeuteten die Abkehr von dem für die Stabilität einer Währung äußerst wichtigen Grundsatz, daß eine Geldschöpfung nur unter Berücksichtigung der Warenerzeugung erfolgen darf.

Dagegen machte die Neuordnung der deutschen Währungsverhältnisse vom August 1914 eine Geldschöpfung möglich, die jedem nur irgendwie absehbaren Finanzbe-

Tab. 12 Entwicklung der Stückgeldmenge von 1913 bis 1918

In Mrd. DM

Jahres-ende	Stückgeldmenge[1)]						Goldbestand der Reichsbank
	Reichs-bank-noten	Banknoten sonstiger Notenbanken	Reichs-kassen-scheine	Darlehns-kassen-scheine	Münzen	insges.	
1913	2,6	0,1	0,1	–	3,7	6,6	1,2
1914	5,0	0,1	0,2	0,5	2,8	8,7	2,1
1915	6,9	0,1	0,3	1,0	1,7	10,0	2,4
1916	8,1	0,2	0,4	2,9	0,9	12,3	2,5
1917	11,5	0,2	0,4	6,3	0,2	18,5	2,4
1918	22,2	0,3	0,4	10,1	0,2	33,1	2,3

1) Papiergeld und Münzen ohne Bestände der Reichsbank und der übrigen Notenbanken

darf des Deutschen Reiches zu genügen vermochte. Die Folgen einer hemmungslosen Geldvermehrung wurden immer spürbarer, je länger der Krieg dauerte.

Der Krieg hätte auch durch eine höhere Besteuerung der Bürger finanziert werden können. Dies wäre die volkswirtschaftlich bessere Lösung gewesen, war aber politisch schwer durchsetzbar, da die föderale Finanzverfassung von dem Gesamtsteueraufkommen dem Reich nur die Verbrauchssteuern beließ. Diese reichten kaum zur Deckung der laufenden Ausgaben. Außerdem rechnete man mit einer kurzen Dauer des Krieges und seinem siegreichen Ausgang, erwartete daher, daß wie 1871 der Gegner die Kosten zu bezahlen hätte. So nutzte man die durch die genannten Währungsgesetze gegebenen Möglichkeiten aus und deckte den Geldbedarf durch Kredite der Reichsbank.

Neben der Reichsbank errichtete man Notenbanken, die man »Darlehenskassen« nannte und die gegen Beleihung (Lombardierung) von Waren und Wertpapieren »Darlehenskassenscheine« ausgaben. So sollte der bei Kriegsbeginn besonders große Kreditbedarf der Privatwirtschaft befriedigt werden. Die Darlehenskassen waren rechtlich selbständig, aber es bestand Personalunion zwischen der Leitung der Darlehenskassen und der der Reichsbankstellen. Außerdem wurden vermehrt Reichsbanknoten, Schatzanweisungen und Auslandsanleihen in Umlauf gebracht. Weiterhin sollten »Kriegsanleihen«, die in großem Umfang ausgegeben wurden, nicht nur Geld bringen, sondern auch Kaufkraft abschöpfen. Durch diese Maßnahmen vermehrte sich der Zahlungsmittelumlauf außerordentlich. Eine so starke Erhöhung der Geldmenge führt der Tendenz nach zur erhöhten Nachfrage nach Waren und Dienstleistungen, die das Angebot übersteigt – zur »Übernachfrage«, die zwangsläufig zu Preissteigerungen führt, wie sich dann auch zeigte.

Während der Kriegsjahre selbst waren die Steigerungen des Preisniveaus im Vergleich zu denen der unmittelbaren Nachkriegszeit indessen noch recht moderat, wie aus Tab. 13 hervorgeht.

Die Höchstpreisverordnungen und die Bewirtschaftung der Lebens- und Futtermittel sowie der kriegswichtigen Güter ließen die Preise nur relativ mäßig ansteigen. Allerdings bildeten sich sofort halblegale »graue« und illegale »schwarze« Märkte für bewirtschaftete Waren mit wesentlich höheren Preisen. Bei Kriegsende waren sie meist doppelt bis vierfach so hoch wie die amtlich festgesetzten. Der Preisindex für die Lebenshaltung stieg von dem Wert 1,00 des Basisjahres 1913 auf 3,10 im Jahresdurchschnitt 1918. Bis Kriegsende war die Teuerung noch eine »zurückgestaute Inflation«.

Tab. 13 Dollarkurs und Indizes der Großhandelspreise und der Lebenshaltungskosten von 1914 bis 1923

Dollarkurs 1913: 4,20 M/1 $

Indizes: 1913 = 1

Jahr	Dollarkurs Mark/$	Index der Großhandelspreise	Index der Lebenshaltungskosten
1914	4,27	1,05	
1915	4,86	1,42	
1916	5,52	1,52	
1917	6,59	1,79	
1918	6,01	2,17	
1919	19,76	4,15	
1920	63,04	14,86	10,44
1921	100,84	19,11	13,37
1922	1 886,64	341,82	150,36

Tab. 13 (Fortsetzung)

Monat	Dollarkurs Mark/$	Index der Großhandelspreise	Index der Lebenshaltungskosten	Dollarkurs Mark/$	Index der Großhandelspreise	Index der Lebenshaltungskosten
	1922			1923		
Januar	192	36,65	20,41	17980	2785	1120
Februar	208	41,03	24,49	27930	5585	2643
März	284	54,33	28,97	21201	4888	2854
April	291	63,55	34,36	24469	5212	2954
Mai	290	64,58	38,03	47691	8170	3816
Juni	318	70,30	41,47	110048	19385	7650
Juli	493	100,59	53,92	353581	74787	37651
August	1135	192,02	77,65	4622654	944041	586045
September	1467	286,98	133,19	$98{,}7 \cdot 10^6$	$23{,}9 \cdot 10^6$	$15 \cdot 10^6$
Oktober	3184	566,01	220,66	$25{,}2 \cdot 10^9$	$7{,}1 \cdot 10^9$	$3{,}7 \cdot 10^9$
November	7186	1151,01	466,10	$2194 \cdot 10^9$	$725{,}7 \cdot 10^9$	$657 \cdot 10^9$
Dezember	7594	1474,79	685,06	$4200 \cdot 10^9$	$1262 \cdot 10^9$	$1247 \cdot 10^9$

Erst mit dem Waffenstillstand und den danach auftretenden Problemen, wie Ausgaben für die Demobilisierung, erhöhte soziale Aufwendungen für Kriegsopfer, für Flüchtlinge aus abgetretenen Gebieten und für Arbeitslose aus den geschlossenen Rüstungsbetrieben sowie wachsendem Import von Lebens- und Futtermitteln und wichtigen Rohstoffen schufen die stark wachsenden Schulden Geld- und Währungsprobleme.

Die Ausgaben des Reichs für den Krieg beliefen sich von 1914 bis 1918 auf etwa 147 Mrd. Mark, dazu kam der Schuldendienst (Zinsen und Tilgung) mit 17 Mrd. Mark. Damit betrugen die Kriegsausgaben insgesamt rund 164 Mrd. Mark. Diese Zahlen lassen sich erst begreifen, wenn man sie mit anderen volkswirtschaftlichen Größen vergleicht: Noch 1913 hatte das Volkseinkommen 48 Mrd. Mark betragen; die Ausgaben des Reiches lagen bei 3,5 Mrd. Mark, davon waren 1,8 Mrd. Mark Ausgaben für militärische und 1,7 Mrd. Mark für zivile Zwecke.

Diese enormen Kriegskosten von 164 Mrd. Mark wurden folgendermaßen finanziert: 97 Mrd. Mark durch 9 Kriegsanleihen; 57 Mrd. Mark durch Schatzwechsel, Schatzanweisungen u. ä; ca. 10 Mrd. Mark durch Kriegsabgaben und Steuererhöhungen.

Die Verschuldung nahm so schnell zu, daß mit Ablauf des Jahres 1915 der Schuldendienst mit den Mitteln des ordentlichen Haushalts nicht mehr bewältigt werden konnte. Die Verschuldung wurde dadurch noch mehr vergrößert:

- Die Menge des umlaufenden Bargeldes stieg von Mitte 1914 bis Ende 1918 von 7 auf fast 30 Mrd. Mark. Davon waren

Noten der Reichsbank:	1. 8. 1914 =	2,9 Mrd. Mark
	1. 12. 1918 =	18,6 Mrd. Mark
Noten der Privatbanken:		0,2 und 0,3 Mrd. Mark
Darlehenskassenscheine:		0,0 und 9,9 Mrd. Mark
Reichskassenscheine:		0,2 und 0,4 Mrd. Mark

Münzen: 3,7 und 0,2 Mrd. Mark.
Der erhebliche Rückgang der Münzen kam durch das Einziehen der Goldmünzen.

- Auch die Buchgeldmenge stieg erheblich: von 6,4 auf 30 Mrd. Mark.

Wie erwähnt, führte diese Vermehrung von Bar- und Buchgeld von mehr als 13 auf etwa 30 Mrd. Mark am Ende des Ersten Weltkrieges zu einer beträchtlichen Erhöhung der Preise, da das Warenangebot kriegsbedingt immer knapper wurde.

Der Außenkurs der Mark war während des Krieges durch die Reglementierung des Wirtschaftsverkehrs mit dem Ausland von der Preisentwicklung im Inland nicht berührt und wurde von der Reichsbank durch Ankäufe und Verkäufe von Gold und Devisen gestützt. Bei Kriegsende stand der Dollarkurs, der bei Kriegsanfang 4,20 Mark betrug, bei knapp über acht Mark.

Die geschilderten Umstände und die politischen Ereignisse ließen von 1919 bis 1923 den Wechselkurs der Mark immer schneller fallen. Kostete der Dollar im Mai 1919, bei Bekanntwerden der Friedensbedingungen, 13,5 Mark, so war er im Dezember 1919 auf 50 Mark und bis Februar 1920 auf 99 Mark gestiegen. Im Juli 1922 stand der Dollar bei 493 Mark. Ursachen waren u. a. die politischen Wirren, mit der Ermordung des ehemaligen Reichsfinanzministers Erzberger (26. August 1921), den Auswirkungen der Reparationszahlungen und der Ermordung des Reichsaußenministers Rathenau (24. Juni 1922).

Die Folgen der Besetzung des Ruhrgebietes im Januar 1923 ließen die Inflation immer schneller anwachsen, bis im Dezember 1923 die Parität der Mark zum Dollar den Irrsinnswert von 4,2 Billionen erreicht hatte.

Die Höhe der Reparationen war in den Versailler Friedensbedingungen nicht festgelegt. Nach Artikel 231 des Vertrags mußte Deutschland für alle durch den Krieg entstandenen »Verluste und Schäden« aufkommen, und nach Artikel 235 mußte auf die Reparationen bis zum 30. April 1921 ein Abschlag im Gegenwert von 20 Mrd. Mark Gold gezahlt werden. Diese Summe entsprach immerhin ⅖ des Sozialproduktes von 1913. Die Form der Zahlung – ob Gold, Devisen, Wertpapiere, Waren – sollte eine Reparationskommission festlegen. Die »Mark Gold« war eine Recheneinheit, die an die Vorkriegsparität der Mark anknüpfte.

Der Schuldendienst des Deutschen Reiches, also Zinszahlung und Tilgung, lag 1919 bei 126 % der Einnahmen des ordentlichen Haushalts. So konnte bei Inkrafttreten des Versailler Vertrages am 10. Januar 1920 der Schuldendienst nur durch Aufnahme neuer Kredite aufrechterhalten werden. Die Finanzreform von Reichsfinanzminister Matthias Erzberger ergab höhere Steuereinnahmen für das Reich, so daß der Schuldendienst von Jahr zu Jahr sank und 1922 nur noch 32 % der ordentlichen Haushaltseinnahmen betrug. In absoluten Zahlen waren es laufend neue Riesenbeträge. Die Reichsbank stellte der Reichsregierung gegen Hergabe von Schatzanweisungen immer größere Geldbeträge zur Verfügung. Das Bankgesetz wurde am 9. Mai 1921 geändert, um die Dritteldeckung des Notenumlaufs außer Kraft zu setzen und damit das letzte Hindernis auf dem Wege zu einer hemmungslosen Geldvermehrung zu beseitigen. Die so in den Jahren 1922 und vor allem 1923 ins Uferlose wachsende Staatsverschuldung führte zu solch einer ungeheuren, nie zuvor für möglich gehaltenen Geldschöpfung, daß die Preise geradezu explodierten (Tab. 14).

Die Reichsbank mußte immer höhere Banknotenwerte emittieren. Bis 1922 behielt die 1000-Mark-Note noch ihr Vorkriegsaussehen, ihr Wert war dagegen auf wenige Goldmark gesunken. In demselben Jahr kamen 10000- und 50000-Mark-Scheine dazu, und Anfang Februar 1923 folgte die 100000-Mark-Note, darauf schon Ende desselben Monats eine zu 1000000 Mark. Im September 1923 gab es bereits Scheine zu 1,5 und 10 Milliarden Mark und Anfang November solche im Billionenbereich. Auf 100 Billionen Mark lautete schließlich die höchste jemals gedruckte und in Umlauf gebrachte Reichsbanknote. Zuletzt waren 30 Papierfabriken und 133 Druckereien mit dem Banknotendruck beschäftigt. Im Herbst 1923 liefen 1723 Druckpressen Tag und Nacht, allein in der Berliner Reichsdruckerei arbeiteten 7500 Menschen rund um die Uhr.

Gegenüber dem Vorkriegsjahr 1913 waren die Verbraucherpreise bis Dezember 1922 auf den 685fachen Betrag gestiegen. Das Münzgeld verschwand 1922 weitgehend aus dem Umlauf, da es fast wertlos geworden war. Das Jahr 1923 brachte den Höhepunkt und das Ende der Hyperinflation. Jeweils gegenüber dem Vormonat verfünffachten sich die Verbraucherpreise im Monatsdurchschnitt Juli 1923, verfünfzehnfachten sich im Monatsdurchschnitt August, stiegen auf das 25fache im September, das 250fache im Oktober und das 180fache im November 1923. Im Durchschnitt des Monats Dezember 1923 erreichte der Verbraucherpreisindex auf der Basis 1913 = 1 das unglaubliche Niveau von 1,2 Billionen – in Ziffern $1200000000000 = 10^{12}$.

Die Anpassung der Löhne blieb immer weiter hinter dem Kaufkraftverlust der Mark zurück. Hauer und Schlepper im Ruhrgebiet erhielten im Juli 1923 ganze 47,6% ihres realen Wochenlohnes von 1913. Bei den Buchdrukkern waren es sogar nur 36,6%.

Dann setzten die Geschäftsleute nach dem letzten Stand des Dollars die Preise herauf. Als sich die Geldentwertung zu überschlagen begann, suchte jeder so schnell wie möglich seinen Lohn oder andere Einnahmen in »Sachwerte« umzusetzen. Eine Jagd auf Waren setzte nach der in immer kürzeren Abständen erfolgenden Auszahlung der Löhne und Gehälter ein. Alle Welt beeilte sich, das mor-

Tab. 14 Preise wichtiger Nahrungsmittel und Bedarfsgegenstände von 1918 bis 1924

Angaben in Mark je Kilogramm oder Liter

Gegenstände	1918	1919	1920	1921	1922	1923					1924
	Juli	Juli	Juli	Juli	Juli	Juni	Aug.	Sept.[1]	Okt.[2]	Nov.[3]	Jan.[4]
Hausbrot	0,45	0,53	2,50	2,50	7,30	2 400,00	200 000,00	2,16	0,68	0,58	0,35
Kartoffeln, 50 kg	10,00	12,00	28,00	48,00	170,00	–	5 500 000,00	60,0	1,5	6,00	6,00
Zucker	0,69	1,13	4,20	8,00	21,00	3 300,00	30 000,00	2,52	9,6	1,30	1,36
Rindfleisch	3,70	4,68	17,60	24,00	100,00	21 000,00	840 000,00	46,0	3,0	2,60	1,40
Schweineschmalz	4,60	5,36	37,30	36,00	120,00	34 000,00	2 000 000,00	80,0	20,0	3,50	1,76
Eier, 10 St.	3,10	3,40	8,00	16,00	49,00	8 000,00	500 000,00	20,0	19,5	3,00	2,00
Milch	0,38	0,55	1,70	2,25	8,80	2 120,00	116 800,00	8,0	0,2	0,34	0,34
Butter	4,99	8,00	30,00	33,20	142,00	27 000,00	2 800 000,00	100,0	12,0	6,00	4,40
Kaffee	–	14,00	64,00	60,00	–	64 000,00	–	72,0	–	8,00	6,00
Porzellanteller, St.	3,50	3,50	3,50	3,50	19,50	4 900,00	50 000,00	35,0	84,0	0,55	0,55
Petroleum	0,55	0,55	4,10	6,65	13,50	3 000,00	180 000,00	16,0	–	0,40	0,30
Kernseife, St.	–	–	33,30	–	–	11 500,0	–	–	12,0	2,26	1,40
Kohlen, 50 kg	3,75	6,60	24,45	28,50	124,70	31 340,00	1 950 000,00	60,0	–	3,00	3,00
Herrenstiefel, Paar	45,00	200,00	280,00	280,00	650,00	400 000,00	–	1 050,0	230,0	25,00	14,50
Herrenanzug	357,00	550,00	1 300,00	1 375,00	3 500,00	800 000,00	–	1 750,0	645,0	90,00	95,00
Herrenhemd	15,00	40,00	150,00	110,00	225,00	75 000,00	–	400,0	46,8	8,50	8,50
Damenjackenkleid	260,00	400,00	1 000,00	1 000,00	–	720 000,00	–	1 600,0	–	80,00	85,00

1) Preise in Millionen Mark

2) Preise in Milliarden Mark

3) Preise in Rentenmark. Am 28. November 1923 wurde der Wert einer Billion (10^{12}) Mark einer Rentenmark gleichgesetzt

4) Preise in Rentenmark

gens erhaltene Geld bis mittags auszugeben. Die Zahlungen erfolgten damals noch in bar. Die Büros leerten sich nach den Lohn- und Gehaltszahlungen für die Morgenstunden. Durch Überstunden wurde das abends ausgeglichen.

Die Mark war als Zahlungsmittel sinnlos geworden. Eine Geldeinheit, die morgens, mittags und abends einen anderen Wert hat, ist keine Einheit, hat nichts mit dem Charakter von Geld mehr zu tun. Daher begann die Bevölkerung die Annahme des wertlosen Geldes zu verweigern. Diese Verweigerung ging von den Bauern aus, die es ablehnten, ihre Erzeugnisse für wertloses Papier herzugeben. Dadurch drohte in den Städten eine Hungersnot; da und dort wurden schon Bäckerläden geplündert. Der Regierung blieb nichts anderes übrig, als die Währung auf eine vollkommen neue Grundlage zu stellen.

3.4.2 Rentenmark und Reichsmark

In den Jahren 1922 und 1923 wurden Maßnahmen zur Stabilisierung der Währung auf rein binnenwirtschaftlicher Grundlage diskutiert, da Auslandskredite nicht zu bekommen waren. Die Pläne zu einer »Währungsreform« wurden hauptsächlich von den folgenden drei Standpunkten aus diskutiert:

1. Stabilisierung mit Hilfe der Steuerpolitik, einer Kreditsperre, der Devisenpolitik und der umfassenden Einführung der wertbeständigen Rechnung, auch bei der Steuerveranlagung. Maßnahmen, die die Inflation bremsen, die Papiermark aber als einzige Währung erhalten sollten. Diese Linie wurde von der Reichsregierung verfolgt.
2. Stabilisierung durch Rückkehr zur Goldwährung. Dieser Plan wurde von der Industrie verfolgt, die ein in-

ternationales Zahlungsmittel benötigte. Auch bekannte Währungsfachleute, wie Hjalmar Schacht (1877–1970, seit Dezember 1923 Reichsbankpräsident), Rudolf Hilferding (1877–1941, August–Oktober 1923 Reichsfinanzminister), Julius Hirsch (1892–1961, 1919–1923 Staatssekretär im Reichswirtschaftsministerium) und Georg Bernhard (1875–1944, Professor an der Berliner Handelshochschule), unterstützten diesen Weg.
3. Stabilisierung auf der Grundlage der Notendeckung durch »Rentenbriefe«, die auf der Belastung von Sachwerten aufgebaut waren. Dies waren die Pläne von Karl Helfferich (1872–1924, 1915 Staatssekretär des Reichsschatzamtes) und Friedrich Minoux, dem langjährigen Mitarbeiter von Hugo Stinnes (1870–1924, maßgebender Industrieller der westdeutschen Montanindustrie).

Die Vorstellungen 2 und 3 zielten auf die Einführung einer völlig neuen Währung, die neben die alte gestellt werden sollte. Verwirklicht wurde schließlich der Plan Helfferichs mit Abwandlungen, die im wesentlichen vom damaligen Reichsernährungsminister Hans Luther (1879–1962) und dem Reichsfinanzminister Hilferding ausgingen. Das Fernziel der Währungssanierung war eine neue Goldwährung, für deren Realisierung die Goldvorräte der Reichsbank zu damaliger Zeit noch nicht ausreichten. Als Übergangswährung schlug Helfferich eine »Roggenmark« vor, die durch die zwangsweise Belastung der land- und forstwirtschaftlichen Betriebe sowie der Unternehmen von Handel und Industrie gedeckt würde.

Das neue Geld sollte von einer zu gründenden Währungsbank ausgegeben werden, die aufgrund der ihr zustehenden Grundschuld verzinsliche Roggenrentenbriefe ausstellen konnte. Diese Roggenrentenbriefe waren als Deckung für die auszugebende Roggenmark vorgesehen, die 5 kg Roggen entsprechen sollte, dem ungefähren Preis der Vorkriegszeit. Weil der Roggenpreis zu sehr schwankte und eine auf Getreide beruhende Währung im Ausland sicher nicht anerkannt würde, gab man diese Idee auf.

Luther und Hilferding modifizierten Helfferichs Vorschlag dahingehend, daß der Wert der neuen Geldeinheit in ein festes Verhältnis zum Gold statt zu Roggen gebracht wurde. Aus der »Währungsbank« wurde die »Rentenbank« und aus der »Roggenmark« die »Rentenmark«.

Die »Deutsche Rentenbank« wurde am 15. Oktober 1923 als Instrument der neuen Währung gegründet. Die Reichsbank blieb daneben bestehen und gab auch weiterhin Reichsbanknoten aus. Die Verordnung über die Errichtung der Deutschen Rentenbank vom 15. Oktober 1923 (RGBl. I S. 963) traf folgende wichtige Bestimmungen:

- Das Grundkapital der Deutschen Rentenbank von 3,2 Mrd. Rentenmark wurde zur einen Hälfte von der Land- und Forstwirtschaft, zur anderen Hälfte von Industrie, Handel, Gewerbe und den Banken aufgebracht.
- Die Rentenbank erhielt die Befugnis, Rentenbankscheine zu 1, 2, 5, 10, 50, 100, 500 und 1 000 Rentenmark als »besondere Wertzeichen« in Umlauf zu setzen. Sie besaßen keinen Zwangskurs, galten also nicht als gesetzliche Zahlungsmittel, wurden aber von den öffentlichen Kassen als Zahlungsmittel angenommen. Die Ausgabe von Rentenbankscheinen durfte die Höhe der Grundschuld nicht überschreiten.
- Rentenbankscheine konnten bei der Rentenbank in Mindestbeträgen von 500 Rentenmark in auf 500 Goldmark lautende Rentenbriefe eingelöst werden. Die Rentenbriefe wurden von der Rentenbank mit 5 % verzinst, waren aber nicht in Gold eintauschbar.
- Die Rentenbriefe stellten die »Deckung« der Rentenmark dar. Eine Rentenmark entsprach einer Goldmark,

die wiederum mit 1/2790 Feingold dem Goldwert der von 1871 bis 1914 geltenden Mark entsprach.

- Im Einvernehmen mit der Rentenbank wurden Münzen zu 1, 2, 5, 10 und 50 Rentenpfennig geprägt.

Am 15. November 1923 begann die Ausgabe der Rentenbankscheine, die sofort das Vertrauen der Bevölkerung fanden, da ihr die Verbindung mit der Wirtschaft und deren Vermögenswerten wichtig und vertrauenswürdig erschien und sie die durch die Identität der Rentenbriefe mit Goldmarkbeträgen gewonnene Stabilität gegenüber dem Gold und den an Gold gebundenen Devisen anerkannte. Am 28. November 1923 wurden eine Billion alter Mark einer Rentenmark gleichgesetzt.

Diese neue Währung ersetzte aber keineswegs die bisherige Währung, die Rentenmark wurde ja nicht gesetzliches Zahlungsmittel, nur öffentliche Kassen waren zur Annahme verpflichtet, nicht aber Privatleute. Im Prinzip bestanden jetzt zwei Währungen nebeneinander. Deren Wertverhältnis richtete sich wegen des auf 0,35842 g Gold festgesetzten Wertes der Rentenmark nach dem Wechselkurs der alten Mark zum Dollar oder zur fiktiven und als Rechnungseinheit weit verbreiteten Goldmark. Die Voraussetzung für eine langfristige Stabilisierung der alten Mark war das Ende des Rechtes des Reiches, Schatzanweisungen bei der Reichsbank diskontieren zu lassen, sobald die Rentenbank mit der Ausgabe von Rentenbankscheinen begonnen hatte. Damit war die ungehemmte Geldvermehrung beendet.

So endete die Inflation mit der Einführung der Rentenmark und der gleichzeitigen Kursstabilisierung der alten Mark. Die Preise beruhigten sich.

Eine restriktive Kreditpolitik der Reichsbank und rigorose Haushaltskürzungen festigten die neue Währung, so daß im Sommer 1924 die endgültige Regelung der Währungsverhältnisse begonnen werden konnte. Mit dem

Münzgesetz vom 30. August 1924 (RGBl. II. S. 254) und dem Bankgesetz vom selben Tage (RGBl. II. S. 235) wurde zum 11. Oktober 1924 die »Reichsmark« eingeführt und damit das Übergangsstadium beendet:

- Die Reichsbank erhielt gegenüber der Reichsregierung ihre volle Unabhängigkeit, die ihr durch das Gesetz vom 26. Mai 1922 erst teilweise gegeben war. Damit war insbesondere der Reichskredit nicht mehr unbegrenzt möglich.
- Die »Reichsmark« (RM) wurde die neue Währungseinheit. Sie entsprach einer Rentenmark.
- Die »alte Mark« wurde im Verhältnis von 1 Billion Mark zu 1 Reichsmark eingetauscht, die Banknoten wurden eingezogen.
- Die ausgegebenen Reichsmarknoten mußten zu 40% durch Gold und Devisen gedeckt sein. Der darüber hinausgehende Notenbetrag mußte durch »gute« Handelswechsel abgesichert sein.
- Der Besitzer einer Banknote hatte keinen Anspruch auf Einlösung in Gold. Die »Goldumlaufwährung« der Vorkriegszeit war durch eine »Goldkernwährung« ersetzt worden.

Damit waren die Weichen für einen wirtschaftlichen Aufschwung gestellt.

Die Folgen der Inflation trafen Staat und Bevölkerung sehr unterschiedlich. Am meisten profitiert hatte der Staat: er wurde seine Kriegsschulden fast vollständig los. Profitiert hatten aber auch private Schuldner, die sich in großem Umfang verschuldet hatten, um Sachwerte zu erwerben. Auch Unternehmen, die in großem Maße investiert hatten, gehörten in diese Kategorie. Die meisten »kleinen« Sachwertbesitzer hatten nur den ›Vorteil‹, ohne Verluste ihr Vermögen retten zu können.

Zum Teil enorme Verluste erlitten die Inhaber von staatlichen Schuldtiteln, Hypothekengläubiger, Inhaber von Industrieobligationen, Pfandbriefen und anderen Vermögensanlagen, außer Staatsanleihen, schließlich Inhaber von Bankguthaben (Girokonten, Sparkonten).

Eine geringe Entschädigung erhielten diese Opfer der Inflation aufgrund der beiden Aufwertungsgesetze vom 15. und 16. Juli 1925 (RGBl. I S. 137 und S. 180). Die Aufwertungen für die oben aufgeführten Betroffenen lagen zwischen 2,5 und 25%. Nur die Inhaber von Bankguthaben gingen leer aus.

3.4.3 Reichsmarkzeit

Schon bald nach der Währungssanierung begann der allmähliche wirtschaftliche Aufschwung. Es begannen die »Goldenen Zwanziger«, die von 1924 bis 1929 dauerten. Das Volkseinkommen je Einwohner, ein Maßstab für das wirtschaftliche Wachstum, vermehrte sich im Jahresdurchschnitt um etwa 4%. Der Bargeldumlauf nahm in den fünf Jahren um gut die Hälfte zu (Tab. 15), die Verbraucherpreise stiegen in demselben Zeitraum nur um 18%, die Großhandelspreise hatten sich sogar gegenüber 1924 überhaupt nicht verändert. Bezogen auf das Vorkriegsjahr 1913 waren die Verbraucherpreise 1929 allerdings um 54% und die Großhandelspreise immerhin um 37% gestiegen.

Mit den Preisen war auch das Einkommen gewachsen; die Arbeiter der Schwerindustrie an Rhein, Ruhr und Saar verfügten 1929 über ein gegenüber 1913 um 73% höheres Einkommen. Mit der Einführung des Achtstundentages und der 48-Stunden-Woche verbesserten sich gleichzeitig die Arbeitsbedingungen beträchtlich.

Die Rentenmark blieb neben der neuen Reichsmark im Umlauf, ihre Bedeutung nahm aber schnell ab (Tab. 15). Demgegenüber erhöhte sich der Anteil der Reichsbank-

Tab. 15 Entwicklung und Zusammensetzung der Geldmenge von 1924 bis 1933

Jahresende	Stückgeldmenge (Bargeldumlauf)[1] Reichsbanknoten in Mio. RM	Reichsbanknoten in %	Privatbanknoten in Mio. RM	Privatbanknoten in %	Rentenbankscheine in Mio. RM	Rentenbankscheine in %	Münzen in Mio. RM	Münzen in %	Insgesamt in Mrd. RM	Insgesamt in %	Bankeinlagen[2] in Mrd. RM
1924	1 942	45,4	114	2,7	1 835	42,9	383	9,0	4,3	100	
1925	2 944	56,8	179	3,5	1 476	28,5	582	11,2	5,2	100	15,5
1926	3 710	64,0	176	3,0	1 164	20,1	750	12,9	5,8	100	20,7
1927	4 538	71,7	184	2,9	716	11,3	893	14,1	6,3	100	26,6
1928	4 914	73,9	179	2,7	530	8,0	1 030	15,5	6,7	100	32,4
1929	5 027	76,1	180	2,7	397	6,0	998	15,1	6,6	100	38,5
1930	4 756	74,6	182	2,9	439	6,9	1 002	15,7	6,4	100	38,9
1931	4 738	71,4	188	2,8	422	6,4	1 290	19,4	6,6	100	32,1
1932	3 545	62,8	183	3,2	413	7,3	1 501	26,6	5,6	100	29,8
1933	3 633	63,6	174	3,0	392	6,9	1 516	26,5	5,7	100	29,2

[1] Ohne Bestände der Reichsbank und der Privatnotenbanken

[2] Sicht-, Termin- und Spareinlagen von inländischen Nichtbanken und Ausländern (gesamtes Bankensystem einschließlich Notenbanken, Privatbankiers, Sparkassen usw., aber ohne Tochterinstitute der Reichsbank und ohne Realkreditinstitute, deren Einlagenbestände bezogen auf das Gesamtvolumen relativ unbedeutend waren)

noten von 45 % Ende 1924 bis auf über 70 % im Jahr 1927. Die Privatbanknoten spielten mit etwa 3 % des Geldumlaufs kaum noch eine Rolle. Der Anteil der Münzen stieg kontinuierlich und erreichte 26 % im Jahr 1933.

Nachdem durch den Dawes-Plan die Reparationszahlungen zunächst einmal geregelt waren, sich eine gewisse wirtschaftliche Stabilität in Deutschland eingestellt hatte und der Zinssatz von 7 bis 10 % recht hoch war, wurde das Deutsche Reich attraktiv für Geldanlagen (Tab. 16). Diese Sachlage kam der deutschen Zahlungsbilanz zugute, die durch die Reparationszahlungen stark belastet war und nur durch den Zufluß ausländischer Kapitalien ausgeglichen werden konnte. Diese ausländischen Kredite führten zu der Scheinblüte der »Goldenen Zwanziger«.

Von 1924 bis 1929 summierte sich der Nettokapitalimport auf 13,5 Mrd. RM. Die gesamte deutsche Auslandsverschuldung erreichte 1930 rund 30 Mrd. RM. Diese hohe Verschuldung führte zur Instabilität der Zahlungsbilanz, da etwa 15 Mrd. RM in kurzfristigen Anleihen angelegt waren, also von heute auf morgen abgezogen werden konnten.

Deutsche Banken hatten der Stabilität der Weltwirtschaft vertraut und einen erheblichen Teil ihrer langfristig der Industrie gegebenen Darlehen durch kurzfristig kündbare Kredite aus Großbritannien oder den USA gedeckt. Wurden diese Gelder gekündigt, war die Gefahr einer Wirtschaftskrise in Deutschland außerordentlich groß. Dieser Fall trat Ende Oktober 1929 ein. Am »Schwarzen Donnerstag« – wegen des Zeitunterschieds wurden die Ereignisse in New York erst am »Schwarzen Freitag«, dem 25. Oktober, in Europa bekannt und wirksam – verloren die Aktien an der Börse von New York bis zu 90 % an Wert. Das war der Auslöser für die bis zur Mitte der dreißiger Jahre dauernde Weltwirtschaftskrise.

Tab. 16 Kapitalbilanz und Zinssätze des Deutschen Reichs von 1924 bis 1935

Jahr	Kapitalzufluß in Mio. RM	Kapitalabfluß in Mio. RM	Saldo[1] in Mio. RM	Diskontsatz[2] in %	Rendite der festverzinslichen Wertpapiere[3] in %
1924	3256	750	+2506	10	
1925	1518	87	+1431	9	9,5
1926	1641	118	+1523	6	8,3
1927	4336	854	+3482	7	7,9
1928	5975	2852	+3123	7	7,0
1929	3544	2119	+1425	7	7,4
1930	3678	2442	+1236	5	7,2
1931	3817	3160	+ 657	7	7,0
1932	550	1299	− 749	4	8,4
1933	603	1410	− 807	4	7,2
1934	1310	1120	+ 190	4	6,6
1935	837	710	+ 127	4	5,1

[1] + Nettokapitalzufluß
− Nettokapitalabfluß
[2] jeweils zum Jahresende
[3] jeweils Jahresdurchschnitt

In Deutschland war der Höhepunkt der Börsenkurse bereits 1927 erreicht und es setzte eine langsame Abwärtsentwicklung ein. Die Weltwirtschaftskrise verstärkte zwar den Abwärtstrend, aber die Kurse fielen nicht so abrupt wie in den USA. Für die breite Masse der Bevölkerung wurde die Krise durch den Verlust des Arbeitsplatzes und damit des Einkommens besonders fühlbar. Die Zahl der Arbeitslosen überschritt im Winter 1931/32 die Grenze von 6 Millionen, die Zahl der Kurzarbeiter betrug etwa

3 Millionen. Diesen Kaufkraftverlust empfanden nicht nur die direkt Betroffenen äußerst schmerzlich, auch die gesamte Volkswirtschaft hatte darunter zu leiden.

Wie kam es nun zu der bis dahin schwersten und folgenreichsten weltwirtschaftlichen Depression? Die wichtigsten Ursachen waren folgende:

- Der große Nachholbedarf der ersten Nachkriegsjahre verleitete in vielen Wirtschaftszweigen zu einer Überproduktion, da der momentane Nachholbedarf mit einer dauerhaften Nachfrage verwechselt wurde.
- Der Aufschwung war die Ursache einer Börsenspekulation, die die Aktienkurse weit über ihren tatsächlichen Wert hinauftrieb. Die Aktienkäufe waren häufig kreditfinanziert.
- Da während des Ersten Weltkriegs wegen des erhöhten Bedarfs der kriegführenden europäischen Staaten die landwirtschaftlichen Anbauflächen in Kanada, Argentinien, Australien und den USA beträchtlich vergrößert worden waren, hatte die Landwirtschaft eine ständige Überproduktion bei fallenden Preisen.
- Der internationale Handel wurde durch den handelspolitischen Protektionismus der Nachkriegszeit behindert.
- Das Gleichgewicht der Weltmarktwirtschaft war in den zwanziger Jahren gestört. Die USA als nunmehr größter internationaler Gläubiger kapselten sich vom Welthandel ab und erschwerten ihren Schuldnern durch hohe Einfuhrzölle, ihre Schulden durch Warenlieferungen zu bezahlen. Ebenso störten die deutschen Reparationszahlungen das internationale Gleichgewicht, da den großen Geldtransfers keine Dienstleistungen oder Warenlieferungen gegenüberstanden.
- Nach den Währungskrisen, unter denen alle am Krieg beteiligten Staaten nach 1918 zu leiden hatten, wurde im internationalen Kapitalverkehr die kurzfristige Anleihe vor der risikoreicheren langfristigen stark bevorzugt. Das hatte Fehlfinanzierungen zur Folge, da Leihgelder

mit kurzer Kündigungsfrist langfristig angelegt wurden. Das geschah vor allem in Großbritannien und Deutschland.

Wie schon gesagt, wird der Beginn der großen Depression mit dem New Yorker Börsenkrach vom Oktober 1929 in Verbindung gebracht, obwohl der Rückgang der Produktion und damit das Wachsen der Arbeitslosigkeit schon im August eingesetzt hatten.

Der Börsenkrach hatte zwangsläufig Konsumeinschränkungen zur Folge und damit einen weiteren Produktionsrückgang und auch Firmenzusammenbrüche mit Entlassungen. Die Krise griff zunächst auf die Rohstoffländer über und wirkte von dort auf die von ihnen hauptsächlich belieferten Länder, Deutschland und England, zurück.

In Deutschland wurde der wirtschaftliche Niedergang noch durch die »Bankenkrise« verschärft. Die Geschäftslage der meisten Banken war durch ihre offensive Kreditpolitik labil. Diese Labilität wurde noch durch eine ausgeprägte Instabilität des internationalen Kreditmarktes aus folgenden Gründen gesteigert:

- Die Geld- und Kapitalströme flossen von 1924 bis 1929 einseitig nach Deutschland.
- Es fehlte die zeitliche Übereinstimmung zwischen den überwiegend kurzfristig gewährten Krediten und der Anlageart. Meistens waren es Nettoinvestitionen, davon viele auf kommunaler Ebene in unproduktive Prestigeobjekte, wie Schwimmhallen, Sportanlagen, Rathäuser u. a.

Aus diesen Gründen war die Geschäftslage der deutschen Banken schon vor dem Ausbruch der Weltwirtschaftskrise erheblich angespannt. Die Krise brachte nach und nach die Banken aus dem Gleichgewicht. Der Rückgang der Produktion und damit der Gewinne in der Wirtschaft führte dazu, daß viele Kredite »notleidend« wurden. Im Ausland kam es aus denselben Gründen zu einer Verknappung liquider Mittel. Besonders die Banken in den USA und in Frankreich hatten darunter zu leiden. Ab Ende 1930 begann man daher kurzfristig fällige Gelder aus Deutschland abzurufen. Verstärkt wurde diese Tendenz durch die instabilen Verhältnisse in der deutschen Politik, zumal die Erfolge der Parteien der äußersten Rechten (NSDAP) und der äußersten Linken (KPD) bei den Reichstagswahlen im September 1930.

Bis zum Juni 1931 beherrschten die deutschen Banken die Lage. Erst die Ereignisse in Österreich lösten in Deutschland die Bankenkrise aus: Frankreich verhinderte den von Österreich beschlossenen Zollanschluß an Deutschland, womit die Aussichten auf eine Besserung der wirtschaftlichen Lage in Österreich sanken. Darauf wurden ausländische Gelder aus Österreich abgezogen, und in Folge davon erklärte die Österreichische Credit-anstalt, die größte österreichische Bank, am 13. Mai 1931 ihre Zahlungsunfähigkeit. Nun befürchteten die internationalen Kreditgeber, daß auch in Deutschland Großbanken zahlungsunfähig würden, und kündigten hier ebenfalls fällige Kredite, anstatt sie wie bisher zu verlängern.

So wurde nicht nur die Liquidität der Banken erheblich geschwächt, sondern auch der Gold- und Devisenbestand der Reichsbank im Juni und Juli 1931 um 1,407 Mrd. RM dezimiert. Die Krise der Banken ließ aber auch die Abhebungen durch inländische Gläubiger derart anwachsen, daß sich die Einlagen in den Monaten Juni und Juli um 21,4% verringerten.

Am 13. Juli 1931 stellte die Darmstädter und Nationalbank (DANAT-Bank) ihre Zahlungen ein und schloß die Schalter. Dies wurde augenblicklich bekannt, und sofort stürmte das Publikum die Banken und Sparkassen. Bei der Berliner Sparkasse beispielsweise wurden 7 Millionen RM abgehoben. Für den nächsten Tag hatte sie nur noch 1 Million Barmittel. Die Berliner Banken zahlten ab 11.30 Uhr nur noch 20% der verlangten Beträge aus.

Die Reichsregierung erklärte zur Einschränkung des Geldabflusses den 14. und 15. Juli 1931 zu Bankfeiertagen. Und noch am 15. Juli 1931 wurde eine Devisenbewirtschaftung eingeführt, der gesamte Handel mit ausländischen Zahlungsmitteln der Reichsbank übertragen. Dies war der äußere Höhepunkt der Bankenkrise. Der Geldverkehr blieb stark eingeschränkt, bis vom 5. August 1931 an Barauszahlungen wieder ohne Beschränkungen möglich waren.

Zwei Maßnahmen waren besonders dringlich, um den endgültigen Zusammenbruch des deutschen Geld- und Kreditsystems zu verhindern: Die ausländischen Kreditabzüge mußten gebremst werden und den Banken mußten liquide Mittel zugeführt werden, damit sie wieder den normalen inländischen Zahlungsverkehr bestreiten konnten. Außerdem mußten sich die angeschlagenen Banken einer Kapitalrekonstruktion unterziehen. Als hilfreich erwies sich, daß der neue Präsident der USA, Herbert Hoover, ein einjähriges internationales Schuldenmoratorium veranlaßte und damit eine Stundung der Reparationszahlungen vom 1. Juli 1931 bis zum 30. Juni 1932, ebenso, daß die Reichsbank einen Kredit von 420 Millionen RM in Devisen erhielt. Ab Ende Juli normalisierte sich der Zahlungsverkehr bei allen Banken und den kommunalen Sparkassen.

Das Münzwesen blieb von der Weltwirtschaftskrise weitgehend unbeeinflußt, sieht man von der Steigerung der Prägetätigkeit und Einführung einer 4-Pfennig-Münze 1932 ab. So wurde auch die 1925 begonnene Serie silberner Gedenkprägungen zu 3 und 5 Mark bis 1932 fortgesetzt. Die neue 4-Pfennig-Münze sollte die Bevölkerung zur Sparsamkeit anregen: statt für 5 Pfennig sollte nur für 4 Pfennig eingekauft werden – man hoffte tatsächlich, die neue Münzsorte könnte preissenkend wirken. Die Bevölkerung lehnte aber die 4-Pfennig-Stücke ab, und so wurden sie nach einem Jahr außer Kurs gesetzt.

Die Bankenkrise hatte das Kreditangebot für Wirtschaft und Kommunen verringert und die schon länger andauernde Rezession der Wirtschaft drastisch verschärft. Der Index der deutschen Warenproduktion (1927/29 = 100) sank 1930/31 auf 80 und 1931/32 auf 65, um schließlich 1932/33 einen Tiefstand von 58 zu erreichen. Die Zahl der Arbeitslosen wuchs entsprechend und erreichte 1931/32 ebenso wie im kommenden Jahr 6 Millionen.

Die Gegenmaßnahme der Regierung war eine rigorose Deflationspolitik, die durch Verminderung der Staatsausgaben, Preissenkungen und Lohnkürzungen einerseits die internationale Konkurrenzfähigkeit der deutschen Wirtschaft wiederherstellen und so den Export fördern, andererseits zur Konsolidierung der öffentlichen Haushalte im Reich beitragen sollte. Mit diesem strengen Sparkurs wollte sie den Reparationsgläubigern demonstrieren, daß Deutschland an der Grenze seiner wirtschaftlichen Leistungsfähigkeit angekommen war und weitere Reparationszahlungen den Ruin von Wirtschaft und Staat bedeuten würden. Diese Strategie hatte Erfolg: auf der Lausanner Konferenz vom Juli 1932 wurde die Einstellung der Reparationsleistungen gegen eine Restzahlung von 3 Mrd. RM beschlossen.

Dagegen blieben die Versuche der Regierung, der Arbeitslosigkeit Herr zu werden und die Wirtschaft anzukurbeln, in – nicht ausreichend finanzierten und zu spät auf den Weg gebrachten – Ansätzen stecken. Außerdem war das psychologische Klima infolge der unsicheren politischen Lage investitionsfeindlich. Trotzdem waren die Arbeitsbeschaffungsprogramme der letzten Weimarer Kabinette erfolgversprechend. Die Wirkung trat allerdings erst im Frühjahr 1933 ein, kam also der Regierung Hitler (seit 30. Januar 1933) zugute.

Von Anfang an stellten die Nationalsozialisten das Geldwesen in den Dienst ihrer wirtschafts- und sozialpolitischen Ziele: der Ausdehnung der Macht. Stufenweise wurde die Unabhängigkeit der Reichsbank abgeschafft und schließlich 1939 dem »Führer und Reichskanzler« direkt unterstellt. Sie mußte künftig Schatzwechsel des Reiches aufkaufen und dem Reich Betriebsmittelkredite gewähren, deren Höhe im Ermessen Hitlers lag. Damit war die Kreditgewährung an den Staat nicht mehr begrenzt und die Voraussetzung für eine »geräuschlose Kriegsfinanzierung« gegeben. Auf diese Weise konnten aber auch Maßnahmen zur Arbeitsbeschaffung finanziert werden, für die ja bereits Pläne von Hitlers Vorgängern bestanden. Dadurch war es der NSDAP möglich, sofort mit der Beseitigung der Arbeitslosigkeit zu beginnen und die Stimmung in der Bevölkerung zu ihren Gunsten zu beeinflussen.

Bereits Ende 1933 war die Zahl der Arbeitslosen von 6 Millionen zu Jahresbeginn auf 4 Millionen gesunken. Die Hoffnung auf eine allgemeine Besserung der wirtschaftlichen Lage hat die Unternehmer zu Investitionen veranlaßt und damit zum schnellen Rückgang der Arbeitslosigkeit sicher ebenso beigetragen wie die Arbeitsbeschaffungsmaßnahmen. Diese konzentrierten sich anfangs auf den Bau von Autobahnen und Wohnungen sowie den Ausbau des Eisenbahnnetzes. Ab 1934 spielten die Aufrüstung und die Maßnahmen zur Förderung der Autarkie eine immer größere Rolle bei der Beschäftigung und deren Finanzierung.

Als 1936 der Produktionsstand von 1928 und damit die volle Auslastung der Industrie und auch die Vollbeschäftigung erreicht wurde, begannen Preise und Löhne zu steigen. Der damit verbundenen Gefahr einer Inflation suchte man durch Preis- und Lohnstoppverordnungen zu begegnen. Die strenge Kontrolle von Preisen und Löhnen hob das freie Spiel der Kräfte von Angebot und Nachfrage in einer freien Volkswirtschaft auf. Die bisherige Marktwirtschaft wurde durch eine zentrale staatliche Lenkung und

Verwaltung ersetzt. Wegen des weiterhin wachsenden Außenhandelsdefizits hat man die 1931 eingeführte Devisenbewirtschaftung weiter ausgebaut und verschärft.

Den noch bestehenden Privatnotenbanken (Badische Bank, Bayerische Notenbank, Sächsische Bank und Württembergische Notenbank) wurde Ende 1935 die Befugnis zur Notenausgabe entzogen, und deren zur Deckung erforderlichen Goldbestände mußten abgeliefert werden.

Im Münzwesen begnügten sich die Nationalsozialisten zunächst damit, das silberne Dreimarkstück, den Nachfolger des legendären Talers, zum 31. Dezember 1934 außer Kurs zu setzen und einzuziehen. Ein solches Nominal paßte nicht in die allgemeine Wertreihe: 1, 2, 5, 10 usw. Die Erinnerung an den Taler war auch längst verblaßt. Aus einem anderen Grunde wurde schon 1933 das nach seinem Revers-Bild so genannte »Eichbaum-Fünfmarkstück« aus dem Verkehr gezogen. Es war mit einem Durchmesser von 36 mm und einem Rauhgewicht von 25 g zu unhandlich; die Wirtschaft bevorzugte bei Lohnzahlungen Papiergeld. Mit Rücksicht auf die Volksmeinung, die vollwertige Silbermünzen als Garant für die Stabilität der Währung ansah, gab man ein verkleinertes neues Fünfmarkstück heraus mit 29 mm Durchmesser und, bei unverändertem Feinsilbergehalt von 12,5 g, einem Rauhgewicht von 13,889 g; die Münze war damit viel handlicher. Ebenso verfuhr man mit dem Zweimarkstück, das anstatt früher 10 g bei derselben Feinheit nur noch 8 g wog. Statt der Antiqua-Schrift trugen die neuen Münzen die »altdeutsche« Fraktur.

Das Einmarkstück aus Silber war auch bereits 1933 durch eine etwa gleich große und gleich schwere Nickelmünze ersetzt worden, die bis zum Kriegsbeginn 1939 geprägt wurde. Das Münzbild war noch das der Weimarer Zeit. Erst 1936 begann die Serie der Kursmünzen, die anstelle des Weimarer Reichsadlers das »Hoheitszeichen«

oder den Reichsadler mit Hakenkreuz in den Fängen tragen. Das Hoheitszeichen stellt ein von einem Eichenkranz umgebenes Hakenkreuz mit einem Adler darüber dar, der die Flügel geöffnet hat. Die Metalle blieben bis zum Anfang des Krieges unverändert.

Nach Kriegsbeginn mußte man, wie beim Beginn des Ersten Weltkrieges, auf die Buntmetallreserven in Form der Scheidemünzen zurückgreifen: Zink für die Kleinmünzen bis 10 Pfennig, Aluminium für das Fünfzigpfennigstück und Papier für 1, 2 und 5 Mark waren die Ersatzwerkstoffe.

Die Silbermünzen wagte man aus psychologischen Gründen nicht abrupt aus dem Verkehr zu ziehen und die Bevölkerung zur Ablieferung aufzufordern. Die Deutschen erinnerten sich noch gar zu gut an die Inflation und horteten sofort nach Kriegsbeginn die Silbermünzen, obwohl der damalige Silberwert unter dem Nennwert lag. Silber war nicht unbedingt kriegswichtig, dennoch wurden die Münzen, die noch im Verkehr waren, eingezogen und durch Papiergeld ersetzt.

Das Bild der Banknoten blieb nahezu unverändert. Das Hakenkreuz erschien zum erstenmal auf einer Reichsbanknote zu 20 Reichsmark, die aufgrund des Bankgesetzes vom 15. Juni 1939 ausgegeben wurde, aber erst im Februar 1945 im Verkehr erschien.

Seit Kriegsausbruch 1939 nahmen Geldmenge und Staatsverschuldung rasant zu (Tab. 17). 1945 war der Bargeldumlauf siebenmal so groß wie 1938, und die Verschuldung des Reiches betrug sogar das 20fache des Werts im letzten Vorkriegsjahr. Das Reich war vor allem bei der Reichsbank, anderen Kreditinstituten und Versicherungen verschuldet; weniger dagegen direkt beim breiten Publikum. Im Gegensatz zum Ersten Weltkrieg, als die Bevölkerung in großem Umfang Kriegsanleihen zeichnete, war dies eine »geräuschlose Kriegsfinanzierung«.

Um »schädliche« Kaufkraft abzuschöpfen, die bei dem kriegsbedingten Warenmangel trotz Kontrolle zu Preissteigerungen geführt hätte, wählte man den Weg des »Zwangssparens«. Durch eine gewaltige Werbung mit drohenden Untertönen wurden die »Volksgenossen« bewogen, den Teil des Einkommens zu sparen, der nicht für die Lebenshaltung notwendig war. Auf sogenannte »Eiserne Sparkonten« wurden für jeden Arbeitnehmer monatlich bis zu 26 Reichsmark vom Verdienst überwiesen. Die Guthaben wurden wie Sparguthaben verzinst und sollten erst nach dem »Endsieg« zurückgezahlt werden.

Die offizielle Teuerungsrate blieb im Krieg wegen der strengen Preiskontrollen trotz der erheblichen Geldvermehrung relativ niedrig (Tab. 17). Statt dessen entstand ein ständig größer werdender »Geldüberhang«, dem keine Güter gegenüberstanden. Man spricht deshalb von einer »zurückgestauten Inflation«. Die Bevölkerung mußte die Teile ihres Einkommens, die sie infolge des knappen und vielfach rationierten Güterangebots nicht ausgeben konnte, notgedrungen sparen.

Bei Kriegsende im Frühjahr 1945 erreichte die Staatsverschuldung die phantastische Höhe von 400 Mrd. RM, den vierfachen Wert des Sozialprodukts von 1937. Der Bargeldumlauf betrug etwa 73 Mrd. RM, die Sicht- und Termineinlagen etwa 100 Mrd. RM, die Sparguthaben etwa 130 Mrd. RM. Die Geldbestände summierten sich also auf ca. 300 Mrd. RM, denen ein nur geringes Waren- und Dienstleistungsangebot gegenüberstand. Das Sozialprodukt des Jahres 1945 dürfte kaum 50 Mrd. RM erreicht haben, also ein Sechstel der Geldmenge. Die deutsche Währung war demnach zum zweitenmal in diesem Jahrhundert hoffnungslos zerrüttet.

Tab. 17 Entwicklung von Geldmenge, Preisniveau, Sozialprodukt und Reichsverschuldung unter dem Nationalsozialismus 1933–1945

Jahr[1)]	Stückgeldmenge[2)] in Mrd. RM	Bankeinlagen[3)] in Mrd. RM	Verbraucherpreisindex (1913/14 = 100)	Sozialprodukt in Preisen von 1936 in Mrd. RM	Reichsverschuldung in Mrd. RM
1933	5,7	29,2	118,0	62,8	11,7
1934	6,0	30,5	121,1	68,2	11,8
1935	6,4	32,9	123,0	74,6	12,5
1936	7,0	34,9	124,5	81,2	14,4
1937	7,5	38,0	125,1	90,0	16,1
1938	10,4	42,9	125,6	99,2	19,1
1939	14,5	54,0	126,2	107,2	30,7
1940	16,8	71,6	130,1	?	47,9
1941	22,3	94,6	133,2	?	85,9
1942	27,3	126,3	136,6	?	137,6
1943	36,5	161,6	138,5	?	195,6
1944	53,1	196	141,4	?	273,4
1945	ca. 73	ca. 230	?	?	379,8

Tab. 17 (Erläuterungen)

[1] Stückgeldmenge und Bankeinlagen jeweils zum Jahresende, für 1945 Kriegsende; Schuldenstand des Reiches jeweils zum 31. März bzw. 1. April

[2] Papiergeld und Münzen ohne Bestände der Reichsbank und der Privatnotenbanken (= Bargeldumlauf)

[3] Sicht-, Termin- und Spareinlagen von inländ. Nichtbanken und Ausländern (gesamtes Bankensystem einschließlich Notenbanken, Privatbankiers, Sparkassen usw., aber ohne Tochterinstitute der Reichsbank und ohne Realkreditinstitute, deren Einlagenbestände, bezogen auf das Gesamtvolumen, relativ unbedeutend waren; ab 1939 Einbeziehung der Kreditinstitute in Österreich und im Sudetenland, dadurch Zuwachs der Bankeinlagen um ca. 4 Mrd. RM)

3.4.4 Die Deutsche Mark

Am 8. Mai 1945 kapitulierte das Deutsche Reich. Die Hinterlassenschaft des »Dritten Reichs« war entsetzlich. Wohnungen, Fabriken, Verkehrseinrichtungen waren weitgehend zerstört. Die Deutschen wurden aus den Ostgebieten vertrieben und suchten in den Trümmern Restdeutschlands Unterkunft. Die Versorgung mit Lebensmitteln, Bekleidung, Wohnung, Hausrat und Energie war absolut unzureichend und wurde durch die Flüchtlinge mancherorts katastrophal.

Die industrielle Produktion sank in Westdeutschland 1946 auf etwa ein Drittel des Vorkriegsstandes und erholte sich bis 1948 auch nicht, da wegen des Preisstopps materielle Anreize fehlten. Die Preise und Löhne wurden auch von der Militärregierung festgesetzt und auf dem Vorkriegsstand eingefroren. Diese künstlich niedrig gehaltenen Preise boten keinen Anreiz, die Warenproduktion zu erhöhen, sie verleiteten vielmehr zur Hortung oder zum Verkauf zu überhöhten Preisen. Daher mußte die Bewirtschaftung lebenswichtiger Güter fortgesetzt werden. Es gab weiterhin Lebensmittelkarten, Kleiderkarten und Bezugsscheine für sonstige Mangelwaren.

Die vordringliche Aufgabe der Militärregierung war, in Zusammenarbeit mit den deutschen Verwaltungsstellen, die Ernährung der Bevölkerung sicherzustellen. Es wurden je nach Alter und körperlicher Beanspruchung folgende Sollrationen festgelegt und dementsprechend unterschiedliche Lebensmittelkarten ausgegeben:

Kinder 0–3 Jahre	1125 kcal/Tag
Kinder 3–6 Jahre	1250 kcal/Tag
Kinder 6–18 Jahre	1700 kcal/Tag
Erwachsene Normalverbraucher	1550 kcal/Tag
Schwerarbeiter	2250 kcal/Tag
Schwerst-/Bergschwerarbeiter	2800 kcal/Tag
Bergschwerstarbeiter	3400 kcal/Tag

Beispielsweise sollte die Wochenration eines Normalverbrauchers sich folgendermaßen zusammensetzen:

Fleisch	150 g
Fett	100 g
Zucker	200 g
Kartoffeln	2000 g
Marmelade oder Zucker	31,25 g
Magermilch	⅞ ℓ
Käse	15 g
Brot	2500 g
Nährmittel	500 g

Dank der Festpreise kostete diese Wochenration etwa 15 RM.

Da die Zuteilungen für eine ausreichende Ernährung in keiner Weise ausreichten, versuchten alle, die es sich irgendwie leisten konnten, das Fehlende auf dem sich immer mehr ausdehnenden Schwarzmarkt zu ergänzen. Die Schwarzmarktpreise – Tab. 18 zeigt einige Beispiele – richteten sich nach Angebot und Nachfrage und stiegen zum Teil ziemlich schnell außergewöhnlich stark. Begünstigt wurde der Preisanstieg auf dem Schwarzmarkt durch den erheblichen Geldüberhang, der noch durch die Papiergeldausgaben der Siegermächte verstärkt wurde.

Tab. 18 Preise einiger Lebensmittel und Gebrauchsgegenstände
Angaben in RM

	Einzelhandelspreise		Schwarzmarkt-preise
Produkt	1938	Ort	
1 kg Roggenbrot	0,31	brit. Zone[1)]	25
		Berlin[2)]	35–45
		Baden-Baden[3)]	20
1 kg Weizenmehl	0,44	brit. Zone[1)]	60
		Berlin[2)]	80–120
1 kg Zucker	0,74	brit. Zone[1)]	140–180
		Berlin[2)]	160–200
		Stuttgart[3)]	250
1 kg Butter	3,14	brit. Zone[1)]	480–500
		Berlin[2)]	500–700
		Baden-Baden[3)]	400–500
1 kg Speck	2,14	brit. Zone[1)]	400
		Berlin[2)]	700–920
1 kg Rindfleisch	1,66	brit. Zone[1)]	120–160
		Berlin[2)]	240–300
		Baden-Baden[3)]	240
1 kg Bohnenkaffee	6,40	Hamburg[3)]	300
		Baden-Baden[3)]	450–650
1 Ei	0,12	Berlin[2)]	15–20

Tab. 18 (Fortsetzung)

Produkt	Einzelhandelspreise 1938	Ort	Schwarzmarktpreise
20 amerik. Zigaretten		Berlin[3]	200
		Hamburg[3]	120
		Rheinland[3]	100
		Lindau[3]	50
1 Paar Herrenschuhe	16,00	brit. Zone[1]	750
1 Paar Damenschuhe		Berlin[3]	600
		US-Zone[3]	300
		Primasens[3]	80
1 Herrenanzug	75,00	brit. Zone[1]	1 000

[1] April 1947 [2] Frühjahr 1947 [3] Oktober 1946

Tab. 19 Tauschrelationen in Südbaden 1946/47

1200 ℓ Gärmost, 200 ℓ Süßmost und 2 gebrauchte Weinfässer	gegen	7 Gummireifen für Lkw und Pkw
3 t Kartoffeln		12 Arbeitshosen und 4 Frauenschürzen
3 Feuersteine		5 Eier
6 Flaschen Schnaps		3 Herrenhemden
1 Armbanduhr		2 kg Butter
30 ℓ Wein		80 Stück Meerrettiche
1 Paar Kindersöckchen		2,2 kg Rohtabak
2 Damenhosen		2 Kalbsfelle
1 Schwarzwald-Kuckucksuhr und keramische Teller		1 000 amerikanische Zigaretten
1 Schwein von 250 kg		200 ℓ Wein
2 Paar Damenstrümpfe		0,75 kg Butter
Zigaretten		Kirschen (sehr häufig)

Wie aus den Tabellen hervorgeht, waren die Schwarzmarktpreise im allgemeinen 20 bis 100 mal so hoch wie der festgesetzte Preis. Naturgemäß war die Nachfrage und damit der Preis bei Nahrungsmitteln, Kleidung und Zigaretten besonders hoch.

Häufig wurde die Reichsmark nicht mehr als Zahlungsmittel akzeptiert: Es wurde Ware gegen Ware getauscht, wie vor der Erfindung des Geldes (Tab. 19 führt Beispiele an). Als Geldersatz dienten weithin ausländische Zigaretten, die als Tauschmittel so verbreitet waren, daß man für diese Zeit von einer »Zigarettenwährung« sprechen kann.

Unter diesen Zuständen hatte am meisten die Stadtbevölkerung zu leiden und von diesen die Arbeiter, Angestellten und Beamten, da ihre Löhne und Gehälter auf dem Vorkriegsstand eingefroren waren. Die Kaufkraft dieser Entgelte war zweigeteilt: Für die auf Lebensmittelkarten und andere Bezugsberechtigungen erhältlichen Waren hatten sie den Vorkriegsstand. Bezog man die Kaufkraft jedoch auf die Schwarzmarktpreise, war sie minimal. Besser ging es schon den Selbständigen, die sich ihre Produkte oder Dienstleistungen durch Sachwerte bezahlen ließen. Dagegen waren die Bauern bevorzugt. Sie hatten nur geringe Kriegszerstörungen erlitten, verfügten über beste Ernährung und hatten die begehrtesten Waren zum Handeln und Tauschen. Das verhalf ihnen zum Teil zu beträchtlichen Reichtümern. Es kursierte das böse Wort vom »Perserteppich im Kuhstall«. Andererseits konnten die Bauern ihre notwendigen Betriebsmittel auch nur durch »Kompensationsgeschäfte« erwerben.

Aufgrund der Geld- und Währungspolitik des Deutschen Reiches zur Finanzierung der Rüstung und des Krieges war das Geldvolumen erheblich ausgeweitet worden:

• Notenumlauf:

1933	3,9 Mrd. RM	1939	9,0 Mrd. RM
1936	4,5 Mrd. RM	1945	60,0 Mrd. RM

- Buchgeld:
  Gläubiger des Bankensystems (Sichteinlagen)

1933	18 Mrd. RM	1939	45 Mrd. RM
1936	30 Mrd. RM	1945	160 Mrd. RM

- Spareinlagen:

1933	12 Mrd. RM	1939	18 Mrd. RM
1936	15 Mrd. RM	1945	100 Mrd. RM

In den ersten Nachkriegsjahren war also ein beträchtlicher Geldüberhang vorhanden, der die ebenso beträchtliche Nachfrage absichern konnte:

- Die während des Krieges nicht möglichen Ersatzinvestitionen und die Kriegsschäden führten zu einem hohen Nachholbedarf.
- Der auch bei den privaten Haushalten aufgestaute Ersatzbedarf, insbesondere bei den Vertriebenen und Ausgebombten, führte zu einer steigenden Nachfrage nach Kleidung und Hausratsgegenständen.

Dazu kam noch das bis 1948 in Höhe von 15 bis 18 Mrd. RM ausgegebene Besatzungsgeld, das die Geldmenge zusätzlich vergrößerte. Die industrielle Produktion war auf 30 % des Vorkriegsniveaus zurückgegangen und konnte damit den finanziell gedeckten Bedarf bei weitem nicht befriedigen. Es bestand also die Gefahr einer Inflation wie nach dem Ersten Weltkrieg.

Ohne eine durchgreifende Reform des Geldwesens konnte ein wirtschaftlicher Aufschwung nicht gelingen. Die Planungen für eine Währungsreform hatten deshalb bereits unmittelbar nach Kriegsende begonnen.

Nachdem, trotz mehrfacher Versuche, eine Einigung mit der Sowjetunion nicht möglich war, entschlossen sich die drei westlichen Besatzungsmächte im Frühjahr 1948, die längst fällige Währungsreform in ihren Besatzungszonen getrennt durchzuführen. Sie hatte das Ziel, nach 15 Jahren

Planwirtschaft und wirtschaftlicher Bevormundung wieder eine durch Angebot und Nachfrage gesteuerte Wirtschaft in den drei Westzonen einzuführen.

Die Organisation des Bankenwesens sah so aus: Weil die sowjetische Militärregierung die Hauptverwaltung der Reichsbank in Berlin 1945 geschlossen hatte, waren in den westlichen Besatzungszonen »Landeszentralbanken« errichtet worden, die die Räume und das Personal der Reichsbankfilialen übernahmen, ohne deren Rechtsnachfolge anzutreten. Als Vorbereitung der Währungsreform gründeten die drei westlichen Militärregierungen am 1. März 1948 zur Koordination der Landeszentralbanken die »Bank deutscher Länder«.

Neue Banknoten wurden frühzeitig in den USA gedruckt und unter größter Geheimhaltung nach Deutschland gebracht. Trotzdem verbreitete sich das Gerücht, daß die schon lange erwartete Währungsreform unmittelbar bevorstehe; es gab dem Schwarzmarkt noch einen letzten Auftrieb, so daß beispielsweise der Preis für eine amerikanische Zigarette 1948 auf 30 RM kletterte.

Die Währungsreform wurde in den drei westlichen Besatzungszonen durch den Erlaß dreier gleichlautender Gesetze zur Neuordnung des Geldwesens durchgeführt:

- Erstes Gesetz zur Neuordnung des Geldwesens vom 20. Juni 1948 (Währungsgesetz). Es enthielt grundlegende Bestimmungen über die Einführung der neuen Währung, über Anmeldung und Ablieferung von Altgeld sowie über die Erstausstattung mit neuem Geld.
- Zweites Gesetz zur Neuordnung des Geldwesens vom 20. Juni 1948 (Emissionsgesetz). Es verlieh der Bank deutscher Länder das Notenausgaberecht und enthielt Bestimmungen über die Haltung von Mindestreserven.
- Drittes Gesetz zur Neuordnung des Geldwesens vom 20. Juni 1948 (Umstellungsgesetz). In ihm wurde die Überleitung von Verbindlichkeiten in alter Währung in

neue Währung sowie die Ausstattung der Kreditinstitute, Versicherungen und Bausparkassen mit Ausgleichsforderungen geregelt.

Mit Wirkung vom 21. Juni 1948 löste die »Deutsche Mark« (DM) die Reichsmark ab. Umgestellt wurde grundsätzlich im Verhältnis 1 : 1 zwischen Reichsmark und Deutscher Mark. Es gab allerdings viele Sonderbestimmungen.

- Privatpersonen erhielten am Währungsstichtag (20. Juni 1948) im Umtausch gegen Altgeld sowie unter Anrechnung späterer Umwandlungsansprüche einen »Kopfbetrag« – meist »Kopfgeld« genannt – von 40 DM, zu dem wenig später noch 20 DM hinzukamen.
- Unternehmen konnten 60 DM je Beschäftigten an Übergangshilfe umtauschen.
- Die Gebietskörperschaften erhielten ein Sechstel ihrer Einnahmen zwischen dem 1. Oktober 1947 und dem 31. März 1948, Bahn und Post jeweils ein Zwölftel.
- Die Guthaben der öffentlichen Hand und der Kreditinstitute erloschen; die letzteren erhielten dafür »Ausgleichsforderungen« gegen die öffentliche Hand zugewiesen, die ab 1956 innerhalb von 37 Jahren getilgt werden sollten.
- Den Inhabern privater Altgeldguthaben wurde für je 10 RM 1 DM gutgeschrieben. Dieser Betrag war zur Hälfte frei verfügbar und zur Hälfte gesperrt. Der gesperrte Betrag wurde in der »Nachreform« zum 4. Oktober 1948 nochmals um 70 % gekürzt, so daß sich ein Umstellungsverhältnis von 100 : 6,5 ergab.
- Einige Zahlungsverpflichtungen, wie Arbeitseinkommen, Renten, Pensionen, Miet- und Pachtzinsen wurden 1 : 1, die meisten anderen Schuldverhältnisse dagegen 10 : 1 umgestellt. Bei den Schuldnern dadurch entstandene Gewinne wurden in den späteren Lastenausgleich einbezogen.

- Die Forderungen gegen das Deutsche Reich, die NSDAP, die Reichsbahn und die Reichspost wurden nicht umgestellt.

Es war erstaunlich, wie viele Sachen es sofort nach der Währungsreform zu kaufen gab, wenn man mit dem neuen Geld bezahlen konnte. Die Schaufenster waren wieder gut gefüllt, da sowohl vom produzierenden Gewerbe als auch von Groß- und Einzelhandel in großem Umfang gehortete Waren auf den Markt geworfen wurden. Es lohnte sich auch wieder zu produzieren, so daß die neue Kaufkraft auf ein ausreichendes Angebot stieß und die Bevölkerung Vertrauen zur DM bekam.

Nach der erfolgreichen Währungsreform war der Übergang zur »sozialen Marktwirtschaft« die zweite Voraussetzung für einen schnellen wirtschaftlichen Aufschwung. Es begann das »Wirtschaftswunder«. Für zahlreiche Güter wurden Bewirtschaftung und Preisbindung bereits am 24. Juni 1948 aufgehoben. Es darf auch die Hilfe durch das Ausland, insbesondere durch den »Marshall-Plan«, nicht vergessen werden.

Wegen der grundsätzlich anderen wirtschaftspolitischen Ziele der Sowjetunion – sozialistische Planwirtschaft kontra soziale Marktwirtschaft – wurde zwar auch in der sowjetischen Besatzungszone (SBZ) 1948 eine Währungsreform als rasche Reaktion auf die westdeutsche durchgeführt, sie war jedoch wegen der bereits 1945 erfolgten Reform des Bank- und Geldwesens nur eine Formsache als Antwort auf die Währungsreform in den Westzonen. Der Hauptgrund war aber die berechtigte Befürchtung, daß die in den Westzonen abgewertete Reichsmark trotz Einfuhrverbot in die SBZ gelangen würde.

Am 23. Juni 1948 begann in der SBZ die Ablieferung der alten Banknoten bei den Kreditinstituten:

- Je Kopf wurden 70 RM im Verhältnis 1 : 1 in neues Geld umgetauscht, das auch hier zunächst »Deutsche Mark«

(der Deutschen Notenbank) hieß, inoffiziell jedoch meist »Ostmark« genannt wurde.

- Über 70 RM hinausgehende Barbeträge wurden 10 : 1 umgetauscht,
- ebenso Spareinlagen zwischen 1000 und 5000 RM.
- Spareinlagen unter 1000 RM wurden im Verhältnis 1 : 5 und solche unter 100 RM 1 : 1 umgetauscht.
  Bei Sparkonten von mehr als 5000 RM mußte jedoch die Herkunft des Geldes nachgewiesen werden. Die meisten dieser Konten wurden dabei vom Umtausch ausgeschlossen.

Da so schnell keine neuen Geldscheine zur Verfügung gestellt werden konnten, wurden Reichsbanknoten und Rentenbankscheine mit einem briefmarkengroßen Spezialkupon beklebt; der Volksmund nannte dieses Geld bald »Klebemark« oder »Tapetenmark«. Erst in der Zeit vom 25. bis 28. Juli wurden die Behelfsnoten in Banknoten, die auf »Deutsche Mark der Deutschen Notenbank« lauteten, umgetauscht.

Da die Banken verstaatlicht waren, konnte der Staat über das Geldvolumen selbst bestimmen und auch Privatkonten kontrollieren. Deswegen sammelte sich wieder viel Bargeld in Privathand an, und auch außerhalb der SBZ und späteren DDR bestanden beträchtliche Ostmarkbestände – ein Grund für die ständig mit wirtschaftlichen und finanzpolitischen Schwierigkeiten kämpfende Regierung, neuerlich eine Geldreform anzuordnen, um diesen Geldüberhang abzubauen und die auswärtigen Ostmarkbestände wertlos zu machen.

Am 13. Oktober 1957 mußten alle Geldscheine ab 2 Mark aufwärts gegen Scheine einer neuen Banknotenserie eingetauscht werden. Die Münzen blieben gültig. Es durften nur DDR-Bewohner und berechtigte Besucher umtauschen. Je Einwohner wurden bis zu 300 DM umgetauscht. Höhere Beträge mußten auf ein Sonderkonto eingezahlt werden. Wenn die Prüfung die »Rechtmäßigkeit« der Herkunft dieses Geldes ergab, wurde dieser Betrag auch umgetauscht. Durch diese Umtauschaktion verringerte sich der Bargeldumlauf von 5,48 Mrd. DM im September 1957 auf 3,71 Mrd. DM im Januar 1958.

Am 30. Juni 1964 wurde die Deutsche Mark der Deutschen Notenbank in »Mark der Deutschen Notenbank« umbenannt, und seit 1968 hieß sie nur noch »Mark«.

Alle diese Maßnahmen konnten die Schwäche der Ostmark nicht verdecken, geschweige die Währung der DDR stärken. Es war und blieb eine reine Binnenwährung. Sie war nicht konvertibel, ihre Ein- und Ausfuhr war streng verboten, und sie wurde auch nicht auf den internationalen Devisenmärkten gehandelt.

Auch die Münzen spiegelten die Ärmlichkeit des DDR-Staates wider. Sie machten den Eindruck von Notgeld. Die Werte zu 1, 5, 10 und 50 Pfennig sowie zu 1 und 2 Mark bestanden aus Aluminium. Im Volksmund hießen sie verächtlich »Alu-Chips« oder »Spielgeld«. Nur die Gedenkmünzen, die fast ausschließlich für auswärtige Sammler zur Devisenbeschaffung geprägt wurden, hatten »Weltniveau«. Seit 1968 gab es 10- und 20-Mark-Stücke aus Silber und entsprechende Gedenkmünzen zu 5 Mark aus Kupfernickel. Sie wurden nur über ihrem Nennwert gegen Devisen verkauft und gelangten niemals in den Verkehr, waren also keine echten Münzen. Seit 1971 gab es Gedenkmünzen aus Kupfernickel zu 5, 10 und 20 Mark, die in größeren Stückzahlen geprägt wurden. Sie gelangten auch in den Umlauf.

Zusammen mit dem neuen Namen »Mark der Deutschen Notenbank« wurden neue, erstmals in der DDR hergestellte Banknoten ausgegeben. Sie lösten die in Moskau gedruckte Serie von 1957 ab. Zumindest seit Anfang 1959 bestand der Verdacht, daß die Noten zu 20 und zu 50 Deutsche Mark von den Originalplatten unbefugt nachgedruckt wurden. Es waren »echte« Noten aufgetaucht, deren Nummern nicht mit dem Schema der bereits gelieferten Scheine übereinstimmten.

In den siebziger Jahren kam wiederum eine neue Banknotenserie als Folge der neuen Währungsbezeichnung »Mark der Deutschen Demokratischen Republik« in den Verkehr. Es war die letzte Banknotenausgabe der DDR.

Mit allen diesen und noch weiteren wirtschafts- und währungspolitischen Maßnahmen gelang es dem Regime des »real existierenden Sozialismus« nicht, mit der wirtschaftlichen Entwicklung im »kapitalistischen Ausland« Schritt zu halten. Es gelang noch nicht einmal, die Bevölkerung mit den Grundbedürfnissen ausreichend zu versorgen, von den Gütern des gehobenen Bedarfs ganz zu schweigen.

Wegen des unzureichenden Warenangebots nahm die Geldmenge schneller als erwünscht zu, da alle Produkte, die einigermaßen dem »Weltniveau« entsprachen, zur Devisenbeschaffung exportiert werden mußten. Sie wurden oft zu Dumpingpreisen angeboten. Die Inlandspreise hielt man kraft Verordnungen niedrig, und diese »Einzelverkaufspreise (EVP)« mußten auf die Etiketten der Waren des täglichen Bedarfs gedruckt werden. Damit gab es im Binnenhandel keinen Preiswettbewerb und wegen des Warenmangels auch keine Qualitätskonkurrenz. Es konnte jeder Schund verkauft werden.

Wegen der chronisch prekären Devisenlage suchte die DDR alle Möglichkeiten auszunutzen, um die begehrte Westmark zu erlangen. Der innerdeutsche Reiseverkehr war solch eine Quelle. Besucher aus der Bundesrepublik mußten für jeden Besuchstag eine bestimmte Summe im Verhältnis 1 : 1 in Mark der DDR umtauschen, die nicht rückgetauscht werden konnte. Bei der Ausreise aus der DDR hatte jeder Besucher nicht verbrauchte Mark-Beträge auf ein Konto einzuzahlen, denn die Ausfuhr von Ostmark war ebenso wie die Einfuhr streng verboten; da gab es sehr genaue Kontrollen.

Die Versuchung, illegal Ostmark einzuführen, war groß, denn bei den privaten Wechselstuben in West-Berlin bekam man im Durchschnitt der Jahre für eine Westmark etwa 4 bis 5 Ostmark. Diese bereits am 27. Juli 1948 von den westlichen Kommandanten lizenzierten Wechselstuben waren naturgemäß den DDR-Machthabern ein Dorn im Auge.

Ein weiteres Mittel zur Devisenbeschaffung waren die »Intershops«, Läden, die Lebensmittel, Gebrauchsgüter und Waren des gehobenen Bedarfs nur gegen D-Mark, Dollar und andere konvertierbare Währungen verkauften. Diese Geschäfte waren auch DDR-Bürgern zugänglich, soweit sie über Westgeld verfügten. Die Intershops waren außerordentlich beliebt. Der Standard des Angebots entsprach dem eines westdeutschen Supermarktes, übertraf aber die Qualiltät der DDR-Produkte beträchtlich; auch war die Ware immer lieferbar.

Die Deutsche Mark der Bundesrepublik entwickelte sich immer mehr zu einer begehrten Parallelwährung, für die man solche Waren kaufen und Dienstleistungen bezahlen konnte, die gegen Ostmark entweder nur schwer, in schlechter Qualität oder überhaupt nicht erhältlich waren.

Statt einer klassenlosen Gesellschaft unter der Herrschaft des Proletariats nach der marxistisch-leninistischen Lehre war eine Zweiklassengesellschaft unter der Herrschaft des Politbüros der SED entstanden, deren herrschende Klasse dank D-Mark-Besitzes ein ›kapitalistisches‹ Leben führen konnte.

Auf dem Wege zur Wiedervereinigung wurde am 18. Mai 1990 zwischen der Bundesregierung und der neugewählten demokratischen Regierung der DDR ein Staatsvertrag über eine »Wirtschafts-, Währungs- und Sozialunion zwischen beiden deutschen Staaten« abgeschlossen.

Dieser Vertrag regelte u. a. die Einzelheiten der am 1. Juli 1990 in Kraft tretenden Währungsunion, mit der die D-Mark als alleiniges gesetzliches Zahlungsmittel in der DDR eingeführt wurde. Die Teilung Deutschlands in zwei Währungsgebiete war damit nach 42 Jahren beendet.

Für die Währungsumstellung galten folgende Bestimmungen:

- Löhne, Gehälter, Stipendien, Mieten, Pachten und Renten sind im Verhältnis 1 : 1 umzustellen.
- Sonstige Forderungen und Verbindlichkeiten werden grundsätzlich im Verhältnis 2 : 1 umgestellt.
- Personen mit ständigem Wohnsitz in der DDR können ihr Bargeld und ihre Bankguthaben im Verhältnis 1 : 1 umtauschen, und zwar Kinder bis zum vollendeten 14. Lebensjahr bis zur Höhe von 2000 Mark, Personen im Alter von 15 bis 60 Jahren bis zu 4000 Mark und Personen ab dem 60. Lebensjahr bis zu 6000 Mark. Über diese Höchstbeträge hinausgehende Bestände werden 2 : 1 umgestellt.
  Es soll geprüft werden, ob zu einem späteren Zeitpunkt für die 2 : 1 reduzierten Beträge Anteilsrechte am volkseigenen Vermögen ausgegeben werden können.
- Guthaben von natürlichen oder juristischen Personen oder Stellen, deren ständiger Wohnsitz oder Sitz sich außerhalb der DDR befinden, werden 3 : 1 umgestellt, soweit die Guthaben nach dem 31. Dezember 1989 entstanden sind.
- Verpflichtungen der DDR gegenüber anderen Staaten genießen Vertrauensschutz.
- Soziale Härten, die sich insbesondere für die Bezieher kleiner Renten ergeben, werden von der DDR im Rahmen ihrer finanziellen Eigenverantwortung und unter Beachtung ihrer gesamten Finanzlage ausgeglichen.

Die Bevölkerung der DDR feierte die Einführung der D-Mark am 1. Juli 1990 mit Feuerwerken und Hupkonzerten.

Die deutsche Wirtschafts- und Währungsunion bedeutete das Ende der DDR als eigenständiger Rechts- und Wirtschaftsraum. Der Weg zur deutschen Einheit, die am 3. Oktober 1990 vollendet wurde, war damit vorgegeben.

3.5 Geldwesen der Gegenwart

3.5.1 Bargeldlose Zahlungsformen

Die vollständige Loslösung des Geldes von jeder materiellen Substanz förderte neue Zahlungsmethoden, die weitgehend auf Bargeld verzichten. Das begann damit, daß zu Anfang der 1960er Jahre die Kreditinstitute die Arbeitgeber animierten, Lohn- und Gehaltszahlungen zu rationalisieren und nur noch bargeldlos zu zahlen. Die Lohn- und Gehaltsempfänger mußten sich bei Banken oder Sparkassen Girokonten einrichten, die naturgemäß auch für andere, meist wiederkehrende Zahlungen benutzt wurden. Heute besitzt fast die gesamte geschäftsfähige Bevölkerung ein Girokonto. Mit dieser Verbreitung der Girokonten war die Grundlage für die weitere Entwicklung des unbaren Zahlungsverkehrs gelegt. Vor allem *Lastschrift* und *Überweisung* erwiesen sich in vielen Fällen als das einfachste, kostengünstigste und rationellste Verfahren der Geldübertragung.

Bargeld ist aber zur Zeit immer noch ein ideales Mittel zur Bezahlung vor allem kleinerer Beträge im Alltag. Die Vielzahl der täglichen Zahlungen ist für private Haushalte bar schneller und kostengünstiger abzuwickeln.

Weitere Mittel des unbaren Zahlungsverkehrs sind der Scheck und die Kreditkarte.

Der *Scheck* ist eines der ältesten bargeldlosen Zahlungsmittel und seit dem 16. Jahrhundert im Gebrauch. Im privaten Zahlungsverkehr wurde er anfangs nur selten verwendet. Das änderte sich erst, als der *Eurocheque* eingeführt wurde und die Banken dessen Einlösung – in Verbindung mit der *Eurocheque-Karte* (EC-Karte) bis zur Höhe von zur Zeit 400 DM garantierten.

Das Scheckformular ist durch Wasserzeichen und aufwendigen Druck und die EC-Karte u. a. durch ein Hologramm weitgehend gegen Fälschung geschützt. Die EC-

Karte trägt auf der Rückseite, wo auch die Signatur des Inhabers steht, einen Magnetstreifen zur Bedienung von Geldausgabeautomaten und Kontoauszugdruckern. Dieses *Eurocheque-System* ist das größte Zahlungssystem der Welt, das in 28 europäischen Staaten von etwa 5 Millionen Händlern akzeptiert wird.

Die *Kreditkarte* wurde in den 1960er Jahren in der Bundesrepublik Deutschland eingeführt. Sie kam aus den USA, und zwar aus der Gastronomie: Der »Diners Club«, ein Zusammenschluß von Feinschmeckern, hatte 1957 die erste Kreditkarte ausgegeben. Sie diente anfangs nur zur unbaren Bezahlung in Hotels und Gaststätten. Bald bekam die Diners-Club-Karte Konkurrenz: Eurocard, seit 1976 im Umlauf, ist eine von den deutschen Banken gemeinsam herausgegebene Kreditkarte, die dem weltweit verbreiteten Mastercard-System angeschlossen ist. Außerdem ist noch Visa-Card (weltweit führend) und die Kreditkarte der American Express Company (Amexco) von überregionaler Bedeutung.

Kreditkarten erlauben es, bei den Vertragsunternehmen, den Akzeptanzstellen, Rechnungen unbar zu begleichen. Der Kreditkarteninhaber unterschreibt lediglich einen Abrechnungsbeleg des Vertragsunternehmens. Einmal im Monat werden diese Kreditbeträge mit einer Gesamtrechnung vom Konto des Kreditkarteninhabers im Lastschriftverfahren eingezogen. Für die Kreditkarte stellt der Ausgeber der Karten, der Emittent, dem Karteninhaber eine jährliche Gebühr in Rechnung.

Keine Kreditkarten sind die folgenden Kartenarten:

- Debitkarte. Bei dieser Kartenform wird im Gegensatz zur Kreditkarte das Konto sofort belastet. Als Debit-Karte ist z. B. die Eurocheque-Karte einsetzbar, mit der an elektronischen Kassen ohne die übliche Scheckausstellung bezahlt werden kann und das Konto sofort belastet wird (Electronic cash). Die Unterschrift des Kunden wird durch die persönliche Geheimzahl (Personal identity number, PIN) ersetzt (elektronische Unterschrift).

- Bankkundenkarte. Kundenkarte der Banken und Sparkassen, die zur Nutzung elektronischer Bankdienstleistungen wie Geldausgabeautomaten und Kontoauszugsdrucker dienen.
- VIP/Kundenservicekarte. Kundenausweis ohne Zahlungsfunktion.

In Deutschland war die Kreditkarte, im Gegensatz zu den USA, der breiten Öffentlichkeit lange Jahre nahezu unbekannt und wurde nur von einem exklusiven Kundenkreis benutzt. Die Anzahl der Vertragsunternehmen (Akzeptanzstellen) war recht gering, so daß die Kreditkarte oft nutzlos war. Das änderte sich, als die deutschen Kreditinstitute zusammen mit der Gesellschaft für Zahlungssysteme (GZS) 1976 die *Eurocard* einführten. Seit Ende der achtziger Jahre hat sich auch in Deutschland die Anzahl der Kreditkarten und der Akzeptanzstellen stark erhöht, wie aus Tab. 20 hervorgeht (Stand 1992). Tab. 21 zeigt kennzeichnende Daten von der Kartengesellschaft »Eurocard Deutschland« nach dem Stand von 1995.

Tab. 20 Anzahl der Besitzer von Kreditkarten, der Akzeptanzstellen sowie deren Verteilung auf die Kartenunternehmen

Angaben in Mio.

Kartenunternehmen	Akzeptanzstellen		Kunden	
	Deutschland	weltweit	Deutschland	weltweit
Eurocard, mit Mastercard-Verbund	0,24	10,1	4,3	171

Tab. 20 (Fortsetzung)

Kartenunternehmen	Akzeptanzstellen		Kunden	
	Deutschland	weltweit	Deutschland	weltweit
Visa	0,21	10,2	1,9	281
Amexco	0,16	3,5	1,0	36
Diners Club	0,16	2,2	0,36	7

Tab. 21 Daten von Eurocard Deutschland für das Jahr 1995

	1995	Veränderung gegenüber 1994
Umsatz	28,9 Mrd. DM	+6,4 %
davon Inlandsumsatz	21,2 Mrd. DM	
Transaktionen	170,5 Mio.	+10,3 %
Umsatz pro Transaktion (deutsche Karteninhaber)	168 DM	−3,4 %
Karteninhaber	6,9 Mio.	+14,5 %
Eurocard Standard	5,4 Mio.	+15,6 %
Eurocard Gold	1,5 Mio.	+10,7 %
Vertragsunternehmen	306200	+4,3 %
Vertragsunternehmen nach Branchen		
Einzelhandel	157700	−0,7 %
Restaurants	36300	+5,4 %
Hotels	27000	+0,7 %
Tankstellen	13800	+2,4 %
Fluglinien/Reisebüros	15400	+7,8 %
Deutsche Bahnen	1000	+458,0 %
Autovermietung	4000	−5,4 %
Geldausgabeautomaten	38100	+33,1 %
Bargeldausgabestellen	12900	+2,3 %

In Deutschland ist die Eurocard am meisten verbreitet. Sie wird von der *Gesellschaft für Zahlungssysteme (GZS)* herausgegeben und über die deutschen Kreditinstitute vertrieben. Für das Ausland besteht eine Kooperation mit der Interbank Master Charge, die die Mastercard herausgibt.

Die GZS ist als Gemeinschaftsunternehmen vom deutschen Kreditgewerbe gegründet worden. Sie unterstützt die Banken und Sparkassen bei der Ausgabe ihrer Eurocards. Die Leistungen der GZS erstrecken sich beispielsweise auf die Vorarbeiten zur Kartenausgabe, die Kartenerstellung, die Kundenbetreuung sowie die Autorisierung und Verrechnung von Eurocard/Mastercard-Umsätzen im In- und Ausland. Als weitere Aufgabe nimmt die GZS in der Bundesrepublik im Auftrag der Banken und Sparkassen die grenzüberschreitende Eurocheque-Verrechnung wahr. Außerdem entwickelt sie neue kartengesteuerte bargeldlose Zahlungssysteme. Hierzu zählt beispielsweise der Einsatz von Eurocheque-Karten an elektronischen Kassen des Handels und des Dienstleistungsgewerbes ohne die Verwendung von Scheckformularen (Electronic cash).

Der Besitz einer Kreditkarte, beispielsweise einer *Eurocard*, gibt dem Karteninhaber eine Reihe von Vorteilen. Er kann bei Vertragsunternehmen des Eurocard-Mastercard-Verbundes

- Waren und Dienstleistungen bargeldlos bezahlen,
- an zugelassenen Geldautomaten und an bestimmten Bankschaltern Bargeld beziehen,
- an speziellen Kreditkarten-Telefonen telefonieren.

Außerdem hat der Karteninhaber

- Zins- und Liquiditätsvorteile, da in der Regel erst nach einigen Wochen abgebucht wird.
- Ersparnis bei Buchungskosten, da die Kartengesellschaft die Umsätze zu Monatsabrechnungen zusammenfaßt.

- Das Hin- und Herwechseln ausländischer Währungen entfällt.
- Fremdwährungsumsätze werden zum Devisenbriefkurs des letzten Börsentages in DM umgerechnet.

Der Karteninhaber muß jedoch Spesen bezahlen.

Technologie der Kartenarten

Zur Zeit ist die *Magnetstreifenkarte* noch am meisten verbreitet. Dies ist eine Plastikkarte, meist mit Hochprägung, mit einem Magnetstreifen auf der Rückseite, in dem individuelle Daten des Karteninhabers, wie Name, Kartennummer, Kontonummer, Laufzeit der Karte, Gültigkeitsbereich u. a., gespeichert sind. Mit einer derart präparierten Karte kann der Inhaber Geldausgabeautomaten, Kontoauszugdrucker und andere unbediente Geräte – etwa Fahrkarten- und Parkautomaten oder Kopiergeräte – nutzen.

Wesentlich mehr Daten können auf einer *Chipkarte* untergebracht werden, einer Plastikkarte mit einem integrierten elektronischen Mikroschaltkreis, der Logik- und Speicherfunktion besitzt. Eine Chipkarte kann logische Entscheidungen treffen, Rechenfunktionen ausführen, Daten speichern und den Speicherzugriff überwachen.

Die Chipkarte hat drei verschiedene Speicherbereiche: einen frei zugänglichen (Free Memory Access), einen bedingt zugänglichen (Confidential Memory) und einen verbotenen Bereich (Secret Memory).

Mit Hilfe des im Chip enthaltenen Logikteils kann die Chipkarte, falls von außen Strom zugeführt wird, bedingte Entscheidungen treffen und komplexe Berechnungen ausführen. Dadurch können geheime Daten wesentlich sicherer als bei der Magnetkarte vor unbefugtem Zugriff geschützt werden. Vertrauliche Daten, wie persönliches Zahlungslimit oder getätigte Transaktionen, lassen sich so in der Chipkarte speichern, auch kann man die Geheimzahl (PIN) im Chip prüfen.

3.5.2 Elektronischer Zahlungsverkehr

In den letzten Jahren nahmen die bargeldlosen Zahlungen derart zu, daß die Kreditinstitute genötigt wurden, mehr und mehr technische Mittel zu deren Bewältigung einzusetzen. Vor allem die Elektronische Datenverarbeitung (EDV) und die Datenfernübertragung sind nicht mehr zu entbehren. Die Maßnahmen zur *Vereinheitlichung des Zahlungsverkehrs* waren eine Grundvoraussetzung zur rationellen Einsetzung der EDV.

- Die »Bankleitzahl« (BLZ), 1970 eingeführt, dient dazu, Kreditinstitute anhand einer achtstelligen Zahl zu identifizieren. Damit werden Belege gekennzeichnet, die den Bereich des eigenen Instituts verlassen. Außerdem können Belege mit BLZ automatisch sortiert werden. Tab. 22 erläutert den Aufbau der BLZ.
- Einheitliche Vordrucke, die für optische Beleglesung geeignet sind, stellen ebenfalls eine Bedingung für die Rationalisierung des Bankbetriebes dar. In Tab. 23 sind einige Richtlinien für die einheitliche Codierung von maschinenlesbaren Zahlungsbelegen erläutert.

Tab. 22 Aufbau der Bankleitzahl

Die Bankleitzahl hat acht Stellen. Von denen bedeuten:

Stelle	
1	Clearing-Gebiet, Land/Landesteil
1+2	Clearing-Bezirk
1+2+3	Ortsnummer; kennzeichnet den Bankplatz (Ort mit einer Landeszentralbank, LZB) sowie den zugehörigen Bankbezirk (Bankplatz und angrenzende Gebiete)
4	Bezeichnung der Bankengruppe
5+6	Hinweis auf den Sitz
7+8	Interne Niederlassungsnummer

Tab. 22 (Fortsetzung)

Stelle	Nr.	Bedeutung
1+2		Nummer des Clearingbezirks
	10+11	Berlin
	12–14	Mecklenburg-Vorpommern
	15–17	Brandenburg
	20	Hamburg
	21–23	Schleswig-Holstein
	24–29	Niedersachsen
	30–39	Nordrhein-Westfalen, Landesteil Rheinland
	40–49	Nordrhein-Westfalen, Landesteil Westfalen-Lippe
	50–53	Hessen
	54–58	Rheinland-Pfalz
	59	Saarland
	60–69	Baden-Württemberg
	70–79	Bayern
	80+81	Sachsen-Anhalt
	82–84	Thüringen
	85–87	Sachsen
4		Bezeichnung der Instituts-(Banken-)Gruppe
	0	Deutsche Bundesbank/Landeszentralbanken
	1	Postgiroämter, sonstige nicht anderweitig erfaßte Kreditinstitute (KI)
	2+3	Regional-, Lokal-, Spezial-, Haus- und Branchenbanken sowie Privatbankiers
	4	Commerzbank
	5	Girozentralen, Sparkassen
	6	Raiffeisenbank, Zentralkassen und Kreditgenossenschaften
	7	Deutsche Bank
	8	Dresdner Bank
	9	Gewerbliche Kreditgenossenschaften und ihre Zentralbanken

Tab. 22 (Fortsetzung)

Stelle	Nr.	Bedeutung
5+6		Nummer des Banknebenplatzes
	00–09	Kreditinstitut mit LZB-Konto, am Bankplatz ansässig
5	0	Bankplatz
5	9	Raiffeisenbank ohne eigenes LZB-Konto
7+8		Unselbständige Filialen von KI können eigene BLZ erhalten

Tab. 23 Codierung der einheitlichen Zahlungsverkehrs-Vordrucke

Die Codierzeile eines Beleges umfaßt fünf Felder (von rechts gezählt):

Feld 1 »Text«; Kennzeichnung der Belegart, z. B.

20 Überweisungsauftrag
51 Überweisungsgutschrift
05 Lastschrift mit Einzugsermächtigung
01 Überbringerscheck
11 Eurocheque

Feld 2 Bankleitzahl (BLZ), und zwar bei:

Gutschriftsträger: BLZ des begünstigten Kreditinstituts (KI)
Scheck: BLZ des KI des Ausstellers
Lastschrift: BLZ des KI des Zahlungspflichtigen

Feld 3 Betrag oder Summe

Feld 4 Kontonummer

des Auftraggebers (Überweisungsauftrag)
des Empfängers (Gutschriftsträger)

Tab. 23 (Fortsetzung)

Feld 4 (Fortsetzung)
des Zahlungspflichtigen (Lastschrift)
des Ausstellers (Scheck)

Feld 5 Mehrzweckfeld
für Schecknummer bei Schecks
für Ordnungsziffer des Kunden (bei Großkunden) bei Überweisungen und Lastschriften

Sonderzeichen grenzen die Felder voneinander ab:

⑁ (Stuhl) für die Felder »Textschlüssel« und »Kontonummer«

⑀ (Haken) für die Felder »Bankleitzahl«, »Mehrzweckfeld« und »Scheck Nr.«

⑂ (Gabel) für das Feld »Betrag«

Beispiele für Codierzeilen: Gutschriftsträger von (a) Überweisung; (b) Lastschrift; (c) Scheck

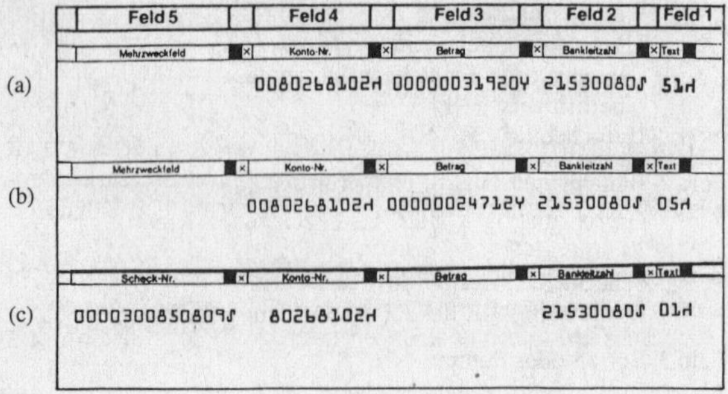

Der bargeldlose Zahlungsverkehr mit Hilfe maschinenlesbarer Belege aus Papier, die nach den erläuterten Kriterien gestaltet sind, entwickelte sich zum *beleglosen Zahlungsverkehr*, d. h. elektronische Medien speichern, verarbeiten und übertragen die Daten. Dies ist nur möglich, wenn auf jeder Stufe der Verarbeitung geeignete EDV-Anlagen, beispielsweise Personal-Computer (PC), vorhanden sind.

Dieser *Elektronische Zahlungsverkehr* entwickelt sich in drei Stufen:

- Der Kunde erteilt Aufträge auf den maschinenlesbaren Einheitsvordrucken, und das Kreditinstitut wandelt die Aufträge in elektronische Daten um.
- Der Kunde erteilt Aufträge auf elektronischen Datenträgern, deren Inhalt das Kreditinstitut in sein Datennetz einspeist.
- Der Kunde erteilt Aufträge beleglos auf dem Wege der Datenfernübertragung.

Als elektronische Datenträger sind gebräuchlich:

- Disketten,
- Magnetbandkassetten,
- Magnetbänder für große Datenmengen und
- Magnetplatten, jedoch nur selten.

Durch den elektronischen Zahlungsverkehr lassen sich sowohl beim Kunden als auch bei der Bank die Zahlungsgeschäfte rationalisieren und damit erhebliche Kosten sparen.

Es bleiben aber noch Einzelüberweisungen und Schecks sowie Barzahlungen, die automatisiert werden können.

Diese Zahlungen lassen sich nach dem Ort der Zahlung einteilen:

- Zahlungen nicht am Ort des Kaufs (Überweisungen).
- Zahlungen am Ort des Kaufs (Barzahlungen, Kartenzahlungen, Schecks).

Unter den Bezeichnungen *Home Banking, Telefon-Banking* oder *Electronic Banking* können u. a. individuelle Überweisungen beleglos, d. h. rationell und damit kostengünstig abgewickelt werden. Der Kunde verkehrt mit seiner Bank über Telefon oder Computer.

Das *Telefon-Banking* erfordert den geringsten technischen Aufwand. Der Kunde kann – meist 24 Stunden am Tag an allen Tagen des Jahres –

- seinen Kontostand und die Kontoumsätze abfragen,
- den Stand des Wertpapierdepots abfragen,
- Überweisungsaufträge oder andere Aufträge erteilen.

Voraussetzung zur Teilnahme ist die Legitimation durch eine »Persönliche Identifikations-Nummer« (PIN) – auch Geheimnummer genannt –, die vor Beginn des Dialogs mit dem Telefon-Banking-Service eingegeben werden muß, um die Sicherheit gegen Mißbrauch zu gewährleisten.

Telefon-Banking ist vorwiegend für den Privatkunden mit wenig Geschäftsvorfällen gedacht, der auf schriftliche Belege verzichten kann. *Home Banking* dagegen erleichtert Firmen den Zahlungsverkehr, den sie vom Büro am Bildschirm des Personalcomputers (PC) erledigen können.

Zur Teilnahme benötigt der Kunde einen PC, einen Decoder, auch Modem genannt, sowie einen Anschluß an das T-Online-System der Deutschen Telekom. Damit hat man Zugang zu Bildschirmtexten (Btx) über ein Netzwerk (Datex-J) der Telekom und Anbindung an das Internet. Das »J« in »Datex-J« steht für »Jeder« und weist darauf hin, daß jeder Telekom-Teilnehmer diesen Dienst nutzen kann, in dem viele Unternehmen (auch die Kreditinstitute) Informationen und Dienstleistungen über das Telefonnetz anbieten. »Btx« steht für »Bildschirmtext«. Während früher das ganze Kommunikationssystem pauschal als Btx bezeichnet wurde, versteht man heute darunter nur den abrufbaren »Text am Bildschirm«.

Mit dem oben aufgeführten Instrumentarium kann der Kunde am Home-Banking-Service der Kreditinstitute teilnehmen und damit vom heimischen Computer folgende Bankgeschäfte ausführen:

Kontoführung, Konten- und Saldenübersicht, Kontobewegungen, Überweisungen, Lastschriften, Daueraufträge, Depotanzeige, Wertpapierkauf- und verkauf, Bestellung von Formularen, Teilnahme am aktuellen Börsen-Informationsdienst, Zugang zu den anderen Informationen des T-Online-Dienstes.

Zur Sicherheit gegen mißbräuchliche Benutzung muß auch bei der Nutzung des Telefon-Banking eine Geheimzahl (PIN) eingegeben werden. Bei manchen Transaktionen, wie Überweisungen und Daueraufträgen, ist, gleichsam als »elektronische Unterschrift«, eine »Transaktionsnummer« (TAN) erforderlich. Aus Gründen der Sicherheit darf jede TAN, die von den Banken zugeteilt wird, nur einmal benutzt werden.

Eine weitere wichtige Möglichkeit, den Zahlungsverkehr zu rationalisieren, liegt im Handel bei der sofortigen Bezahlung am Ort und zum Zeitpunkt des Kaufs. Dieser Bereich umfaßt – zumindest nach der Anzahl der Posten – den weitaus größten Teil aller Geldbewegungen. Zur Rationalisierung dieser Zahlungen vor Ort wurde das *POS-Banking* geschaffen. Die Bezeichnung ist eine Abkürzung des englischen »Point of Sale« (›Ort des Verkaufs‹) und bedeutet ein bargeldloses elektronisches Zahlungssystem im Handel und in anderen Dienstleistungsbereichen.

Mit Hilfe der Einrichtungen des POS-Systems kann der Kunde an speziellen Kassen von Kaufhäusern, Supermärkten, Gaststätten, Tankstellen u. a. mit EC-Karte, Kreditkarte, Kundenkarte oder einer vergleichbaren Legitimation ohne Scheck oder Bargeld bezahlen. Dabei sind die Zahlungen bis zu einer gewissen Verfügungsgrenze von den Kreditinstituten autorisiert und garantiert.

Zur Zeit gibt es drei unterschiedliche Verfahren, nach denen der Kunde seinen Kauf bargeldlos bezahlen kann: das Electronic-cash-System, das POS ohne Zahlungsgarantie (POZ) und das Lastschriftverfahren.

Beim *Electronic cash* läuft der Zahlungsvorgang folgendermaßen ab:

- Das Kassenpersonal ermittelt den Kaufbetrag, der an der Kasse angezeigt wird.
- Der Kunde zieht seine Karte durch den Kartenleser.
- Der Kunde gibt seine persönliche Geheimzahl (PIN) in die Kundentastatur ein, bestätigt sie und identifiziert sich dadurch als rechtmäßigen Inhaber der Karte.
- Das System prüft und verarbeitet die Daten. Der Kunde bestätigt über die Tastatur den Kaufbetrag. Mit dem Hinweis im Display der Kundeneinheit »Zahlung erfolgt« akzeptiert das System dann den Vorgang.
- Der Kunde erhält einen Kassenbeleg mit allen wichtigen Daten über den Zahlungsvorgang.
- Die Transaktion wird vom Kreditinstitut auf dem Girokonto des Kunden belastet. Der Kontoauszug enthält alle Informationen über diesen Vorgang.
- Der Händler erhält eine Gutschrift aller Transaktionen des Tages.

Eine Variante des Electronic-cash-Verfahrens ist das *POS-System ohne Zahlungsgarantie (POZ-System)*. Es ist für den Händler kostengünstiger, da Kontrollen des Kreditinstituts fortfallen, und vorwiegend für kleine Beträge gedacht. Wegen der fehlenden Zahlungsgarantie von seiten des Kreditinstituts wird der Händler wohl vorwiegend bei Stammkunden auf dieses Verfahren zurückgreifen. Der Zahlungsvorgang läuft ganz ähnlich dem oben beschriebenen ab, nur daß der Kunde, anstatt seine Geheimzahl einzugeben, einen Beleg unterschreibt.

Neben diesen beiden Verfahren hat sich noch als drittes ein vereinfachtes, *unkonventionelles Lastschriftverfahren* entwickelt, bei dem der Händler die EC-Karte des Kunden als Informationsquelle für Kontodaten nutzt, jedoch keine Sperrabfrage tätigt und auch nicht den Umsatz autorisieren läßt.

Dem Electronic-cash-System in Deutschland entspricht europaweit das *Electronic debit card system (edc)*, mit dem jeder Inhaber einer EC-Karte bargeldlos an Europas Ladenkassen bezahlen kann. In Deutschland hat die GZS die Funktion einer internationalen Schnittstelle für grenzüberschreitende Transaktionen im Auftrag der deutschen Kreditwirtschaft übernommen. Das edc-Symbol befindet sich schon auf unseren EC-Karten.

Als Ergänzung zur Kreditkarte und zur Debitkarte wurde die *Pay-Card* geschaffen. Sie soll das Kleingeld im Portemonnaie oder besser gesagt, das ganze Portemonnaie entbehrlich machen. Diese »elektronische Geldbörse« ist eine mit einem Chip ausgerüstete Plastikkarte, mit der bargeldlos bezahlt werden kann. Sie soll vor allem Kleingeld ersetzen. Transaktionen werden schnell und problemlos an speziellen Händlerterminals oder Automaten abgewickelt, wobei ein Chip-Lesegerät den zu zahlenden Betrag von der Pay-Card des Kunden auf das Konto des Händlers überträgt. Im Gegensatz zur EC-Karte oder Bankkarte muß der Kunde bei einer Transaktion keine Geheimzahl eingeben und kann sich auch kleinste Beträge abbuchen lassen. Der Kunde kann die Karte bei seiner Bank oder einer anderen autorisierten Stelle aufladen lassen. Der Betrag wird dann von seinem Konto abgebucht oder er wird bar bezahlt. Es ist auch möglich, die EC-Karte mit einem Chip auszurüsten und sie damit als Pay-Card einzusetzen.

Die Preise für diese Dienstleistungen sind Bestandteil der Preispolitik des Kreditinstituts und können je nach Leistungsumfang abweichen. Preisbeispiele von 1999:

Jahresbeitrag	Hauptkarte	Partnerkarte
Eurocard	40 DM	–
Eurocard Gold	100 DM	–

Bargeld-Service (Stand: 1. 9. 1999)	
Verfügungen am Geldautomaten	2 % der Summe, mind. 10 DM
Verfügungen am Schalter	3 % der Summe, mind. 10 DM
Fremdwährungsumsätze	1 % des Umsatzes (Aufschlag auf Fremdwährungskurs)

Beim Electronic-cash-System entstehen nur dem Händler Kosten. Die Kosten pro Einkauf sind abhängig von der Anzahl der Transaktionen und dem durchschnittlichen Umsatzbetrag. Dazu kommen laufende Kosten für den Terminal inklusive Wartung, Übertragungskosten, Netzbetreibergebühren und die Autorisierungsgebühren. Diese betragen für jeden Kaufvertrag 0,3 % des Rechnungsbetrages, mindestens 0,15 DM.

Die beschriebenen Zahlkarten lassen sich nach dem Zeitpunkt der Bezahlung der Transaktion in drei Gruppen einteilen:

- »pay later«: Karten, bei denen erst nach der Transaktion das Konto belastet wird, wie beispielsweise bei Kreditkarten.
- »pay now«: Karten, bei denen sofort nach jeder Transaktion das Konto belastet wird, wie beispielsweise bei der EC-Karte, die als Debitkarte eingesetzt wird.
- »pay before«: Karte, die für einen bestimmten Geldbetrag gut ist, der beim Erwerb der Karte entweder bar bezahlt werden muß oder der vom Konto abgebucht

wird. »Nachladung« ist bei manchen Kartenarten möglich. Der in der Karte gespeicherte Geldbetrag wird bei jeder Transaktion entsprechend verringert. Beispiele sind etwa Telefonkarten und Kopierkarten.

Abb. 19 zeigt die Hinweiszeichen für Zahlkartendienste.

Selbstbedienung im Eurocheque-System (Geldautomaten und Kontoauszugdrucker)

Geldautomaten für ec-Karten

Eurocheque-Service im Ausland

Electronic-cash-Service

Akzeptanzstelle für Kreditkarten

Akzeptanzstelle für Kreditkarten

Abb. 19 Hinweiszeichen für Zahlkartendienste

4 Preise, Löhne, Kaufkraft in der Geschichte

Ein jeder hat wohl schon in einem Buch, das sich mit der Vergangenheit beschäftigt, Angaben gefunden wie: ›Sechs Eier kosteten dann und da einen Pfennig‹; oder: ›Ein Kalb gab es für 12 Albus, und ein Schneidergeselle verdiente am Tag 1½ Albus‹ (wie im Jahre 1440 in Zweibrücken). Solche Beispiele sollen eine Schilderung des Lebens in vergangenen Zeiten lebendig machen. Ohne eine Erläuterung des Geldwertes, der Kaufkraft des Geldes, können die Geldzahlen und -begriffe uns Heutigen nichts sagen.

Damit wir eine Vorstellung davon bekommen, wieviel Geld unsere Vorfahren nach heutigem Maßstab verdienten und was sie damit kaufen konnten, brauchen wir eine Rechenmethode, nach der wir zumindest angenähert den damaligen Geldwert mit dem der Gegenwart vergleichen können. Unumgänglich hierzu sind Preisangaben, die sich aus den zeitgenössischen Stadtrechnungen und Handelsbüchern entnehmen lassen. Eine exakte Umrechnung auf die heutige Kaufkraft zu finden ist aus den nachfolgend aufgeführten Gründen nicht möglich.

4.1 Methoden zur Ermittlung des Geldwerts

Unter »Geldwert« oder »Kaufkraft (des Geldes)« versteht man die für eine Geldeinheit käufliche Gütermenge. Mit anderen Worten: Geldwert ist Anzahl der Mengeneinheiten je Geldeinheit. Da bekanntlich der Preis als Anzahl der Geldeinheiten je Menge der Güter definiert ist und der Grundpreis die Anzahl der Geldeinheiten je Mengen*einheit* der Güter darstellt, ist der Geldwert oder die Kaufkraft der reziproke Grundpreis der der Berechnung zugrunde gelegten Güter.

In metallistischen Währungssystemen, wie sie bis zum Beginn des Ersten Weltkriegs weit verbreitet waren, existierte neben dem umlaufenden Münzgeld in der Regel noch das »Rechengeld«, das bei historischen Preisangaben oft eine Rolle spielt.

Rechengeld ist ein fiktives Geldsystem, dessen Werteinheiten in einem festen Verhältnis zueinander stehen, aber nicht als Münzen geprägt werden. Das Rechengeld diente als ein von den üblichen Münzverschlechterungen und dem häufigen Mangel an Großmünzen unabhängiges System zur Verrechnung von Handelsgeschäften. Noch zur Zeit der Inflation von 1918–23 wurden manche Preise in »Goldmark« angegeben, obwohl keine Goldmünzen mehr geprägt wurden. Ein Beispiel aus der Gegenwart ist das Verrechnungssystem der Europäischen Union, der Ecu (European Currency Unit), dessen Wert nach einem komplizierten System aus den Währungsparitäten der Mitgliedsländer ermittelt wird. Das Rechengeld erfüllt die Zähl- und Meßfunktion von den S. 11 f. aufgeführten Aufgaben des Geldes.

Ihren Ursprung haben die Rechengeldsysteme in der Zeit Karls des Großen. Das damalige Währungssystem schrieb vor: Aus einem Pfund Silber sind 240 Denare (Pfennige) zu prägen, 12 Denare ergeben einen Schilling und somit 20 Schilling ein Pfund (s. S. 63). Schilling und Pfund wurden nicht geprägt, es waren Rechnungsmünzen. Der geprägte Pfennig verlor ständig an Silbergehalt, so daß Gewichtseinheit und Zähleinheit nicht lange übereinstimmten. Trotzdem rechnete man weiterhin 240 Pfennig auf ein (Zähl-)Pfund. Als mit Zunahme der Geldwirtschaft Bedarf an größeren Münzen auftrat, wurde ein 12-Pfennig-Stück mit dem Namen »Groschen« geprägt.

Auch die Mark war neben einer Gewichtseinheit auch eine Rechnungsmünze, bis sie dann im Wendischen Münzverein in der ersten Hälfte des 16. Jahrhunderts tatsächlich als Münze geprägt wurde. Es gab aber auch den umgekehrten Weg, bei dem aus einer geprägten Münze eine Rechnungsmünze wurde. Ein Beispiel dafür ist der Meißner Gulden, der als Rechnungsmünze zu 21 Groschen bestehen blieb, obwohl er nach 1542 nicht mehr geprägt wurde.

Da die Kaufkraft ausdrückt, wieviel Ware oder Leistung man für eine Geldeinheit kaufen kann, muß erstens ein Wertmesser gesucht werden, der für die Zeit, in der die Kaufkraft untersucht werden soll, gleichbleibende Bedeutung hatte. Der Wert durfte durchaus schwanken. Dieser Wertmesser kann eine Einheit des Rechengeldes, eine geprägte Münze oder deren Edelmetalläquivalent sein. Zweitens muß die Ware oder Leistung ausgewählt werden, an der die Kaufkraft gemessen werden soll. Besser ist es, mehrere Waren und Leistungen zu einem »Warenkorb« zusammenzufassen. Drittens müssen Mengenangaben bei Preisen und Leistungen auf einheitliche Werte umgerechnet werden.

Unter Berücksichtigung dieser Punkte sind folgende Methoden von den Wirtschaftshistorikern angewandt worden:

- Die Reduktion auf den Metallgehalt der Münzen, eine vor allem in der älteren Literatur beschriebene Methode. Damit dient der Preis des Edelmetalls als Wertmesser. Dieser Wert ist keineswegs konstant und richtet sich nach Angebot und Nachfrage, nach Spekulation und nach währungspolitischen Manipulationen seitens des Staates. Der Gehalt an Gold und Silber jeweils gebräuchlicher Münzen ist noch weniger zum Vergleich geeignet, da zum unsicheren Wert der Edelmetalle noch die Veränderung in Schrot und Korn der Münzen kommt.

Diese Preisangabe in »Gramm Silber« ist nicht wirklichkeitsnah. Beispielsweise kann eine Ware im Preis von einem Gramm Silber auf zwei Gramm gestiegen sein, was einer Steigerung auf 200 % entsprechen würde. Der Silberwert wurde aber nach dem gesetzlichen Feingehalt der Taler oder Gulden berechnet, während die Bevölkerung mit den im Feingehalt wesentlich geringeren Kleinmünzen bezahlt und der in Geldeinheiten ausgedrückte Preis vielleicht den vierfachen Wert erreicht. Die Bezugsgröße »Gramm Silber« hat demnach nur einen ungenügenden, manchmal auch gar keinen Bezug zur Realität.

- Die Darstellung der Preise in der zeitgenössischen Währung des Bearbeiters. Ihr Ergebnis hängt von der Währung seines Heimatlandes und dem Zeitpunkt der jeweiligen »Gegenwart« ab. Für längere Zeiträume ist dieses Verfahren problematisch, weil die Währungssysteme sich geändert haben. Solche Umrechnungen lassen sich sinnvoll nur für solche Zeitspannen vornehmen, in denen ein und dasselbe Währungssystem gegolten hat. Außerdem hat der Leser noch die Schwierigkeit, die Preise aus der »Gegenwart« des Verfassers in seine »Gegenwart« umzurechnen.
- Die Benennung der Preise beispielsweise im Getreidewert. Das wird vor allem bei langen Reihen von Preisen praktiziert, die sich über Jahrhunderte erstrecken können. Damit schaltet man zwar den irritierenden monetären Einfluß aus, man ignoriert ihn aber auch. Solche »Indexziffern« der Preise, der Kaufkraft oder Lebenshaltungskosten spiegeln zu einem erheblichen Teil nur die spezifischen Schwankungen der Getreidepreise wider, die durch den Ausfall der Ernte und auch durch Vorratskäufe hervorgerufen sein konnten. Die Unsicherheit der Preisermittlung wird auch durch die außerordentliche Vielfalt der Hohlmaße und der Schwierigkeit, sie auf heutiges Maß umzurechnen, noch vergrö-

ßert. Dasselbe gilt in ähnlichem Maße für Preisreihen anderer Lebensmittel, beispielsweise für Rindfleischpreise.

- Der Arbeitslohn als Wertmesser des Geldes. Mit dem Lohn ist zugleich der Ausgabenrahmen zur Deckung der Bedürfnisse gegeben. Vor allem läßt sich mit dieser Methode der Lebensstandard der Lohnempfänger abschätzen. Man kann errechnen, wie lange ein Tagelöhner arbeiten mußte, um beispielsweise ein Pfund Rindfleisch bezahlen zu können. Auch in der Gegenwart sind solche anschaulichen Vergleiche beliebt, etwa mit der Arbeitsdauer für eine Schachtel Zigaretten. Nachteilig bei dieser Methode ist, daß zwei Größen miteinander verglichen werden, die sich zeitlich mit unterschiedlicher Tendenz verändern können. Für eine »Momentaufnahme« liefert dieses Verfahren anschauliche Vergleiche.

4.2 Methoden des Preisvergleichs, Indexzahlen

Um eine Vielzahl einzelner Preise oder Mengen, die sich auch noch über eine längere Zeit erstrecken können (Zeitreihen), übersichtlich darzustellen, sind *Indexzahlen* gebräuchlich. Gablers Volkswirtschaftslexikon definiert sie so:

Indexzahl, »Kenngröße zur globalen Charakterisierung einer Vielzahl von einzelnen Preis- bzw. Mengen- bzw. Umsatzentwicklungen (Preis-Indexzahl, Mengen-Indexzahl, Umsatz-Indexzahl). Eine Indexzahl wird als gewogenes arithmetisches Mittel von Meßzahlen mit derselben Basis- und Berichtsperiode ermittelt.«

Und die *Meßzahl*: »In der Statistik eine Verhältniszahl, bei der Zähler- und Nennergröße gleichartig und gleichgeordnet sind. Eine Meßzahl liegt insbesondere vor, wenn sich Zähler- und Nennergröße nur durch verschiedene Zeitbezüge unterscheiden, beispielsweise:

$$\frac{\text{Preis am 2.1.1986}}{\text{Preis am 2.1.1985}} \quad \text{(Preismeßzahl)}$$

$$\frac{\text{Umsatz 1986}}{\text{Umsatz 1985}} \quad \text{(Umsatzmeßzahl)}$$

Meßzahlen sind eine der Grundlagen von Indexzahlen.«

Wir beschäftigen uns zuerst mit dem *Preisindex*, der uns helfen soll, die Preisentwicklung im Laufe der Geschichte zu verfolgen.

Zur Ermittlung eines Preisindex geht man von Preisen einzelner Güter und Dienstleistungen aus und ermittelt das *Preisverhältnis*, d. h. den Quotienten aus dem heutigen neuen Preis und dem gestrigen alten Preis. Kostet beispielsweise ein Liter Benzin heute, am 1. April, DM 1,56 und kostete er am 1. April des Vorjahres DM 1,50, so ist das

$$\text{Preisverhältnis} = \frac{\text{Neuer Preis}}{\text{Alter Preis}} = \frac{1{,}56}{1{,}50} = 1{,}04$$

d. h. der Preis ist zum Berichtszeitpunkt gegenüber dem Vorjahr, dem Basiszeitpunkt, um 4% gestiegen.

Das Verfahren läßt sich für jedes Jahr fortsetzen, so daß man eine Zeitreihe der Benzinpreise bekommt. Ebenso lassen sich für andere Güter und Dienstleistungen entsprechende Preisreihen ermitteln. Möchte man jedoch den allgemeinen Preisverlauf erfahren, muß man aus mehreren Preisreihen den Mittelwert bilden. Das einfache arithmetische Mittel gibt aber nur dann ein getreues Abbild der Preisentwicklung, wenn alle berücksichtigten Güter von gleicher Bedeutung sind und in derselben Menge verbraucht werden. Da das in der Praxis kaum vorkommt, müssen die Einzelpreise, ihrer Bedeutung entsprechend, gewichtet werden. Solch ein mit Kosten- oder Verbrauchsanteilen gewogener Mittelwert ist ein *Index*. Werden Preisverhältnisse gewogen, handelt es sich um einen *Preisindex*. Der bekannteste Index ist der *Preisindex der Lebenshaltung*. Er ist definiert als Meßgröße für die durchschnittliche Entwicklung der Verbraucherpreise bei Gütern der Lebenshaltung privater Haushalte. Er drückt in Verbindung mit Lohn- und Einkommensindizes aus, wie sich die Kaufkraft der privaten Haushalte und damit der Lebensstandard der Bevölkerung verändert hat.

Bei der Ermittlung des Preisindex der Lebenshaltung wird ein bestimmtes Verbrauchsschema, der sogenannte *Warenkorb*, zugrunde gelegt, der einzelne Waren nach Art, Qualität und Menge festlegt, sowie beanspruchte Dienstleistungen (z. B. Friseur) und Nutzungen (z. B. Miete) umfaßt. Dieser Warenkorb wird in der Regel alle fünf Jahre neu berechnet. In der Zwischenzeit werden regelmäßig die Preise ermittelt. Nach der Methode des Volkswirtschaftlers Etienne Laspeyres (1834–1913) werden die Verbrauchsmengen im Berichtszeitraum als unverändert angesehen; dagegen werden nach dem Verfahren von Hermann Paasche – Volkswirtschaftler und Politiker (1851–1913) – nicht nur die Preise, sondern auch die Mengen des Berichtszeitraums regelmäßig ermittelt. Diese Methode ist also wesentlich aufwendiger, weshalb sie nur gelegentlich zur Kontrolle angewandt wird.

Der Warenkorb kann nur einen Durchschnittswert repräsentieren, da die Verbrauchsgewohnheiten von Haushalt zu Haushalt naturgemäß verschieden sind, sich allerdings innerhalb einzelner Gesellschaftsschichten stark ähneln. Infolgedessen ermittelt das für statistische Erhebungen zuständige Statistische Bundesamt Preisindizes für vier Haushaltstypen, denen jeweils ein besonderer Warenkorb zugeordnet ist, der nach Warenart, Warenmenge und Dienstleistungen entsprechend differenziert ist.

Folgende Preisindizes für die Lebenshaltung privater Haushalte werden zur Zeit für das Basisjahr 1985 ermittelt (Zahlen in Klammern beziehen sich auf das Basisjahr 1980):

- Preisindex der Lebenshaltung aller privaten Haushalte. Er soll die allgemeine Entwicklung der Verbraucherpreise repräsentieren. Zugrunde liegt der Warenkorb eines angenommenen Durchschnittshaushalts mit 2,3 Haushaltsmitgliedern, die Verbrauchsausgaben von 3105 DM (2665 DM) im Monatsdurchschnitt 1985 haben. Der Warenkorb umfaßt 751 (753) Waren und Dienstleistungen.
- Haushalte von Beamten und Angestellten mit höherem Einkommen. Zugrunde liegt ein Warenkorb konkreter städtischer Haushalte von Beamten und Angestellten mit 2 Erwachsenen und 2 Kindern (mindestens eines unter 15 Jahren), deren Haushaltsvorstand nicht Alleinverdiener sein muß. Die monatlichen Verbrauchsausgaben betragen 4964 DM (4148 DM). Der Warenkorb umfaßt rund 770 Positionen.
- Haushalte von Arbeitern und Angestellten mit mittlerem Einkommen. Da dieser Haushaltstyp mit ähnlichen Reihen auch aus der Vorkriegszeit verknüpft wurde, liegen durchgehende Reihen bis zum Jahr 1918/19 vor. Zugrunde liegt ein Warenkorb konkreter städtischer Haushalte, in denen lediglich der Haushaltungsvorstand Einkommen als Arbeitnehmer bezieht und die aus 2 Erwachsenen und 2 Kindern (mindestens eines unter 15 Jahren) bestehen. Die durchschnittlichen Verbrauchsausgaben betragen 3044 DM (2575 DM). Der Warenkorb umfaßt rund 760 Positionen.
- Haushalte von Rentnern und Sozialhilfeempfängern mit geringem Einkommen. Zugrunde liegt ein Warenkorb konkreter Haushalte mit 2 älteren Erwachsenen, von denen lediglich der Haushaltungsvorstand Rente o. ä. bezieht. Die durchschnittlichen Verbrauchsausgaben betragen 1526 DM (1192 DM).

Tab. 24 Preisindex für die Lebenshaltung. Zusammensetzung des Warenkorbes – Gewichtung – für das Basisjahr 1985 (früheres Bundesgebiet)

Werte in Tausendteilen

Bestandteil	1)	2)	3)	4)
Nahrungsmittel, Getränke, Tabakwaren	229,89	201,81	259,51	304,19
Bekleidung, Schuhe	69,47	79,93	76,97	52,42
Wohnungsmieten, Energie, ohne Kraftstoffe	250,29	222,45	253,22	337,48
Möbel, Haushaltsgeräte und andere Güter für die Haushaltsführung	72,21	62,05	64,01	62,44
Güter für die Gesundheits- und Körperpflege	40,99	55,91	29,41	48,41
Güter für Verkehr und Nachrichtenübermittlung	144,03	144,87	139,30	85,45
Güter für Bildung, Unterhaltung, Freizeit (ohne Gaststättenbesuch)	83,71	97,27	94,07	57,42
Güter für die persönliche Ausstattung, Dienstleistungen des Beherbergungsgewerbes	109,41	131,71	81,48	52,18

1) Alle privaten Haushalte; Lebenshaltungsausgaben von monatlich rund 3 105 DM nach den Verbrauchsverhältnissen von 1985

2) 4-Personen-Haushalte von Beamten und Angestellten mit höherem Einkommen; Lebenshaltungsausgaben von monatlich rund 4 964 DM im Jahre 1985

3) 4-Personen-Haushalte von Arbeitern und Angestellten mit mittlerem Einkommen; Lebenshaltungsausgaben von monatlich rund 3 044 DM im Jahre 1985

4) 2-Personen-Haushalte von Rentnern und Sozialhilfeempfängern mit geringem Einkommen; Lebenshaltungsausgaben von monatlich rund 1 526 DM im Jahre 1985

Tab. 24 zeigt die Zusammensetzung des Warenkorbs für die oben beschriebenen Haushaltstypen, und Tab. 25 bringt für ebendiese Haushaltstypen den Preisindex für die Lebenshaltung von 1985 bis 1997.

Wir erläutern noch einmal zusammenfassend die Fachausdrücke der Beschreibenden (Deskriptiven) Statistik, soweit sie bei unseren historischen Preis- und Kaufkraftbetrachtungen eine Rolle spielen.

- Eine *Verhältniszahl* V ist das Zahlenverhältnis zweier statistischer Größen x und y: V = x/y.
- Eine *Meßzahl* ist das Verhältnis zweier sachlich gleichartiger Größen x und y mit unterschiedlichem Orts- und Zeitbezug, die einander nicht enthalten.
- Eine *Meßzahlenreihe* ist eine meist zeitlich aufeinanderfolgende Reihe von Meßzahlen.
- Eine *Indexzahl* ist ein gewogener arithmetischer Mittelwert einer Menge sachlich zusammengehöriger Meßzahlen. Ein *Preisindex* ist eine Indexzahl, die die Preisentwicklung eines Aggregates von Gütern und Dienstleistungen mißt.
- Der *Preisindex nach Laspeyres* ist das gewogene Mittel eines mit den Ausgabenanteilen in der Basisperiode gewichteten Aggregates von Preismeßzahlen. Der *Preisindex nach Paasche* ist das gewogene Mittel eines mit den Ausgabenanteilen in der Beobachtungsperiode gewichteten Aggregates von Preismeßzahlen.
- Eine *Indexreihe* ist eine Folge von Indexzahlen, die meist zeitlich geordnet sind.
- Die Vergleichbarkeit zweier Meßzahlen- oder Indexzeitreihen mit unterschiedlichen Basiszeiträumen wird durch *Umbasieren* erreicht.
- *Verketten* bedeutet, eine Zeitreihe von Indexwerten mit periodisch wechselnder Basis auf eine Zeitreihe mit einheitlicher Basis umzustellen.

Tab. 25 Preisindex für die Lebenshaltung von 1986 bis 1994 (1985 = 100)

Jahr	(1)	(2)	(3)	(4)	(5)	(6)	(7)	(8)	(9)
1)									
1986	99,9	100,6	101,8	97,9	101,1	101,4	96,4	100,9	103,6
1987	100,1	100,1	103,2	96,7	102,2	103,2	97,4	101,6	106,0
1988	101,4	100,3	104,5	97,7	103,3	104,7	98,9	102,7	110,0
1989	104,2	102,6	106,0	101,1	104,9	108,6	103,3	103,8	123,1
1990	107,0	105,6	107,5	104,7	107,1	110,3	106,1	106,1	115,3
1991	110,7	108,6	110,1	109,2	110,5	113,8	112,1	108,1	118,0
1992	115,1	112,1	113,3	113,9	114,4	117,9	117,1	112,7	124,2
1993	119,9	114,4	116,4	119,5	118,0	122,4	121,7	115,9	130,2
1994	123,5	116,3	118,0	123,8	120,4	126,7	125,6	118,1	143,2
1995	124,7	117,8	117,4	127,7	122,1	127,1	126,7	119,3	147,1
1996	126,5	118,9	118,4	130,2	123,2	129,8	129,0	120,3	147,8
1997	128,7	120,6	119,0	133,6	124,0	133,8	130,0	123,0	150,9
2)									
1986	100,1	100,5	102,0	98,5	101,2	101,5	96,3	101,1	103,6
1987	100,6	100,1	103,3	97,4	102,3	102,9	97,4	102,0	106,0
1988	102,1	100,3	104,6	98,6	103,3	104,7	98,9	103,2	110,7
1989	104,9	102,4	106,1	102,0	104,0	107,7	103,6	104,6	113,7

Tab. 25 (Fortsetzung: Erläuterungen)

1) Alle privaten Haushalte
   Lebenshaltungsausgaben von monatlich rund 3105 DM nach den Verbrauchsverhältnissen von 1985
2) 4-Personen-Haushalte von Beamten und Angestellten mit höherem Einkommen
   Lebenshaltungsausgaben von monatlich rund 4964 DM im Jahre 1985
3) 4-Personen-Haushalte von Arbeitern und Angestellten mit mittlerem Einkommen
   Lebenshaltungsausgaben von monatlich rund 3044 DM im Jahre 1985
4) 2-Personen-Haushalte von Rentnern und Sozialhilfeempfängern mit geringem Einkommen
   Lebenshaltungsausgaben von monatlich rund 1526 DM im Jahre 1985

(1) Lebenshaltung insgesamt
(2) Nahrungsmittel, Getränke, Tabakwaren
(3) Bekleidung, Schuhe
(4) Wohnungsmieten, Energie (ohne Kraftstoffe)
(5) Möbel, Haushaltsgeräte und andere Güter für die Haushaltsführung
(6) Güter für die Gesundheits- und Körperpflege
(7) Güter für Verkehr und Nachrichtenübermittlung
(8) Güter für Bildung, Unterhaltung, Freizeit (ohne Gaststättenbesuch)
(9) Güter für die persönliche Ausstattung, Dienstleistungen des Beherbergungsgewerbes

Tab. 25 (Fortsetzung)

Jahr	(1)	(2)	(3)	(4)	(5)	(6)	(7)	(8)	(9)
zu 2)									
1990	107,6	105,4	107,6	105,7	107,1	109,1	106,5	106,5	116,2
1991	111,3	108,4	110,3	110,4	110,2	111,7	112,6	108,7	118,9
1992	115,8	111,8	113,5	115,3	113,7	115,0	118,0	112,5	125,6
1993	120,7	113,8	116,6	121,2	117,2	117,6	122,8	115,9	137,2
1994	124,5	115,7	118,2	125,9	119,4	119,8	127,0	118,5	145,8
1995	125,6	117,2	119,4	129,4	121,2	123,7	128,2	120,5	149,4
1996	127,5	118,3	120,3	132,4	122,4	125,4	130,7	121,2	151,2
1997	130,0	119,9	120,9	135,8	123,2	127,6	131,6	123,8	154,5
3)									
1986	99,8	100,5	102,1	98,8	101,1	101,2	94,9	100,9	104,4
1987	99,5	99,9	103,4	97,4	102,2	102,4	95,5	101,6	107,0
1988	101,0	100,0	104,7	98,6	103,2	103,2	96,7	102,8	110,6
1989	103,9	102,3	106,1	102,0	104,7	108,9	101,9	104,0	114,1
1990	106,7	105,4	107,7	105,6	109,9	110,7	104,7	106,1	116,3
1991	110,5	108,2	110,5	110,2	110,0	113,6	111,0	108,3	119,8
1992	114,9	111,8	113,6	115,2	113,6	117,5	116,2	112,7	125,8
1993	119,3	114,0	116,8	121,1	117,0	124,7	120,6	116,4	133,8

Tab. 25 (Fortsetzung)

Jahr	(1)	(2)	(3)	(4)	(5)	(6)	(7)	(8)	(9)
zu 3)									
1994	122,8	115,8	118,4	125,8	119,0	131,9	125,2	119,2	140,3
1995	125,0	117,2	119,6	129,3	120,7	133,5	126,3	121,0	143,7
1996	126,7	118,3	120,6	132,3	121,7	135,2	128,7	122,4	143,9
1997	129,1	120,0	121,3	135,9	122,2	146,7	129,6	125,1	146,2
4)									
1986	100,3	100,3	101,9	99,6	101,4	101,3	97,4	101,6	101,7
1987	100,0	99,3	103,2	97,9	102,7	103,6	98,1	102,9	107,2
1988	101,0	99,2	104,6	99,2	104,0	104,9	99,4	104,6	111,2
1989	104,0	101,5	106,2	102,6	105,8	113,4	103,1	105,7	114,9
1990	107,0	104,6	107,8	106,1	108,3	115,3	105,2	109,2	117,6
1991	110,8	107,7	110,5	110,6	111,7	118,9	110,3	111,5	122,1
1992	115,2	110,7	113,9	115,8	116,0	122,9	114,8	118,2	128,0
1993	119,5	112,1	117,3	121,8	119,4	132,4	119,2	121,4	136,1
1994	123,3	114,2	118,9	126,6	122,6	142,9	123,5	123,5	141,2
1995	125,9	115,9	120,0	130,5	124,2	144,9	124,9	125,2	144,5
1996	127,5	116,9	121,0	133,1	125,3	146,8	124,8	126,4	144,9
1997	131,0	118,7	121,7	137,0	126,0	171,2	126,0	131,1	147,3

Tab. 26 Preisindex für die Lebenshaltung auf dem Gebiet der heutigen Bundesrepublik Deutschland seit 1913 (Daten des Statistischen Bundesamtes)

Jahr	Preisindex für die Lebenshaltung im Bundesgebiet[1]					Jahr	Preisindex für die Lebenshaltung im Bundesgebiet[1]				
	1913/14	1976	1980	1985	1991		1913/14	1976	1980	1985	1991
	jeweils ≙ 100						jeweils ≙ 100				
1913/14 D	100	23,5	20,3	16,8	15,2	1956 D	222,1	52,1	44,9	37,2	33,6
1915 D	135	31,8	27,4	22,8	20,5	1957 D	225,5	53,2	45,9	38,0	34,3
1916 D	180	42,4	36,6	30,3	27,4	1958 D	230,4	54,3	46,8	38,8	35,0
1917 D	225	53,0	45,7	37,9	34,2	1959 D	232,6	54,8	47,3	39,1	35,3
1918 D	310	73,0	63,0	52,2	47,1	1960 D	236,0	55,6	48,0	39,7	35,9
1919 D	490	115,4	99,6	82,6	74,5	1961 D	241,5	56,9	49,1	40,7	36,7
1920 D	1044	245,8	212,2	175,9	158,7	1962 D	248,6	58,6	50,5	41,8	37,8
1921 D	1337	314,8	271,8	225,3	203,3	1963 D	256,2	60,3	52,1	43,1	38,9
1922 D	.	.	.	.	.	1964 D	262,1	61,8	53,3	44,1	39,8
1923 D	.	.	.	.	.	1965 D	271,0	63,8	55,1	45,6	41,2
1924 D	130,8	30,8	26,6	22,0	19,9	1966 D	280,5	66,1	57,0	47,2	42,6
1925 D	141,8	33,5	28,9	23,9	21,6	1967 D	284,5	67,0	57,8	47,9	43,3
1926 D	142,1	33,5	28,9	23,9	21,6	1968 D	288,3	67,9	58,6	48,5	43,8
1927 D	147,9	34,8	30,1	24,9	22,5	1969 D	294,1	69,3	59,8	49,5	44,7
1928 D	151,7	35,8	30,8	25,6	23,1	1970 D	303,5	71,5	61,7	51,1	46,2
1929 D	154,0	36,3	31,3	25,9	23,4	1971 D	319,0	75,2	64,8	53,7	48,5

Tab. 26 (Fortsetzung)

Jahr	Preisindex für die Lebenshaltung im Bundesgebiet[1)]					Jahr	Preisindex für die Lebenshaltung im Bundesgebiet[1)]				
	1913/14	1976	1980	1985	1991		1913/14	1976	1980	1985	1991
	jeweils ≙ 100						jeweils ≙ 100				
1930 D	148,1	34,9	30,1	25,0	22,5	1972 D	336,0	79,2	68,3	56,6	51,1
1931 D	136,1	32,1	27,7	22,9	20,7	1973 D	358,8	84,6	72,9	60,4	54,5
1932 D	120,6	28,4	24,5	20,3	18,3	1974 D	383,2	90,3	77,9	64,5	58,3
1933 D	118,0	27,8	24,0	19,9	17,9	1975 D	406,6	95,8	82,6	68,4	61,8
1934 D	121,1	28,5	24,6	20,4	18,4	1976 D	424,4	100	86,3	71,5	64,6
1935 D	123,0	29,0	25,0	20,7	18,7	1977 D	439,3	103,5	89,3	73,9	66,8
1936 D	124,5	29,3	25,3	21,0	18,9	1978 D	450,4	106,1	91,6	75,8	68,5
1937 D	125,1	29,5	25,4	21,1	19,0	1979 D	467,5	110,2	95,0	78,7	71,1
1938 D	125,6	29,6	25,5	21,1	19,1	1980 D	492,0	115,9	100	82,8	74,8
1939 D	126,2	29,8	25,7	21,3	19,2	1981 D	523,1	123,3	106,3	88,1	79,5
1940 D	130,1	30,7	26,5	21,9	19,8	1982 D	550,8	129,8	112,0	92,7	83,8
1941 D	133,2	31,4	27,1	22,5	20,3	1983 D	568,9	134,0	115,6	95,8	86,5
1942 D	136,6	32,2	27,8	23,0	20,8	1984 D	582,3	137,2	118,4	98,0	88,5
1943 D	138,5	32,6	28,1	23,3	21,1	1985 D	594,0	140,0	120,7	100	90,3
1944 D	141,4	33,3	28,8	23,8	21,5	1986 D	593,0	139,7	120,5	99,8	90,2
1945 D	145,0	34,5	29,8	24,4	22,0	1987 D	593,5	139,8	120,6	99,9	90,2
1946 D	158,0	37,7	32,5	26,6	24,0	1988 D	600,0	141,4	122,0	101,0	91,2

Tab. 26 (Fortsetzung)

Jahr	Preisindex für die Lebenshaltung im Bundesgebiet[1]					Jahr	Preisindex für die Lebenshaltung im Bundesgebiet[1]				
	1913/14	1976	1980	1985	1991		1913/14	1976	1980	1985	1991
	jeweils ≙ 100						jeweils ≙ 100				
1947 D	169,0	40,3	34,8	28,4	25,7	1989 D	617,3	145,5	125,5	103,9	93,8
1948 D[2]	211,4	49,8	43,0	35,6	32,2	1990 D	634,0	149,4	128,9	106,7	96,4
1949 D	208,9	49,2	42,5	35,2	31,8	1991 D	657,8	155,0	133,7	110,7	100
1950 D	195,7	46,2	39,8	33,0	29,8	1992 D	684,8	161,4	139,2	115,3	104,1
1951 D	211,0	49,7	42,9	35,5	32,1	1993 D	710,1	167,3	144,3	119,5	108,0
1952 D	215,4	50,8	43,8	36,3	32,8	1994 D	729,9	172,0	148,3	122,8	111,0
1953 D	211,5	49,9	43,0	35,6	32,2	1995 D	742,7	175,0	150,9	125,0	112,9
1954 D	211,9	50,0	43,1	35,7	32,3	1996 D	752,6	177,1	152,9	126,7	114,4
1955 D	215,4	50,8	43,8	36,3	32,7	1997 D	763,2	179,6	155,1	128,5	116,6

[1] Die langfristige Indexreihe wurde durch Verkettung von Preisindizes mit unterschiedlichen Berechnungsmethoden erstellt. Die Berechnungsgrundlagen sind im einzelnen: Von 1913 bis 1921 Reichsindexziffer für die Lebenshaltungskosten, alte Berechnung; 1922/23 Berechnung eingestellt; 1924 bis 1944 Reichsindexziffer für die Lebenshaltung einer fünfköpfigen Arbeiterfamilie im Reichsgebiet (jeweiliger Gebietsstand); ab 1945 Preisindex für die Lebenshaltung von 4-Personen-Haushalten von Arbeitern und Angestellten mit mittlerem Einkommen im früheren Bundesgebiet (vor 1962 ohne Berlin-West, vor 1960 auch ohne Saarland)

[2] Durchschnitt 2. Halbjahr

- Unter *Verknüpfen* versteht man die Herstellung einer einzigen langen Zeitreihe aus zwei sich zeitlich überlappenden Indexreihen mit unterschiedlichen Basisjahren. Beim Verketten und Verknüpfen erhält man lediglich Näherungswerte für die unbekannte »wahre« Indexzahl. Wegen der sonstigen Unsicherheiten, beispielsweise bei der Datenerhebung, kann man diese Ungenauigkeiten vernachlässigen.
- Der *Warenkorb* ist eine Zusammenstellung von Gütermengen, die für das Verbraucherverhalten privater Haushalte repräsentativ sind. Die Ausgaben für Sachgüter und Dienstleistungen bilden entsprechend ihrem Anteil an den Gesamtausgaben das Gewichtungsschema für den Preisindex der Lebenshaltung.

4.3 Geschichte der Preise und Löhne

4.3.1 Frühes Mittelalter

Nach dem Ende des Weströmischen Reichs und der Konsolidierung der Nachfolgestaaten war die Naturalwirtschaft wieder vorherrschend. Wie S. 66 erwähnt, war der Geldbedarf gering. Vorwiegend im Fernhandel wurden Münzen benötigt. Es war die Zeit der Pfennige oder Denare.

Für die Zeit von 300 bis 1200 liegen kaum Angaben über Preise und Löhne vor, denn Zahlungen und Schuldverpflichtungen wurden vielfach in Münze oder Ware vereinbart. Als Tauschgut waren Getreide, Pferde, Ochsen, Tuch, Wein und nach Gewicht bewertete Münzen gebräuchlich. Der Gebrauch von Münzen war wegen der weitgehenden Selbstversorgung der Dorfgemeinschaften sehr gering, da kaum eine Arbeitsteilung bestand. Auch die Abgaben der dem Feudalherren hörigen Bauern wurden in Ernteerträgen und Frondienstleistungen abgegolten.

Erst in der zweiten Hälfte des 10. Jahrhunderts drang in Europa die Geldwirtschaft allmählich wieder vor. Es war dies eine Folge der Stadtentwicklung. Die alten, teilweise verlassenen Römerstädte wurden wieder vollständig besiedelt und zahlreiche neue Städte gegründet. In den Städten herrschte Arbeitsteilung, so daß für den Güteraustausch Geld nötig war. Außerdem nahm die ländliche Produktivität zu, so daß mehr Nahrungsmittel erzeugt wurden, als zum unmittelbaren Lebensunterhalt notwendig waren. Diese Überschußwirtschaft ließ ländliche Märkte entstehen, auf denen der Kleinhandel gegen Geld blühte.

Aus dieser Zeit sind Rechnungen der Stadtverwaltungen überliefert, bei denen auffällt, daß bei der Entlohnung vornehmlich Bauhandwerker und deren Handlanger aufgeführt sind. Der Grund ist der, daß die anderen Handwerker ihren Lebensunterhalt mit dem Verkauf der hergestellten Waren verdienten und nicht nach Tage- oder Wochenlohn arbeiteten. In der folgenden Tabelle sind einige Angaben über die Entlohnung der Bauhandwerker aufgeführt. Zahlenangaben liegen zwar erst für die Jahre nach 1300 vor, die Entlohnung für die Zeit davor dürfte wegen der Konstanz der Pfennigwährung aber kaum anders gewesen sein. Maurer waren die »Ecklöhner« des Mittelalters.

Tab. 27 Tagelohn in Bamberg im Jahre 1328 für Zimmerleute, Steinmetzen, Dachdecker und Maurer

Meister	im Sommer 22 Heller	im Winter 18 Heller
Geselle	im Sommer 16 Heller	im Winter 14 Heller
Handlanger	im Sommer 10 Heller	im Winter 8 Heller

Dazu konnte der Bauherr nach seinem Belieben am Sonnabend dem Meister 2 und den anderen 1 Heller Badegeld zahlen (1 Pfennig = ca. 2–3 Heller).

Die Schwierigkeit bei der Auswertung mittelalterlicher Angaben über Löhne liegt darin, daß sie einmal für den Tag, ein andermal für ein Halbjahr, ein drittes Mal für ein ganzes Jahr angegeben werden. Sommer- und Winterlohn waren wegen der unterschiedlichen Tageslänge nicht immer gleich, so daß der doppelte Halbjahreslohn nicht ohne weiteres das Jahresentgelt bedeutet. Sodann wird nicht immer gesagt, ob nur der bare Lohn gemeint ist oder ob in der Summe auch das Kleider- und Schuhgeld und sonstige Vergünstigungen enthalten sind.

Die Zahlen über Löhne werden erst dadurch anschaulich, daß man ihnen die der Preise gegenüberstellt. Tab. 28 führt einige Preise aus der Zeit der Karolinger (750–1055) an. Die Angaben sind recht spärlich, es herrschte ja noch weitgehend Naturalwirtschaft.

Tab. 28 Preise der Karolingerzeit

1 Huhn	½ Pfennig	
1 Pfund Wachs	1 Pfennig	
30 Pfund Roggenbrot	1 Pfennig	
1 Pflugschar	4 Pfennig	
1 einjähriges Rind	12 Pfennig	= 1 Schilling
1 fetter Ochse	60 Pfennig	= 5 Schilling
1 Stück Leinenzeug	120 Pfennig	= 10 Schilling
1 Pferd	156 Pfennig	= 13 Schilling

4.3.2 Hohes und spätes Mittelalter

Erst für die Zeit nach dem Jahre 1200 liegen zahlreichere Angaben über Einkommen und Preise vor. Mit die ältesten Zahlen stammen aus Schleswig-Holstein und wurden von Emil Waschinski zusammengetragen und veröffentlicht. Er gliedert die Zeit von 1226 bis 1545 in drei große münzgeschichtliche Abschnitte und bildet für jeden dieser Abschnitte Durchschnittspreise. Sie lassen die Preisentwicklung für die genannten Zeitabschnitte in großen Zügen erkennen: Von der ersten bis zur dritten Periode ergibt sich eine Steigerung der nominalen Preise auf mehr als das Dreifache (s. Tab. 29).

Einkommen

Aus der Zeit von der Mitte des 14. Jahrhunderts an sind zahlreiche Belege über das Einkommen vor allem der städtischen Bevölkerung überliefert. Davon sind jedoch nur Tagelohnsätze zahlreich und gut belegt. Einkommen aus nicht tageweise bezahlter Tätigkeit sind nur spärlich in den Quellen nachgewiesen. Die aufgeführten Jahresgehälter städtischer Bediensteter sind nur Ehrensold oder Zuschuß zu den Haupteinnahmen, die entweder aus einem Vermögen oder den Amtsgebühren stammen. Als Anhaltspunkte für die Höhe spätmittelalterlicher Jahreseinkommen sind also nur Gehaltszahlungen verwendbar, bei denen die regelmäßigen Bezüge sehr gegenüber den Nebeneinnahmen überwiegen und sie sich auch klar abgrenzen lassen.

Tab. 29 Durchschnittspreise in Schleswig-Holstein von 1226 bis 1545

Waren	Menge	Geld-einheit	1226 bis um 1375	um 1376 bis 1450	1451 bis 1545
Weizen	rd. 110 kg	Schilling	.	6,5	12
Roggen	rd. 100 kg	Schilling	3	6	15
Gerste	rd. 100 kg	Schilling	3,5	8	13
Hafer	rd. 100 kg	Schilling	2,5	4	9
Wirtschafts-pferde	1	Mark lübisch	4,75	8	8
Ochsen	rd. 300 kg[1]	Mark lübisch	2,5	4	4,5
Kühe	1	Schilling	13	22	41
Schweine	rd. 31 kg[1]	Schilling	5	15	19
Schafe	rd. 30 kg[1]	Schilling	4,5	4	8
Lämmer	rd. 18 kg[1]	Schilling	.	4	4,5
Gänse	rd. 4,5 kg	Pfennig	.	12	20
Hühner	rd. 1,3 kg	Pfennig	5	5	6
Eier	20 Stück	Pfennig	1,3	1,5	5
Butter	470 g	Pfennig	2	4	8
Schuhe	1 Paar	Schilling	.	3	4,5
Stiefel	1 Paar	Schilling	.	11	15

[1] Lebendgewicht

Feste Einkommen aus Klerikerpfründen

Als Beispiel werden im folgenden die Bezüge von Geistlichen aus Pfründen aufgeführt. (Es werden nur solche Einkünfte der Geistlichkeit berücksichtigt, die ganz oder überwiegend aus Bargeld bestanden und ausreichten, die Angehörigen eines angesehenen Standes angemessen zu versorgen.) Die Zahlen entstammen der *Reformatio Sigismundi*, einer politischen Reformschrift, die um 1439, also nach dem Tode Kaiser Sigismunds, entstanden sein dürfte.

In dieser sozialrevolutionären Kampfschrift wird u. a. gefordert, die Klöster »abzutun«, wenn sie sich einer Reform wiedersetzten, und den Geistlichen allen weltlichen Besitz zu nehmen. Statt dessen sollten sie nach den Sätzen der folgenden Tabelle alimentiert werden.

Tab. 30 Bezüge von Geistlichen aus Pfründen (etwa 1439)

Priester, die eine Pfarrkirche versehen	80 fl
Domherren »in ecclesia kathedrali«	80 fl
Domherren »in ecclesia collegiata«	60 fl
Benediktiner- und Zisterziensermönche + 5,5 fl für Kleidung	40 fl
Äbte von Benediktiner- und Zisterzienserklöstern	80 fl
Nonnen in Klöstern, die nicht Bettelorden sind	30 fl
Äbtissinnen in derartigen Klöstern	50 fl

Diese Einkünfte sollten ein »ordentlich Leben« gewährleisten. Es war darunter ein bürgerlicher Lebensstandard zu verstehen. Die 60 und 80 fl eines Pfarrherrn könnten danach als Mitte des 15. Jahrhunderts übliche Einkünfte eines Mehrpersonenhaushalts gewertet werden, der vielleicht einem gutbürgerlichen städtischen Privathaushalt vergleichbar ist. Auf jeden Fall geben die Besoldungsvorschläge der *Reformatio*, wonach jährliche Bezüge um 30 fl als ausreichend, Bezüge um 60 fl als reichlich zu betrachten sind, Anhaltspunkte für die Beurteilung anderweitig nachweisbarer Pfründeneinkünfte.

Gehälter für beamtenähnlichen Dienst

Im Mittelalter herrschte die Auffassung, daß die leitenden Stellen der Stadtverwaltung Ehrenämter seien. Bürgermeister, Kämmerer, Steuerverwalter, Stadthauptleute, Söldnermeister, Bau- und Ziegelmeister, Buß- und Bettelmeister bekleideten Ehrenämter und erhielten keine Bezahlung oder höchstens einen bescheidenen Ehrensold.

Die städtische Beamtenschaft hieß »der Stadt Amtleute«, »der Stadt Diener«, die niederen Bediensteten auch »Knechte«. Wer die Dienste der Amtleute in Anspruch nahm, mußte dafür bezahlen. Dieser die städtische Selbstverwaltung des Mittelalters bestimmende Grundsatz – jedes Amt muß sich selbst ernähren – erweist, daß die Beamtenschaft der Stadt mehr einbrachte, als sie kostete.

Als Beispiel für dieses Prinzip ein Fall aus Nürnberg. Dort erhielten um 1430 die Losungsschreiber (Steuerschreiber) 84 fl jährlich und Nebenbezüge. Losungsschreiber Madach kam damit auf etwa 265 fl rh. Zusätzlich erhielt er 1435 eine Teuerungszulage von 15 fl. Das feste Gehalt betrug demnach knapp ein Drittel des wirklichen Einkommens.

In Bern wurde 1545 ein städtischer »Bruch- und Steinschneider« (Chirurg) mit 60 lb d – Pfund Pfennige (rd. 26,66 Gulden) – und einem Getreidedeputat angestellt. In der Folgezeit führte er jährlich 41 bis 91 Operationen aus und erhielt für jede von der Stadt 3 lb d bezahlt, erzielte also 123 lb (54,66 Gulden) bis 273 lb d (121,66 Gulden) zusätzlich zum Fixum, wobei private Tätigkeit nicht mit erfaßt ist.

Aus den ausgewerteten gehaltsähnlichen Bezügen ergibt sich ein Unterschied der Jahreseinkommen von 10–15 Gulden bis zu mehreren 100 Gulden. Im 15. Jahrhundert lag ein regelmäßiges Einkommen von 50 fl im Jahr erheblich über dem Durchschnitt der Jahresverdienste unselbständiger kleiner Handwerker. Einkommen bis zu 100 fl im Jahr waren als Spezialistengehälter und solche über 100 fl als Ausnahme zu betrachten.

Gesindelöhne

Die Knechte und Mägde, das Hausgesinde, bezogen, im Gegensatz zu den Tagelöhnern, ein festes Jahreseinkommen, da sie längerfristig angestellt waren. Dieses ist aber nur ungenau in Geld zu bewerten, da Knechte und Mägde, ebenso wie Handwerksgesellen, in der Regel im Haushalt ihres Arbeitgebers wohnten und auch dort verpflegt wurden.

Mit diesen Einschränkungen sind die Angaben über Gesindelöhne aus Nürnberg in der folgenden Tabelle zu verstehen.

Tab. 31 Gesindelöhne aus Nürnberg von 1485 bis 1567

Jahr	Stellung	Lohn pro Jahr
	Frauen	
1434	Kellerin der Zwölfbruderstiftung	4 fl rh
1485	Findelwärterin, lese- u. schreibkundig	10 fl rh
1493	Säugamme im Hause M. Behaims	4,95 fl rh
1506	Magd im Hause M. Behaims (3 Jahre)	3,8 fl rh
1552/53	Köchin bei P. Behaim, mit Draufgeld	8,5 Gulden
1553/54	Untermagd bei P. Behaim, ohne Draufgeld	3,06 Gulden
1554	Köchin bei P. Behaim, ohne Draufgeld	6 Gulden
1554/55	Köchin bei P. Behaim, mit Draufgeld	6,5 Gulden
1555	Kindsmagd bei P. Behaim	10 Gulden
1556	Kindsmagd bei P. Behaim, ohne Draufgeld	6 Gulden
1557/58	Köchin bei P. Behaim, ohne Draufgeld	8 Gulden
1557	Untermagd bei P. Behaim, mit Draufgeld	4,25 Gulden
1558	Säugamme bei P. Behaim	12 Gulden
1565	Köchin bei P. Behaim, ohne Draufgeld	8 Gulden
1567	Untermagd bei P. Behaim, ohne Draufgeld	5 Gulden

Tab. 31 (Fortsetzung)

Jahr	Stellung	Lohn pro Jahr
	Männer	
1494	Keller der Zwölfbruderstiftung	6 fl rh
1496	Hausknecht bei M. Behaim	4,5 fl rh
1516	Krankenpfleger, von der Stadt angestellt	3,8 fl rh
1554	Hausknecht bei P. Behaim	4,5 Gulden
1557	Hausknecht bei P. Behaim, mit Draufgeld	4 Gulden

Michael Behaim war Patrizier in Nürnberg und lebte um die Wende vom 15. zum 16. Jahrhundert. Paulus Behaim war scin Sohn.

Zum Vergleich der Löhne im ländlichen Raum (Schleswig-Holstein) folgt eine Tabelle der 1464/65 von der Pinneberger Gutsherrschaft gezahlten Gesindelöhne.

Tab. 32 Gesindelöhne aus Schleswig-Holstein, 1464/65

Stellung	Lohn pro Jahr
Hofmeister, Müller	14 Mk 8 Sch
Kuhhirt	9 Mk
Hauskoch	7 Mk 3 Sch
Türschließer	8 Mk 11 Sch
Meierin	7 Mk 1 Sch
Schäfer	5 Mk
Knechte, Fischer	7 Mk
Mägde	6 Mk
Hacker	4 Mk
Pferdehüter	2 Mk 8 Sch
Sauhirt	3 Mk
Pförtner	1 Mk

Zu diesen Löhnen kamen zu den Festzeiten des Jahres noch Trinkgelder.

Eine Schneiderin bekam für einen Rock, ein Wams und eine Hose 5 Schilling Nählohn. Ein Hemd nähen zu lassen kostete 2 Schilling.

Die zu dieser Zeit geltenden Preise sind in der dritten Spalte von Tab. 29 aufgeführt. Danach konnten sich Hofmeister und Müller von ihrem Jahreslohn, der übrigens vierteljährlich ausgezahlt wurde, beispielsweise fünf Kühe kaufen und behielten noch etwas übrig.

Einkommen durch Handel und Handwerk

Die Handwerker bildeten im Mittelalter in den Städten die Mittelschicht, trotzdem sind über ihre Einkommen nur wenige Nachrichten überliefert. Aus Steuerbüchern ergab sich Mitte des 15. Jahrhunderts für Nürnberger Bauhandwerkergesellen ein jährlicher Lohn von 21 fl rh, für selbständige Bauhandwerksmeister einer von 35 fl rh. Dies dürfte auch der Verdienst kleiner Handwerksmeister anderer Berufe gewesen sein. Beispielsweise wird um dieselbe Zeit aufgrund von Stückpreistaxen und einer geschätzten Jahresproduktion das Einkommen von Schustern auf 13–21 fl, das von Schneidern auf 30 fl berechnet.

Aus dem Anteil des Macherlohns, beispielsweise an Preisen für Kleider, lassen sich Rückschlüsse auf handwerkliche Einkommensverhältnisse ziehen. Aus der folgenden Tabelle, die auf einer Kostenaufstellung des wohlhabenden Augsburger Handelsherrn Lukas Rem beruht, ist für das Jahr 1518 der genaue Lohnanteil zu ersehen (s. Tab. 33).

Dabei sind nach den Angaben der Rechnung größere Zutaten wie Futterstoffe im Preis enthalten, so daß der Macherlohn nicht als Reingewinn betrachtet werden kann. Außerdem müssen noch Werkstattkosten abgezogen werden. Die Dauer der Arbeit an den Kleidungsstücken ist nicht bekannt, der Jahresverdienst eines Schneiders kann also nur grob auf 26 fl oder etwas mehr geschätzt werden.

Tab. 33 Anteil des Macherlohns an Kleiderpreisen, Augsburg 1518
d Pfennig

Kleidungsstück	Gesamtpreis	davon Macherlohn	Lohnanteil in %
Hochzeitsrock Rems	18 fl 12 d	10 d	2,68
Kurzer Rock Rems	9 fl 19 d	7 d	3,51
1 Paar Hosen Rems	2 fl 9 d	2 d	4,08
Rock f. d. Nachhochzeit	14 fl	10 d	3,57
1 Wams Rems	7 fl 15 d	6 d	3,87
1 Paar Hosen Rems	2 fl 5 d	2 d	4,44
Hochzeitsrock von Rems Frau	62 fl 10 d	2 fl	3,20
Kleider von Rems Knecht (Rock, Hosen, Wams)	7 fl	8 d	5,71

Für andere Handwerke ergeben sich aus den überlieferten Quellen für das 16. Jahrhundert folgende Bruttoverdienstspannen:

Metzger in München	6,0 %
Hausmetzger in Nürnberg	3,5 – 4 %
Müller	6,25 %
Schneider	2,7 – 5,71 %
Weber in Esslingen	4,5 %
Kerzenmacherin in Nürnberg	4,25 – 6,25 %

Der Nettoverdienst läßt sich zwar nicht genau ermitteln, jedoch muß vor allem bei Metzgern und Müllern mit erheblichen Unkosten gerechnet werden, so daß der Reinverdienst deutlich weniger als 5 %, d. h. weniger als dem üblichen Kapitalzins der Zeit entsprach.

Die Handelsspannen der Kleinhändler waren dagegen mit 11 – 18 % und die der Schankwirte mit 40 % (allerdings einschließlich der Abgaben) bedeutend höher.

Aus den zahlreich überlieferten Akten der Großkaufleute und der Handelsgesellschaften lassen sich um die Wende vom 14. zum 15. Jahrhundert im Einzelgeschäft Gewinnspannen von 25 % errechnen, die einem Reingewinn von knapp 7 % entsprechen. Beispielsweise erzielte der erwähnte Handelsherr Lukas Rem aus Augsburg im Durchschnitt der Jahre 1502–40 aus seinem Handelskapital einen Reingewinn von 9,73 %.

Die Reingewinne des Großhandels lagen, wie die repräsentativen Beispiele zeigen, deutlich über der Bruttoverdienstspanne des Handwerks. Dem bedeutend höheren Lebensstandard des Kaufmanns entsprach das höhere Sozialprestige.

Einkommen aus Tagelöhnen

Zum Vergleich mit den anderen Einkommensarten muß der Tagelohn auf den Jahreslohn umgerechnet werden. Aufgrund von Nürnberger städtischen Bauabrechnungen des Jahres 1507 geht man bei 48 Feiertagen und 52 Sonntagen von 265 Arbeitstagen aus. Davon wurden 93 Tage dem Winter und 172 Tage dem Sommer zugerechnet. Der Winterlohn war wegen der kürzeren Tage geringer als der Sommerlohn, wie aus der folgenden Tabelle hervorgeht, die das Jahreseinkommen von Nürnberger Steinmetz-Maurergesellen zeigt. Aus dieser ausführlichen Darstellung ist die Struktur des Lohnes und seine zeitliche Entwicklung von 1445 bis 1517 zu ersehen. Interessant ist das wöchentliche Badegeld, das, veränderten Sitten entsprechend, nach 1484 nicht mehr sicher belegt ist.

Tab. 34 Jahreslöhne von Nürnberger Steinmetz-Maurergesellen, 1445 bis 1517

93 Tage Winter-, 172 Tage Sommerlohn

	1445/46	1447/49	1462/63	1463/64	1466/67	1481/82	1483/84	1503–1511	1513	1517
Winterlohn/Tag	15 d	15 d	16 d	16 d	18 d	18 d	18 d	20 d	20 d	20 d
/Jahr	1395 d	1395 d	1488 d	1488 d	1674 d	1674 d	1674 d	1860 d	1860 d	1860 d
Sommerlohn klein/Tag	20 d	20 d	20 d	20 d	22 d	22 d	22 d	24 d	24 d	24 d
/Jahr	3440 d	3440 d	3440 d	3440 d	3784 d	3784 d	3784 d	1728 d	1728 d	1728 d
Sommerlohn groß/Tag								32 d	32 d	32 d
/Jahr								3200 d	3200 d	3200 d
Badegeld/Woche	3 d	3 d	3 d	3 d	2 d	2 d	2 d	?	?	?
/Jahr	156 d	156 d	156 d	156 d	104 d	104 d	104 d	?	?	?
Gesamt-einkommen	4991 d = 31,6 fl	4991 d = 31,6 fl	5084 d = 23,75 –23 fl	5084 d = 23 fl	5562 d = 24,4 –23,1 fl	5562 d = 22,1 fl	5562 d = 22,1 fl	6788 d = 27,3 fl	6788 d = 27 fl	6788 d = 27,3 – 26,5 fl

Der Winterlohn wurde in Nürnberg vom 16. Oktober bis 22. Februar gezahlt. Vom Anfang des 16. Jahrhunderts an wurde vom 4. April bis 24. August der große, vom 22. Februar bis 4. April und vom 24. August bis 16. Oktober der kleine Sommerlohn gezahlt. Für die Einkommensberechnung wurden 100 Arbeitstage großer und 75 Tage kleiner Sommerlohn angesetzt

Tab. 35 Lebensmittelpreise, Tagelöhne von Gesellen des Bauhandwerks und die daraus errechnete Kaufkraft in Nürnberg (1435–1509) bei 15jährigen Durchschnittspreisen

Lohnperiode	Tagelohn	Preis von 1 Simmer Korn	1 S. Korn = Arbeits-tage	Preis von 100 Maß Wein	100 Maß Wein = Arbeits-tage	Preis von 100 Pfd. Fleisch	100 Pfd. Fleisch = Arbeits-tage
1435–49	18,24 d	510 d	28	541 d	29,5	216 d	11,84
1450–64	18,6 d	285 d	15,3	700 d	37,6	228 d	12,3
1465–79	20,6 d	314 d	15,2	688 d	33,4	300 d	14,6
1480–94	22,6 d	552 d	24,4	842 d	37,2	320 d	14,2
1495–1509	27,6 d	567 d	20,5	785 d	28,4	420 d	15,2

1 Simmer = 318 ℓ = 231 kg Roggen   1 Maß = 1,069 ℓ   1 Pfund = 475 bis 480 g

Kaufkraft der Löhne

Von geldhistorischer Bedeutung ist der Verlauf der Kaufkraft während eines möglichst langen Zeitraums. Dies bedingt, daß den oben ermittelten Lohn-Zeit-Reihen entsprechende Preisreihen gegenüberstehen, die leider oft fehlen. Um eine Übersicht über den Kaufkraftverlauf in dem betrachteten Zeitraum zu bekommen, genügt es, wenn wir uns auf die drei Grundlebensmittel Korn, Wein und Fleisch beschränken, für die genügend Angaben vorliegen. Für die Berechnung der Kaufkraft von Einkommen wird in der Regel der Durchschnitt der Preise mehrerer Jahre zugrunde gelegt. Für die Werte der nebenstehenden Tabelle 35 werden die Durchschnittspreise für den Zeitraum gebildet, in dem die Löhne konstant waren.

4.3.3 Frühe Neuzeit

Aus den angeführten Preiszusammenstellungen läßt sich eine steigende Tendenz erkennen, die sich in den folgenden Jahren fortsetzen wird und von der Geschichtsschreibung »Preisrevolution« genannt wird. Sie umfaßt ungefähr die Zeit von 1470 bis 1618, bis zum Beginn des Dreißigjährigen Krieges. Vor allem folgende Gründe werden für diese Preissteigerungen verantwortlich gemacht:

- Die Entdeckung Amerikas und die des Seeweges nach Ostindien ließen den Welthandel wachsen.
- Die Bevölkerungsverluste der Pestjahre waren wieder ausgeglichen, was ein Wirtschaftswachstum bedeutete.
- Die Flächenstaaten erstarkten, und damit begann die merkantilistisch-kameralistische Wirtschaftspolitik.

- Die geringen Investitionsraten im Gewerbe und in der Landwirtschaft ließen die Produktion, vor allem die von Grundnahrungsmitteln, hinter dem Bedarf zurückbleiben, so daß die Preise stiegen.

Weitere Ursachen der Preissteigerungen waren:

- Eine Vermehrung des Geldes, die vor allem durch die Zunahme der in Europa umlaufenden Edelmetallmenge (vorwiegend Silber) und die Ausdehnung des Buchgeldes hervorgerufen wurde. Die Silbermenge stieg durch verbesserte Fördermethoden der europäischen Bergwerke und durch die Ausbeutung der spanischen Silberminen in Übersee von 5000 t im Jahre 1470 auf 20000 bis 25000 t im Jahre 1618. Schriftliche Zahlungsversprechen in verschiedenen Formen ersetzten den gefährlichen Transport von Edelmetallmünzen und waren seit dem 15. Jahrhundert immer mehr verbreitet.

Das Resultat dieser Ursachen war:

- Eine Geldvermehrung (einschließlich Buchgeld) von weit mehr als 400 %.
- Eine Vermehrung der Bevölkerung um 70 %.
- Ein Anwachsen der Preise und Einkommen um 40 bis 260 %.

Die folgende Tabelle mit Preisen aus Schleswig-Holstein ergänzt diese Angaben; sie ist eine Fortsetzung der Tab. 29.

Tab. 36 Durchschnittspreise in Schleswig-Holstein von 1451 bis 1863

Waren	Menge	1451–1545	1546–1572	1572–1622	1622–1775	1776–1793	1794–1818	1819–1838	1839–1853	1854–1863
Weizen	rd. 110 kg	12 ß	73 ß	6 M 8 ß	9 M	12 M 4 ß	19 M 2 ß	10 M 5 ß	14 M 4 ß	18 M 12 ß
Roggen	rd. 100 kg	15 ß	53 ß	4 M 8 ß	6 M 8 ß	7 M 8 ß	13 M 12 ß	7 M 12 ß	11 M	14 M 12 ß
Gerste	rd. 100 kg	13 ß	36 ß	3 M 8 ß	5 M 5 ß	7 M 4 ß	11 M	6 M 11 ß	9 M 7 ß	13 M
Hafer	rd. 100 kg	9 ß	21 ß	3 M	4 M 4 ß	7 M	10 M 3 ß	6 M 13 ß	9 M 4 ß	12 M 11 ß
Arbeitspferde	1	8 M	17 M	30 M	48 M	21 Rtl	41 Rtl	48 Rtl	66 Rtl	122 Rtl
Ochsen	rd. 300 kg[1]	4 M 8 ß	16 M 12 ß	14 M	45 M	9 Rtl	22 Rtl	19 Rtl	33 Rtl	62 Rtl 32 ß
Kühe	1	41 ß	8 M	12 M	24 M	11,75 Rtl	14 M 19 ß	13,75 Rtl	22 Rtl	41 Rtl 20 ß
Schweine	rd. 32 kg[1]	19 ß	3 M 8 ß	4 M	7 M 8 ß	12 M 10 ß[2]	17 M[2]	22 M[2]	31 M[2]	57 M[2]
Schafe	rd. 30 kg[1]	8 ß	1 M	2 M	3 M	4 M	3 M	2 M 8 ß	5 M	13 M 4 ß
Lämmer	rd. 18 kg	4,5 ß	8 ß	1 M	1 M 12 ß	2 M 8 ß	3 M	2 M	4 M	10 M
Gänse	rd. 4,5 kg	20 d	3 ß	6 ß	12,5 ß	12 ß	27 ß	20 ß	34 ß	37,5 ß
Hühner	rd. 1,3 kg	6 d	1 ß	1,5 ß	4,5 ß	4 ß	6,5 ß	5 ß	5 ß	8,5 ß
Eier	20 Stück	5 d	10 d	15 d	4 ß	5 ß	11 ß	6 ß	6 ß	10 ß
Butter	470 g	8 d	18 d	30 d	4 ß	5,5 ß	8,2 ß	5,6 ß	6,8 ß	6,6 ß
Schuhe[3]	1 Paar	4,5 ß	9,5 ß	11 ß	32 ß	3 M	6 M	4 M	3 M	5 M
Stiefel	1 Paar	15 ß	31 ß	44 ß	7 M	8 M	10 M 6 ß	8 M	8 M	11 M

[1] Lebendgewicht [2] rd. 100 kg Lebendgewicht [3] Durchschnitt der Preise für Männer- und Frauenschuhe

M Mark lübisch; *ß* Schilling, *d* Pfennig; *Rtl* Reichstaler

1 M = 16 ß; 1 ß = 12 d; 1 Rtl = 3 M = 48 ß

Aus den Zahlen der obigen Tabelle kann man, wenn es auch nur Durchschnittswerte der einzelnen Perioden sind, einen Preissprung von der 1. Periode (1451–1545) zur 2. Periode (1546–72) feststellen. Genauer läßt er sich an Hand von Preisen der einzelnen Jahre beurteilen.

Tab. 37 Preissprung in Schleswig-Holstein von 1545 bis 1546

Ware	Menge	Preis 1545	Preis 1546	Zunahme in %
Weizen	1 Tonne	10 ß	120 ß	(650)
Roggen	1 Tonne	12 ß	61 ß	425
Gerste	1 Tonne	12 ß	46 ß	283
Hafer	1 Tonne	6 ß	10 ß	66
Arbeitspferde	1 Stück	9 M	19 M	111
Ochsen	1 Stück	6 M	11 M	83
Kühe	1 Stück	48 ß	72 ß	50
Schafe	1 Stück	8 ß	16 ß	100
Schuhe	1 Paar	7 ß	18,5 ß	164

Durchschnittliche Preiserhöhung aller Waren: 160 %

Die Preiserhöhung von durchschnittlich 160 % war nicht eine einmalige Teuerung, deren Preise später wieder auf das frühere Niveau zurückkehrten, sondern der Anfang eines fast kontinuierlichen Preisanstiegs, der sich, mit Unterbrechungen, bis in unsere Zeit fortsetzte.

Der Auslöser für diese abrupte Preiserhöhung liegt höchstwahrscheinlich in der Währungsänderung von 1545/1546. Als neue Großsilbermünze setzte sich allmählich der Taler durch. Der Wendische Münzverein, ein Zusammenschluß der norddeutschen Hansestädte, hatte dies zu berücksichtigen, man einigte sich deshalb 1545/46 auf einen Talerfuß, der sich an den sächsischen Taler anlehnte. Es sollten 8 Stück aus der 14¼ lötigen Kölner Mark geprägt werden. Ein Stück war ursprünglich mit 24 Schilling bewertet. Es sollte nun in lübischer Währung 30 Schilling gelten. Der Kurs stieg jedoch bald auf 31 Schilling. Die schnelle Reaktion der Preise auf die Währungsumstellung ist ein Beweis für die Abhängigkeit der damaligen Wirtschaft vom Münzwesen.

Im übrigen Deutschland erstreckte sich die Preisrevolution über einen längeren Zeitraum. Gemessen in Gramm Silber stiegen die Preise von 1461/70 bis 1611/20 von Getreide um 160 %, von tierischen Produkten, insbesondere Fleisch, um 180 %, von gewerblichen Investitionsgütern um 80 %, von gewerblichen Gütern des täglichen Bedarfs um 40 %, von Löhnen um 120 %.

Getreide war das Hauptnahrungsmittel. Eine fünfköpfige Maurerfamilie mußte bereits um 1600 die Hälfte ihres Einkommens für Brot ausgeben. Daher ist der Getreidepreis für die Beurteilung der Lebenshaltungskosten ausschlaggebend, die sich von 1550 bis 1570 nahezu verdoppelten.

Die Messung in Gramm Silber muß mit Vorsicht betrachtet werden, obwohl in der Literatur meist diese Bezugsgröße der Bequemlichkeit halber gewählt wird. Dies entspricht nicht der Wirklichkeit des täglichen Kleinhandels, der in der umlaufenden Münze abgewickelt wurde. Die hierbei gezahlten Preise können beträchtlich anders aussehen als die Angaben in Gramm Edelmetall oder in Großmünzen, wie Guldengroschen, Taler, Mark oder Goldgulden. Grund dafür ist die ständige Verringerung des Silbergehalts der kleinen Münzsorten und der damit in Zusammenhang stehenden Erhöhung der Kurse von Taler und Gulden (Tab. 38).

Abb. 20 zeigt die unterschiedliche Entwicklung der Preise, je nachdem, in welcher Münzeinheit sie gemessen werden.

In Frankfurt a. M. stiegen beispielsweise die Roggenpreise von 1500 bis 1610 gemessen in Gramm Silber von 100 auf 440, in Gramm Gold von 100 auf 376, in gängiger Kleinmünze (Pfennig) von 100 auf rund 700.

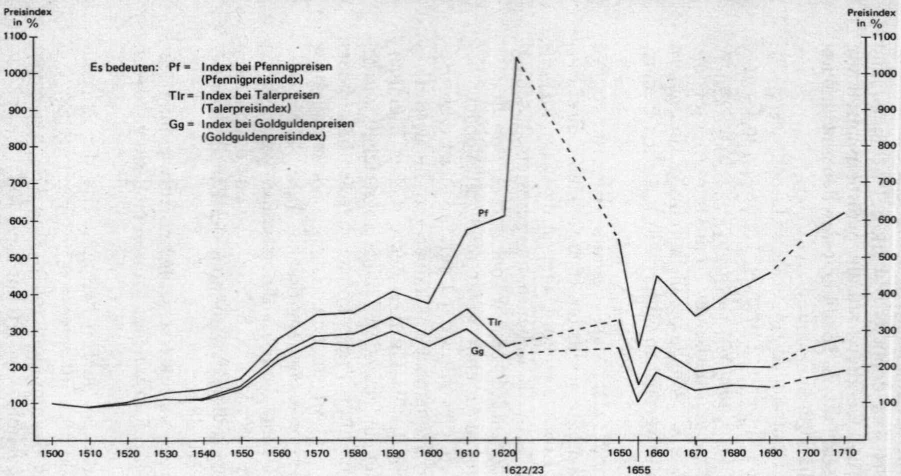

Abb. 20 Preisindizes für Getreide in Frankfurt a. M. von 1500 bis 1710 (1500 = 100)

Die extremen Preisausschläge zwischen 1623 und 1650 sowie die von 1692/94 betreffen speziell die Stadt Frankfurt und gelten nicht allgemein. Da die grafische Darstellung unübersichtlich ist, sind die entsprechenden Daten in Tab. 39 aufgeführt. Der Preisindex für Getreide ist aus dem arithmetischen Mittel der jeweiligen Preise für je ein Achtel Roggen, Hafer und Weizen berechnet (1 Achtel = 4 Simmer = 114,74 Liter)

Gerechnet in umlaufenden Kleinmünzen nahmen die Preise demnach fast doppelt so stark zu wie in Gramm Silber gemessen. Gerade die kleinen Silbermünzen wie Pfennige, Heller, Batzen, Schilling, Groschen usw. stellten aber das tägliche Zahlungsmittel dar.

Tab. 38 Die Kurse von Taler (Reichstaler) und Goldgulden in Frankfurt a. M. in Pfennigen (Pf) der Zeit von 1500 bis 1710

Zeitraum	Talerkurs in Pf	Goldguldenkurs in Pf
um 1500	208	216
um 1510	216	224
um 1520	220	230
um 1530	234	246
um 1540	244	260
um 1550	244	260
um 1560	248	270
um 1570	252	274
um 1580	252	288
um 1590	252	294
um 1600	274	316
um 1610	330	400
1620	500	600
1622/23	800	960
um 1630	360	440
um 1640	360	480
um 1650	360	480
um 1660	360	512
um 1670	384	544
um 1680	420	600
um 1690	480	688
um 1700	480	688
um 1710	480	688

Für die Zeit vor 1566 wurde von einem fiktiven Reichstaler zu 25,98 g Silber ausgegangen

Die Talerpreise in Abb. 20 entsprechen den »Gramm Silber« und die Goldguldenpreise den »Gramm Gold«, da der Feingehalt von Taler und Goldgulden in der betrachteten Periode nahezu konstant war. Der Zeitraum von 1500 bis 1710 wurde nicht durchgehend gleichmäßig aufgeteilt, sondern Jahre mit starken Preisausschlägen, wie 1622/23, 1626, 1636/37, um 1655 und 1692/94, wurden besonders berücksichtigt (s. Abb. 20 und Tab. 39).

Für die Besitzer von vollwertigen Währungsmünzen, wie Talern oder Goldgulden, waren die Preissteigerungen erträglich. Dagegen hatte die Mehrheit der Bevölkerung, die ihren Lohn in Pfennigen, Heller, Batzen, Schilling oder anderen Kleinmünzen bezog, beträchtlich unter der Teuerung zu leiden.

Seit 1540 stiegen die Getreidepreise stark an, und seit 1590 wurde der Silbergehalt der Kleinmünzen immer mehr verringert. Infolgedessen unterscheidet sich der Pfennigpreisindex immer mehr vom Taler- und Goldguldenpreisindex. In der Kipper- und Wipperzeit 1618–23 waren die reichen Schichten bevorteilt. In jenen Jahren (s. S. 78) behielten nur Reichstaler und Goldgulden ihren Edelmetallgehalt, ein Beweis für ihre Funktion als Handelsmünzen. Der Preisindex für Getreide stieg auf der Grundlage des Pfennigpreises wegen der dauernden Münzverschlechterungen von 1610 bis 1622/23 auf fast das Doppelte, von 574 % auf 1 040 %.

Die Kaufkraft von Taler und Goldgulden stieg dagegen in derselben Zeit. Von 1610 bis 1620 fiel der Taler-Preisindex von 362 % auf 255 % und der des Goldguldens von 310 % auf 221 %. Von 1620 bis 1622/23 stiegen sie, im Gegensatz zu der starken Steigerung der Pfennigpreise, nur geringfügig.

Die Währungsreform von 1623, die die Zeit der Kipper und Wipper beendete, brachte für die Besitzer von Kippergeld einen großen finanziellen Verlust. Sie erhielten nur einen Bruchteil an neuem Geld für die geringwertigen Kippermünzen.

Tab. 39 Preisindizes für Getreide in Frankfurt a. M. von 1620 bis 1650 (1500 = 100)

Zeitraum	Preisindex		
	Pf	Tlr	Gg
um 1620	614	255	221
1622/23	1040	270	234
um 1626	1045	604	513
um 1630	520	300	255
1636/37	2051	1185	963
um 1640	783	452	352
um 1650	560	324	252
um 1692/94[1)]	1565	678	491

[1)] Werte nur für Roggen

Als Ursache der Preisrevolution, der Steigerung des *gesamten* Preisniveaus, kann nur die Geldmengenvermehrung angesehen werden. Diese war eine Folge der stark gestiegenen Edelmetallproduktion und der Verschlechterung der Kleinmünzen. Unter »Kleinmünzen« sind alle Geldstücke unterhalb der Talerteilstücke zu verstehen, d. h. die mittleren Nominale wie Groschen, Batzen und Schilling sowie die kleinsten Münzen Pfennig und Heller, also die Münzen des täglichen Bedarfs.

Die Ausbeute der deutschen Silbergruben war seit dem Ende des 15. Jahrhunderts erheblich gewachsen, und seit der Mitte des 16. Jahrhunderts wurden aus Amerika für damalige Zeiten riesige Silbermengen importiert, die vorwiegend als Münzmetall verwendet wurden.

Auch die Verringerung des Silbergehalts der Kleinmünzen vermehrte beträchtlich die Geldmenge. Diese Verringerung wurde durch die Bestimmungen der Reichsmünzordnungen (s. S. 76) verursacht, die den Silbergehalt der kleinen Münznominale so hoch angesetzt hatten, daß die bei Kleinmünzen wesentlich höheren Prägekosten nicht gedeckt werden konnten und dadurch der Landesherr keinen Münzgewinn erzielen konnte. Aus einer Mark Silber waren rund 3000 Pfennigstücke zu prägen, aber nicht einmal 10 Talerstücke. Nach einer Kostenaufstellung aus dem Jahre 1606 ergaben sich bei vorschriftsmäßiger Ausprägung von 100 Mark Silber:

- bei den Talerstücken ein Gewinn von 14 fl, 17 Gr., 10,5 d,
- bei den Reichsgroschenstücken ein Verlust von 18 fl, 2 Gr., 11 d,
- bei den Dreierstücken (3 d) ein Verlust von 46 fl, 6 Gr., 11 d.

Die gewinnbringende Herstellung von Kleinmünzen durch Verringerung des Feingehalts geschah in zunehmendem Maße nach 1580. Die Territorialherren verschlechterten aus übermäßigem Gewinnstreben die Kleinmünzen derart, daß für die guten Taler- und Goldstücke ein Aufgeld bezahlt werden mußte, das entsprechend dem abnehmenden Feingehalt immer größer wurde (s. Tab. 38).

Im Zeitraum von 1470 bis 1618 stieg in Deutschland die Bevölkerung von 10 auf 17 Millionen Menschen. Dies führte für sich allein nicht zu einer Steigerung des allgemeinen Preisniveaus, jedoch zu Veränderungen in der Preisstruktur: Es wuchs die Nachfrage nach Nahrungsmitteln, vor allem nach Brot, und damit stiegen die Preise vor allem für Getreide, auch für Fleisch und Fett überproportional. Die steigende Bevölkerungszahl dehnte indessen die Güterproduktion aus, und dadurch wurde Kaufkraft abgeschöpft, die somit nicht preistreibend wirken konnte.

Ohne Bevölkerungswachstum wäre das gesamte Preisniveau wahrscheinlich noch stärker gestiegen, allerdings bei anderer Preisstruktur. Für die inflatorische Entwicklung der Preise war nur die starke Zunahme der Geldmenge und ein Anstieg der Geldumlaufgeschwindigkeit ursächlich.

4.3.4 Zeit des Kameralismus

Das System der staatlich gelenkten Wirtschaft der absolutistischen Staaten Europas im 16. bis 18. Jahrhundert, als »Merkantilismus« bekannt, wird in Deutschland »Kameralismus« genannt. Dieser Name kommt von *camera*, der fürstlichen Kammer, der Leitung der Finanzverwaltung. Das Hauptziel bestand in der Förderung des eigenen Gewerbes und der Landwirtschaft. Während Ausfuhrverbote oder Ausfuhrzölle dafür sorgten, daß keine Rohstoffe zur Verarbeitung ins Ausland gingen, die auch im Inland verarbeitet werden konnten, sollten Privilegien, Ausfuhrprämien, Subventionen des Staates oder Steuererleichterungen erreichen, daß die Ausfuhr an eigenen Fertigerzeugnissen wuchs. Umgekehrt wurde durch Einfuhrzölle, manchmal auch durch Einfuhrverbote, der Wettbewerb fremder Erzeugnisse weitgehend behindert. Es wurde eine nationale Autarkie erstrebt. Die Haupttriebfeder zur Ausbildung des Kameralismus waren die Geldbedürfnisse des absolutistischen Staates.

Um diese Ziele zu erreichen, mußten zunächst die wirtschaftlichen und sozialen Folgen des Dreißigjährigen Krieges überwunden werden. Der Krieg hatte ein grausam verwüstetes Land mit einer völlig heruntergekommenen Wirtschaft hinterlassen. Die Landesherren mußten, um überleben zu können und ihre Macht zu festigen, die Wirtschaft ihrer Länder nicht nur wieder aufbauen, sondern auch über den Vorkriegsstand hinaus fördern. Produktionskapazitäten waren vernichtet, die Bevölkerung erheblich dezimiert.

Als erstes wurde die Landwirtschaft wieder aufgebaut und subventioniert, so daß sich die Preise für landwirtschaftliche Erzeugnisse hoben. Damit boten sich Anreize für eine Urbarmachung von Ödland und eine Wiederbesiedlung von Wüstungen.

Diese allgemeine Förderung der Landwirtschaft durch die kameralistische Wirtschaftspolitik führte in der zweiten Hälfte des 18. Jahrhunderts, durch steigende Agrarpreise unterstützt, zu weiteren Intensivierungen des Akkerbaus. Die Preise stiegen vor allem wegen steigender Nachfrage infolge der Bevölkerungszunahme.

Abb. 21 zeigt in groben Umrissen, daß vom ersten bis zum letzten Viertel des 17. Jahrhunderts in Deutschland und in Österreich die Preise für Roggen und Rindfleisch stark fielen, um sich dann langsam zu erholen. Die Löhne fielen später als die Agrarpreise, blieben dann aber auf dem Niveau der Jahrhundertwende.

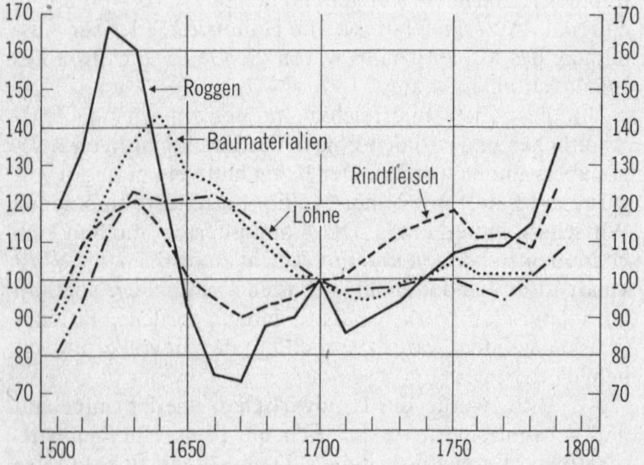

Abb. 21 Entwicklung der Preise und Löhne in Deutschland zwischen 1500 und 1800 (1700/19 = 100)

Die folgenden Tabellen zeigen die Entwicklung der Preise und Löhne in Zeitabschnitten, in denen sie sich beträchtlich änderten. Die beiden markanten Umschwungdaten liegen um 1621 und um 1671. Die Jahre um 1782 bilden den Abschluß einer Preissenkung, die nach dem Teuerungsjahr 1771 einsetzte. Nach etwa 1782 tritt wieder ein trendmäßig wahrnehmbarer Preisanstieg auf, der bei manchen Waren nicht weit hinter der Gesamtsteigerung von 1671 bis 1782 zurückbleibt. Als Beispiel für diese Entwicklung sind in Tab. 40 Preise wichtiger Waren aus Augsburg aufgeführt, da sie gut belegt sind.

Für die Entwicklung der Löhne stehen zuverlässige Angaben aus den Städten München, Augsburg und Würzburg zur Verfügung (Tab. 41). Diese Zahlen zeigen über lange Perioden eine andere Tendenz als die Preise. Während im 16. Jahrhundert bis zum Beginn des Dreißigjährigen Krieges der Lohn des Arbeitnehmers real sinkt, steigt der Reallohn im 17. Jahrhundert in der Epoche der größten Verarmung Deutschlands. Der Mangel an Arbeitskräften war so groß, daß amtlich verordnete Lohntaxen und Beschränkungen der Freizügigkeit das Gesetz von Angebot und Nachfrage nicht außer Kraft setzen konnten. Ein solcher Zusammenhang zwischen der Preisentwicklung und der Bevölkerungsentwicklung läßt sich über längere Perioden hinweg nachweisen. Dies dürfte eine wesentliche Ursache für die über Jahrhunderte steigende Preistendenz der Vergangenheit sein.

Tab. 40 Augsburger Preise wichtiger Waren zwischen 1621 und 1820

Angaben je Einheit in Denaren der Zeit

Ware	1621	1671	1782	1820
Weizen	–	1016 (1686)	2204	2640
Roggen	1807	440	1444	1570
Gerste	1427	472	1399	1323
Hafer	952	294	898	946
Erbsen	1903	1018	1580	1686 (1801–05)
Rindfleisch	15,7	13,5	24,5 (1791–94)	33,2
Milch	3,16	3,5 (1669)	–	–
Schmalz	50,4	23,6	47,1 (1749–53)	–
Karpfen	42,8	27	–	–
Pfeffer	221	88	229	–
Honig	111	65	–	–
Salz in Scheiben	911	600	924 (1753)	–
Bier (weißes)	–	126	128 (1793)	272
Unschlitt	33,4	16,5	–	70 (1801–05)
Leinöl	24,5	14,7	50	78,3 (1801–05)
Flachs	43,8	34	48,3	54,2 (1801–05)
Zwilch	28,8	19,9	31,5	56 (1801–05)

Tab. 40 (Fortsetzung)

Ware	1621	1671	1782	1820
Kalk	36,7 (1620–23)	49,1	69	84,5 (1802–06)
Ziegel (Mauerstein)	140	224 (1666–79)	337	–
Schreibpapier	315	338	630	–

Die Jahreszahl am Kopf der Spalte bezeichnet das mittelste Jahr eines Zeitraums folgender Jahre: 1619–1621, 1623, 1624; 1669–73; 1780–84; 1818–20. So steht z. B. das Jahr 1671 für den Durchschnitt der Preise der Jahre 1669–73. Der Durchschnitt aus der Zeit um 1621 bezieht sich nicht auf fünf aufeinanderfolgende Jahre, weil das Hauptkipperjahr 1622 ausgeschaltet wurde. Die eingeklammerten Jahreszahlen bedeuten, daß sich der Preis in dieser Spalte auf die Jahre in der Klammer bezieht, weil für die im Kopf aufgeführten Jahre keine Preise bekannt sind.

Maßeinheiten: Schaff (= 205,3 ℓ für Getreide und Hülsenfrüchte; Metzen (= 25,7 ℓ) für Kalk; Maß (= 1,18 ℓ) für Milch und Honig; Maß (= 1,43 ℓ) für Bier; Pfund (= 472,4 g) für Fleisch, Schmalz, Karpfen, Pfeffer, Unschlitt, Leinöl, Flachs; Elle (= 58,65 cm) für Zwilch (Drell, Zwillich); Ries (= 400 Bogen) für Schreibpapier

Tab. 41 Höchste kontinuierlich in München, Augsburg und Würzburg gezahlte Löhne, 17. bis 19. Jahrhundert

Angaben in Denaren der Zeit

Ort/Beruf	1617–1651	1652–1712	1713–1754	ab 1755
München				
Heuer	35 (1651)	35–42	42	(bis 1772) 42–70
Strohschneider	70	63	–	–
Mörtelrührer	38–49	56	56	(bis 1772) 70
Zimmergesellen				
Sommerlohn	56–70	63	63–70	(bis 1765) 70
Winterlohn	52,5–63	56	56	56
Augsburg				
Recher	10,5–17,5[1)]	17,5[1)]	42	–
Schnitter	24,5–42[1)]	42[2)]	70	–
Drescher	14–17,5[1)]	17,5[1)]	–	–
Mörtelrührer	28–56	56–84	70–84	(bis 1766) 70–84
Maurergesellen	70–84	84–91	105	(bis 1807) 105–126
Zimmergesellen (Winterlöhne)	52–63[2)]	63[2)]	63–91	(bis 1806) 91–112

Tab. 41 (Fortsetzung)

Ort/Beruf	1617–1651	1652–1712	1713–1754	ab 1755
Würzburg				
Ungelernte Arbeiter im Steinbruch	–	33,5	28–33,5	(bis 1802) 33,5–45
Erdarbeiter	28–33,5	33,5	33,5	(bis 1794) 33,5
Ladearbeiter	28–33,5	33,5	33,5	–
Frauen	17–18	18–28	28	–

[1] Mit Kost [2] Vermutlich mit Kost

Mit dieser Tabelle lassen sich die Löhne verschiedener Berufe in den drei süddeutschen Städten vergleichen. Da die Jahre der Änderung des Lohnniveaus bei den einzelnen Arbeitergruppen nicht dieselben sind, wurde versucht, die häufigsten Änderungsperioden zu ermitteln. Die am Kopf der Tabelle aufgeführten Jahre sind die mittleren Jahre der gemeinsamen Änderungsperiode. Stehen in einer Spalte zwei Löhne, so traten in dieser Periode zwei Löhne nacheinander auf

4.3.5 Vom Beginn des 19. Jahrhunderts bis zum Ersten Weltkrieg

Mit Beginn des 19. Jahrhunderts setzte in Deutschland, dem Beispiel Englands folgend, die Industrialisierung ein. Aus Manufakturen entstanden Fabriken, Handarbeit wurde ersetzt durch den Einsatz von Maschinen. Die Dampfmaschine als universelle Antriebskraft machte die Einleitung dieser Entwicklung möglich.

Kennzeichnend für den wirtschaftlichen und sozialen Umbruch waren u. a. die Erzeugung größerer Gütermengen infolge der fabrikmäßigen Massenfertigung, der Ausbau eines leistungsfähigeren Transportwesens durch umfangreichen Straßenbau, Eisenbahnbau und Einsatz von Dampfschiffen, wodurch sich mehr Güter schneller als im Jahrhundert zuvor befördern ließen und der Mangel an einem Ort aus dem Überfluß andernorts ausgeglichen werden konnte, schließlich die Erhöhung der landwirtschaftlichen Produktion durch eine intensivere Nutzung des Bodens.

Die Bevölkerung Deutschlands wuchs im 19. Jahrhundert von 23 Millionen Menschen im Jahre 1800 auf 56 Millionen Menschen im Jahre 1900 an. Damit wuchs die Zahl der Arbeitskräfte und stieg der Verbrauch, folglich die Bedeutung der für die unmittelbare Versorgung der Menschen notwendigen Wirtschaftszweige.

Die *Reallöhne* sanken während der letzten Jahrzehnte des 18. und der ersten Jahre des 19. Jahrhunderts um etwa 35–38 %. Von 1803 bis 1824 stiegen die Löhne, mit einer kurzen Unterbrechung nach den Napoleonischen Kriegen, auf ein Niveau, das etwa 40 % über dem des Jahres 1780 lag.

In den folgenden Bildern und Tabellen wird das Jahreseinkommen in Industrie und Handwerk zugrunde gelegt. Wegen konjunktureller, saisonaler oder krankheitsbedingter Ausfälle charakterisiert das Jahreseinkommen den Lebensstandard besser als ein Zeitlohn.

Abb. 22 zeigt die Indizes des Nominaleinkommens und der Kosten der Lebenshaltung in Deutschland von 1810 bis 1913, bezogen auf 1913 (= 100). Entsprechend wird das Realeinkommen, um die Darstellung übersichtlicher zu gestalten, getrennt in Abb. 23 gezeigt. Die kurzfristigen Schwankungen beim Lebenshaltungskostenindex haben ihre Ursache vor allem im Ausfall der Ernte. Die landwirtschaftlichen Produkte, hauptsächlich Getreide und Kartoffeln, waren die Grundlage der Ernährung und sind daher im Warenkorb für die Lebenshaltung maßgebend vertreten. Um einen Trend bei Lebenshaltung und Realeinkommen besser erkennen zu können, wurden Zehnjahres-Durchschnitte eingezeichnet.

Es läßt sich so erkennen, daß, abgesehen von einem plötzlichen Anstieg und Abfall nach dem Ende der Napoleonischen Kriege, die Kosten der Lebenshaltung bis 1870 langsam aber stetig stiegen. Der Zuwachs von 1810 bis 1870 betrug 53 %, entsprechend einem Jahreszuwachs von etwa 0,7 %.

Von 1870 bis 1913 stieg der Aufwand für die Lebenshaltung um 45 %, was einem jährlichen Zuwachs von 0,9 % entspricht.

Aus Abb. 23 entnehmen wir das Wachstum des Realeinkommens: Die Steigerung von 1810 bis 1870 betrug nur etwa 12 %, das bedeutet etwa 0,2 % im Jahr. Von 1870 bis 1913 steigerte sich das Realeinkommen um 54 %, d. h. ein Jahreszuwachs von 1 %. Außer den Löhnen von Industriearbeitern und Handwerkern sind auch die Einkommensverhältnisse anderer Bevölkerungskreise für die Beurteilung des damaligen Geldwertes aufschlußreich. Die folgenden Tabellen enthalten Aufstellungen von Beamtenbesoldungen, Gehälter von Geistlichen und Gesindelöhne, allerdings nicht als fortlaufende Reihen, sondern jeweils für einige typische Jahre.

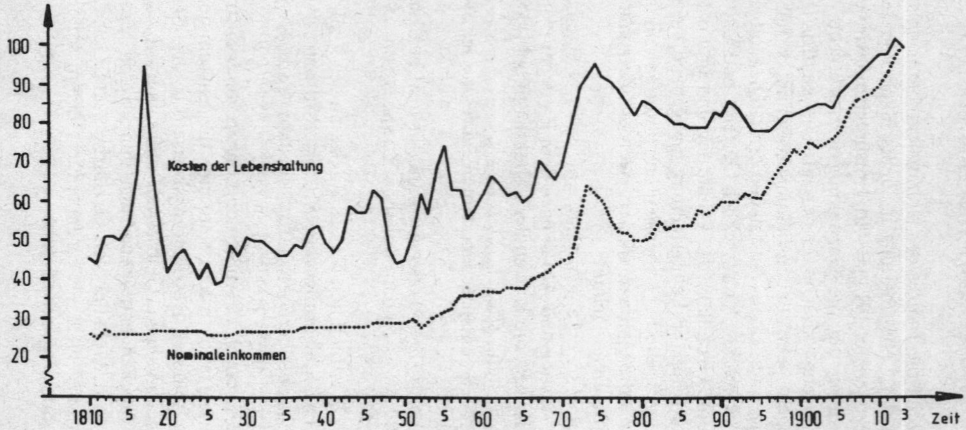

Abb. 22 Indizes von Nominaleinkommen und Lebenshaltungskosten in Deutschland von 1810 bis 1913 (1913 = 100)

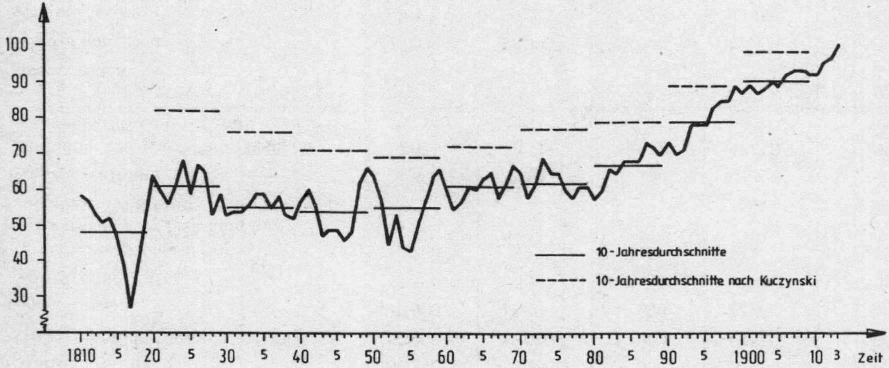

Abb. 23 Index des durchschnittlichen Realeinkommens in Deutschland von 1810 bis 1913. Ab 1871 einschließlich Handel und Transport. (1913 = 100)

Tab. 42 Besoldungen ausgewählter Beamtenkategorien in Preußen von 1849 bis 1870

Angaben in Mark pro Jahr

Titel des Beamten	1849	1855	1860	1865	1870
Ministerien					
Minister	30 000	30 000	30 000	30 000	36 000
Unterstaatssekretäre	12 000	12 000	12 000	13 500	13 500
Direktoren	12 000	12 000	12 000	12 000	13 500
Vortragende Räte	7 500	7 500	7 500	7 800	7 800
Expedienten, Kalkulatoren, Registratoren, Rendanten, Kanzleidirektoren	3 000	3 150	3 150	3 450	3 600
Kanzleisekretäre	1 800	1 800	2 100	2 100	2 100
Botenmeister, Kastellane, Kanzleidiener u. a. Unterbeamte	1 035	1 035	1 050	1 050	1 200
Regierungen					
Oberpräsidenten	18 000	18 000	18 000	18 000	21 000
Regierungspräsidenten	9 225	9 225	9 225	9 450	9 450
Regierungsräte	3 600	3 900	3 900	4 500	4 500

Tab. 42 (Fortsetzung)

Titel des Beamten	1849	1855	1860	1865	1870
Sekretäre und Buchhalter	2250	2325	2400	2400	2400
Bureaubeamte	2100	2100	2250	2250	2250
Kanzlisten	1425	1425	1650	1650	1650
Botenmeister, Kassendiener, Boten und Hauswächter	720	750	825	825	975

Die Stellenzulagen bei den einzelnen Beamtenkategorien sind nicht aufgeführt. Die Wohngeldzuschüsse richten sich nach Ortsklassen; sie sind nicht aufgeführt. Bei steigenden Gehältern wurde das Mittel aus Anfangs- und Endgehalt aufgeführt

Tab. 43 Jahreseinkommen in der Landwirtschaft, den Gewerben, beim Lehrpersonal und bei der Geistlichkeit im Jahre 1847 in Niederbayern
Angaben in Mark

Beruf	Kost	Wohnung	Einkommen von	bis
Landwirtschaft				
Hirtenknabe	+	+	14	17
Mägde	+	+	31	62
Knechte	+	+	41	103
Taglöhner	+	–	111	156
Desgleichen	–	–	156	178
Dienstleute in Städten und Märkten				
Dienstmägde	+	+	21	69
Kutscher und Bediente	+	+	69	103
Taglöhner	+	–	124	178
Desgleichen	–	–	178	273
Gewerbe in Städten und Märkten				
Zimmerleute, Maurer	–	–	297	312
Löhne der Gesellen in den verschiedenen Gewerben (siehe Legende)				
1. Gruppe	+	+	62	135
2. Gruppe	+	+	77	154
3. Gruppe	+	+	116	163
4. Gruppe	+	+	154	193
5. Gruppe	+	+	154	232
Verschiedene Dienstarten				
Schreiber	–	–	257	514
Handlungs-Commis	+	+	171	1371

Tab. 43 (Fortsetzung)

Beruf	Kost	Wohnung	Einkommen von	bis
(Verschiedene Dienstarten)				
Apotheker-Gehilfen			171	257
Apotheker-Provisoren			343	686
Gehälter des Lehrpersonals				
Schulgehilfe	+	+	89	
Schulleiter			257	686
k. Professoren			857	2054
Gehälter der katholischen Geistlichkeit				
Bischof			13 700	
Domdechant und Domprobst			4 300	
Domherr			2 400	2750
Domvikar			1 030	1400
k. Pfarrer			690	4150
Kapläne	+	+	257	345

1. Gruppe: Kleidermacher, Schuhmacher, Säckler, Bäcker, Leinweber, Schreiner, Drechsler, Bürstenbinder, Faßbinder, Tuchmacher

2. Gruppe: Fleischer, Glaser, Hutmacher, Brauer, Kürschner, Müller, Anstreicher, Nagelschmiede

3. Gruppe: Schlosser, Grobschmiede, Spengler, Geschmeißler, Zinngießer, Seifensieder, Färber

4. Gruppe: Lebzelter, Gerber, Kupferschmiede, Seidenweber, Buchbinder

5. Gruppe: Zimmermaler, Kunstgärtner, Uhrmacher, Buchdrucker, Schriftsetzer, Posamenter

Tab. 44 Preise der notwendigsten Lebensbedürfnisse in Niederbayern im Jahre 1847
Angaben in Mark

Produkt	Menge	Preise von	Preise bis
Weizen	100 kg	15,20	21,30
Roggen	100 kg	12,50	18,70
Kartoffeln	100 kg	4,50	
Rindfleisch	1 kg	0,51	0,52
Kalbfleisch	1 kg	0,30	0,41
Schaffleisch	1 kg	0,25	0,36
Schweinefleisch	1 kg	0,61	0,71
Butter	1 kg	0,93	1,02
Schmalz	1 kg	1,38	1,54
Salz	1 kg	0,18	0,20
Roggenbrot	1 kg	0,18	0,20
Weizenbrot	1 kg	0,36	0,41
Bier	1 ℓ	0,13	0,16
Milch	1 ℓ	0,06	0,13
Obstessig	1 ℓ	0,08	0,16
Huhn	1 Stück	0,30	0,34
Weißkraut	100 Stück	3,09	6,86
Brennholz für eine Familie pro Jahr		62,00	82,00

Einen Preisindex für die Lebenshaltung im 19. Jahrhundert können wir aus den zahlreich vorliegenden Preisreihen für Lebensmittel und andere Güter des täglichen Bedarfs errechnen. Die Grundlage bildet die Ausgabenstruktur eines »Normalhaushalts« mit durchschnittlichem Einkommen, der vier bis fünf Personen umfaßt. An Beispielen aus Nürnberg wird gezeigt, wie sich die wesentlichen Ausgabenanteile langfristig verändert haben (Abb. 24 und Tab. 45).

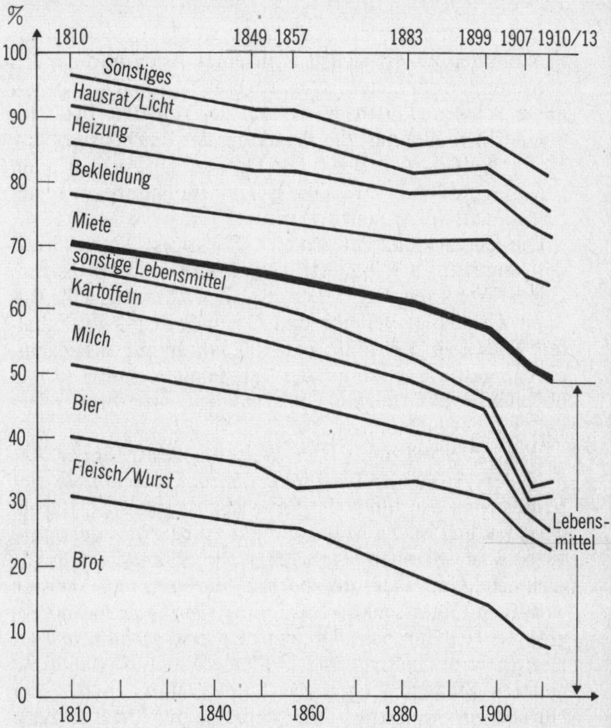

Abb. 24

Struktur der Ausgaben für die Lebenshaltung von Nürnberger Arbeiterfamilien, 1810 bis 1913

Die Kurven stellen die aufsummierten Prozentzahlen der jeweiligen Gesamtausgaben nach Tabelle 45 dar. Der spezielle Wert für eine Ausgabenart ergibt sich aus der Differenz der Begrenzungslinien

Angaben in Prozent der jeweiligen Gesamtausgaben. Auf der 100 %-Linie sind die Erhebungsjahre angegeben

Das bis zum Beginn des Ersten Weltkriegs wachsende Einkommen äußert sich u. a. in einer Änderung der Ernährungsgewohnheiten. Der Verbrauch von Fleisch, vor allem Schweinefleisch, nimmt zu, der von Brot beträchtlich ab. Auffallend ist die Abnahme des Bierkonsums von 1850 mit einem Anteil von fast 11 % an den Ausgaben auf rund 3 % im Jahre 1913. Dies gilt nur für Nürnberg; im übrigen Deutschland steigt er von 4,5 % auf 6,0 %.

Die Entwicklung des Anteils »Sonstiges« ist Ausdruck der langfristigen Erhöhung des Lebensstandards bis zum Ersten Weltkrieg. Darin sind vor allem Ausgaben für Bildung, Erholung, Verkehr und Gesundheitspflege enthalten. Dieser im Zeitraum von 100 Jahren auf 20 Prozentpunkte gestiegene Anteil, der sich damit verfünffacht hat, bedeutete auch steigende Sparmöglichkeiten breiter Bevölkerungsschichten.

Wegen des bis zum Ersten Weltkrieg relativ hohen Anteils der Ausgaben für die Ernährung beeinflußte der Ernteausfall den Index der Lebenshaltungskosten. Besonders deutlich ist die Mißernte und Hungersnot der Jahre 1816/17 zu erkennen (Abb. 22), während andererseits die reichliche Getreideernte von 1823 die Preise der meisten wichtigen Güter senkte. Nach einer Getreidemißernte im größten Teil Europas 1846 und dem ersten Auftreten der Kartoffelkrankheit 1845/47 in Deutschland, England und anderen Staaten stiegen die Preise sofort, so daß der Nürnberger Magistrat 1847 zeitweise für Brot Bezugsscheine einführte. Bereits vorher wird die Teuerung durch den dürren Sommer 1842 eingeleitet, von dem auch die Industrie laut Handelskammerbericht »hart getroffen ist«. Der agrarische und der gewerbliche Konjunkturzyklus scheinen also zumindest bis zur Jahrhundertmitte eng miteinander verbunden zu sein, so daß die Preisentwicklung für die im Lebenshaltungskostenindex vernachlässigten Güter wahrscheinlich ähnlich ist.

Tab. 45 Struktur der wichtigsten Ausgaben für die Lebenshaltung von Nürnberger Arbeiterfamilien 1810 bis 1913

Angaben in Prozent der jeweiligen Gesamtausgaben. Die Tabelle gilt für vier- bis fünfköpfige Familien mit durchschnittlichem Einkommen

	1810	1849	1857	1883	1899	1907	1910/13
1. Nahrungs-/Genußmittel							
Brot[1]	31,1	26,7	25,6	18,9	13,9	8,5	7,0
Fleisch, Wurst	9,6	9,4	9,6	14,0	16,8	16,0	14,8
Rind-	3,5	3,3	2,7	5,4	6,0	4,6	4,5
Schweine-	4,6	5,1	5,2	7,5	9,1	9,9	9,0
Kalb-	0,5	0,2	0,7	0,8	1,4	1,5	1,3
Hammel-	1,0	0,8	1,0	0,3	0,3	–	–
Bier	11,0	10,6	10,5	8,5	7,5	3,4	3,2
Milch	9,0	8,2	8,2	6,8	5,6	5,3	5,5
Mehl[2], Grieß, Reis	1,5	1,5	1,5	1,8	1,7	1,6	1,5
Schmalz[3]	1,0	1,5	1,5	1,7	1,7	1,8	1,6
Kartoffeln	5,8	5,8	5,1	4,1	1,3	2,0	2,0
Eier	0,5	0,7	0,7	0,9	1,6	3,2	3,0
Butter	0,5	0,6	0,6	0,6	0,6	0,8	0,9
sonstige	–	–	0,7	2,7	5,1	7,7	9,0
insgesamt	70,0	65,0	64,0	60,0	55,8	50,3	48,5
2. Wohnungsmiete	8,6	8,7	9,1	10,1	14,8	13,9	14,8
3. Bekleidung	8,0	8,0	8,5	7,5	7,4	8,5	7,5
4. Heizung	5,8	5,7	5,0	3,3	4,0	4,0	4,0
5. Beleuchtung	1,9	1,9	1,8	0,9	1,0	1,0	1,0
6. Hausrat	2,0	2,0	2,0	3,0	3,4	4,5	4,5
Zusammen	96,3	91,3	90,4	84,8	86,4	82,2	80,3
Nur 1, 2, 4, 5	86,3	81,3	79,9	74,3	75,6	69,2	68,3

[1] Schwarz- und Weißbrot
[2] Roggen- und Weizenmehl
[3] Butter- und Schweineschmalz

Tab. 46 Preise für Nahrungsmittel, Wohnung, Heizung, Licht und der Preisindex für die Lebenshaltung von 1810 bis 1913

Wohnung: Jahresmiete für 3 Zimmer und Küche; Angaben in Mark; Index: 1910/13 = 100

		1810	1849	1857	1883	1899	1907	1910/13
Nahrungsmittel								
Roggenbrot	1 kg	0,13	0,10	0,18	0,32	0,32	0,34	0,30
Rindfleisch	1 kg	0,51	0,52	0,68	1,31	1,40	1,80	1,87
Schweinefleisch	1 kg	0,60	0,64	0,89	1,32	1,42	1,53	1,82
Kalbfleisch	1 kg	0,50	0,35	0,50	1,03	1,40	1,54	1,63
Hammelfleisch	1 kg	0,42	0,43	0,64	1,18	1,38	1,64	1,73
Bier	1 ℓ	0,10	0,12	0,16	0,24	0,24	0,24	0,26
Milch	1 ℓ	0,08	0,10	0,13	0,19	0,19	0,17	0,21
Roggenmehl	1 kg	0,05	0,10	0,15	0,35	0,34	0,35	0,33
Schweine-schmalz	1 kg	0,66	0,70	0,98	1,45	1,60	1,69	2,03
Kartoffeln	1 kg	0,03	0,03	0,06	0,06	0,06	0,06	0,06
Eier	10 St.	0,31	0,25	0,27	0,50	0,50	0,60	0,68
Butter	1 kg	1,35	1,22	1,68	2,09	2,40	2,46	2,72

Tab. 46 (Fortsetzung)

		1810	1849	1857	1883	1899	1907	1910/13
Wohnungsmiete		40,00	41,00	62,00	150,00	223,00	287,00	343,00
Heizung								
Föhrenholz	50 kg	2,25	5,70	7,75	8,05	7,30	10,0	11,15
Kohle	50 kg				1,30	1,49	1,70	1,76
Beleuchtung								
Talg	1 kg	1,57	1,02	1,36	1,12	0,84		
Petroleum	1 ℓ				0,24	0,21	0,18	0,19
Lebenshaltung		38,9	37,3	55,8	83,0	85,2	92,3	100,0

Zum rechten Verständnis der Ausgaben für die Lebenshaltung und deren Struktur wird in Tab. 46 die Entwicklung der Preise der in Tab. 45 aufgeführten Güter dargestellt. Es wurden Preise für die Jahre gewählt, die auch in dieser Tabelle enthalten sind.

Zusammenfassend läßt sich feststellen, daß das 19. Jahrhundert durch die erst langsam und dann nach der Mitte des Jahrhunderts stärker einsetzende Industrialisierung gekennzeichnet ist. Die Gründung des Deutschen Reiches (1871) beeinflußte mit der Vereinheitlichung von »Münze, Maß und Gewicht« die Lebensverhältnisse eines jeden Bürgers ganz besonders.

Bis etwa 1850 blieb das Nominaleinkommen der arbeitenden Bevölkerung ungefähr gleich, allerdings auf niedrigem Niveau (Abb. 22 und 23). Bis 1914 stieg dann das Einkommen unter dem Einfluß der fortschreitenden Industrialisierung erst langsam, dann schneller. Das Realeinkommen war natürlich von den Lebenshaltungskosten und damit von den Preisen abhängig. Nach der Gründung des Deutschen Reichs 1870/71 sind die nominalen Verdienste, das Realeinkommen und damit der Lebensstandard der Arbeiterschaft bis 1914 deutlich angewachsen. Zwar wandelte sich die 1874 bis 1896 vorherrschende deflationäre Tendenz, abzulesen an der relativen Konstanz der Preise, in den letzten beiden Friedensjahrzehnten in ein Ansteigen von Preisen und damit der Lebenshaltungskosten. Von 1874 bis 1896 veränderte sich der Index der Lebenshaltungskosten um –0,2 % jährlich, war also leicht fallend. Von 1896 bis 1913 dagegen stieg der Index um jährlich 1,4 %. Allerdings kletterten die Wohnungsmieten bedeutend stärker: von 1874 bis 1896 um 1,6 % und von 1896 bis 1913 um 3,3 % jährlich.

Speisen-Karte.

	Mark	Pf.
Entrées.		
Beefsteak von Filet	1	—
do. mit Ei oder Sardellen	1	25
Kalbs-Cotelette	—	75
Wiener Schnitzel	1	—
Kalbsleber	—	60
Gänseleber	—	80
Gänseklein	—	75
Wiener Wurst, Jauersche Wurst	—	30
Rumsteak	1	—
Paprika-Schnitzel	1	—
Fricassée	1	—
Gemüse.		
Stangenspargel mit Butter	1	—
do. mit Cotelette	1	25
Braten.		
Gänsebraten	1	—
Kalbsbraten	—	75
Kalbsbrust	—	60
Schmorbraten	—	75
Kalbsnierenbraten	—	90
Rippespeer	—	75
Fische.		
Aal, grün	—	80
Hecht in Butter, grün	—	75
Kalte Speisen.		
Majonaise von Hummer	—	60
Westphälischer Schinken mit Butter	—	75
1 Butterbrod belegt	—	25
Sardellenbrödchen	—	40

Salate und Compots.		Käse mit Butter.	
Heringssalat	25 Pf.	Neufchateller	40 Pf.
Saure od. Pfeffergurken	10 „	Schweizer	30 „
Aepfelmus	25 „	Kuhkäse	30 „

Grössere Auswahl bietet die von den Kellnern verabreichte Karte.

Abb. 25 Speisekarte des Vergnügungslokals »Neue Welt« in der Berliner Hasenheide, um 1900

Abb. 26 Inserat einer Großschlachterei im Ruhrgebiet, 1903

Der Verdienst der Arbeiter und unteren bis mittleren Angestellten wuchs im Durchschnitt seit 1880 bei zunächst gleichbleibenden, teilweise sogar sinkenden (1880–85) Lebenshaltungskosten. Als diese nach 1895 zu steigen begannen, wuchsen die Einkommen noch stärker als die Lebenshaltungskosten, so daß die realen Einkommen der Arbeiter und Angestellten kontinuierlich zunahmen.

So läßt sich konstatieren, daß der Lebensstandard der Arbeiterschaft und die Kaufkraft der Mark im kaiserlichen Deutschland zunahmen, und zwar auch noch im letzten Jahrzehnt vor dem Krieg. Erst im Krieg und danach mit der Inflation kam es zu einem tiefen Rückschlag in der Entwicklung von Reallöhnen und -gehältern, die nicht vor Ende der zwanziger Jahre wieder den Stand von 1913 erreichten, in der Wirtschaftskrise wieder abfielen und sich in der NS-Zeit ganz langsam erholten (Tab. 47).

Tab. 47 Nominal- und Realwochenlöhne der Eisenbahnarbeiter und Buchdrucker sowie Nominal- und Realmonatsgehälter typischer Besoldungsgruppen verheirateter Reichsbeamter in Ortsgruppe A, von 1913 bis 1923

Angaben in Mark

Jahr bzw. Monat	Eisenbahnarbeiter gelernte nominaler Lohn	Eisenbahnarbeiter gelernte realer Lohn	Eisenbahnarbeiter ungelernte nominaler Lohn	Eisenbahnarbeiter ungelernte realer Lohn	Buchdrucker nominaler Lohn	Buchdrucker realer Lohn	Höhere Beamte nominales Gehalt	Höhere Beamte reales Gehalt	Mittlere Beamte nominales Gehalt	Mittlere Beamte reales Gehalt	Untere Beamte nominales Gehalt	Untere Beamte reales Gehalt
1913	34,56	34,56	23,70	23,70	31,65	31,65	608	608,00	342	342,00	157	157,00
1914	34,56	33,59	23,70	23,03	31,65	31,76	608	590,86	342	332,36	157	152,58
1915	35,64	27,54	24,78	19,15	31,65	24,46	608	469,86	342	264,30	157	121,53
1916	40,56	23,90	29,70	17,50	32,55	19,18	608	358,28	342	201,53	157	92,52
1917	55,85	22,08	44,45	17,58	39,50	15,65	660	260,95	420	166,07	313	84,22
1918	90,92	28,80	74,06	23,65	53,59	17,11	891	284,48	589	188,06	342	100,20
1919	139,23	31,86	124,83	28,39	94,96	28,88	1 015	244,58	778	187,47	582	140,24
1920	235,60	23,06	215,60	21,10	193,46	19,23	1 981	192,89	1 548	138,31	1 149	111,92
1921	349,00	25,75	321,00	23,71	294,00	21,80	3 238	238,79	2 394	177,94	1 725	129,24
1922												
Januar	521	24	482	22	490	23	5 067	248	3 487	171	2 451	120
April	754	21	708	20	707	20	6 222	181	4 673	136	3 524	103
Juli	1 445	24	1 349	23	1 224	21	12 193	226	9 095	169	6 798	126
Oktober	4 781	29	4 518	17	4 129	16	48 611	220	36 428	165	24 725	112

Tab. 47 (Fortsetzung)

Jahr bzw. Monat	Eisenbahnarbeiter gelernte nominaler Lohn	Eisenbahnarbeiter gelernte realer Lohn	Eisenbahnarbeiter ungelernte nominaler Lohn	Eisenbahnarbeiter ungelernte realer Lohn	Buchdrucker nominaler Lohn	Buchdrucker realer Lohn	Höhere Beamte nominales Gehalt	Höhere Beamte reales Gehalt	Mittlere Beamte nominales Gehalt	Mittlere Beamte reales Gehalt	Untere Beamte nominales Gehalt	Untere Beamte reales Gehalt
1923												
Januar	21 248	15	21 096	14	19 763	14	226 523	198	170 093	148	115 890	101
April	58 020	19	55 020	18	68 981	23	595 264	210	446 779	153	304 155	104
Juli	859 510	15	817 451	14	671 671	12	$8{,}7 \cdot 10^6$	258	$6{,}3 \cdot 10^6$	188	$4{,}0 \cdot 10^6$	120
Oktober	$196 \cdot 10^9$	15	$185 \cdot 10^9$	14	$162 \cdot 10^9$	11	$977 \cdot 10^9$	261	$710 \cdot 10^9$	189	$453 \cdot 10^9$	121
November	$11 \cdot 10^{12}$	16	$9{,}5 \cdot 10^{12}$	15	$15 \cdot 10^{12}$	17	$99 \cdot 10^{12}$	193	$72 \cdot 10^{12}$	138	$46 \cdot 10^{12}$	87
Dezember	24,00 RM	20	18,72 RM	16	25,80 RM	21	309,50 RM	251	210,75 RM	170	115,25 RM	92

4.3.6 Vom Ersten Weltkrieg bis zum Ende des Zweiten Weltkriegs

Nach den tiefen Einschnitten, die der Erste Weltkrieg in der Wirtschaft, der Politik und dem sozialen Gefüge hinterlassen hatte, und nach der Überwindung der ärgsten Folgen der großen Inflation (s. Kap. 3.4) waren normale Zustände erst 1925 eingekehrt. Es gab wieder eine stabile Währung, die »Reichsmarkzeit« hatte begonnen (Kap. 3.4.1 und 3.4.2).

Die veränderten politischen und sozialen Verhältnisse kamen allgemein den Löhnen zugute. Zu den Spitzenverdienern gehörten die Arbeiter der Montan- und der Schwerindustrie. Im Bergbau beispielsweise lag der Stundenlohn im Jahr 1930 um 51 % höher als 1913, während die Lebenshaltungskosten nur um 47 % gestiegen waren. Der durchschnittliche Jahreslohn eines Hüttenarbeiters stieg von 1913 bis 1930 von 1 513 Mark auf 2 574 Reichsmark, also um 70 %. Der Lohnanstieg geschah nicht kontinuierlich, sondern auf einen Abfall nach der Währungsreform folgte in den Jahren vor der Wirtschaftskrise ein kräftiger Anstieg, dem nach 1930, mit dem Beginn der Depression, ein ebenso kräftiger Abfall folgte. Die Verbesserungen der unmittelbaren Nachkriegszeit gingen also weitgehend wieder verloren (Tab. 48).

Notwendig ist natürlich zur Beurteilung der Kaufkraft die Beziehung zwischen Löhnen und Preisen. Von 1913 bis 1933 stiegen die Preise lediglich um etwa 10 %, die Löhne dagegen um 20 %. Allerdings war der Anstieg nicht kontinuierlich, sondern wurde durch einen starken Preisanstieg 1929 bis 1932/33 mit nachfolgendem Preisrückgang unterbrochen. Der beträchtliche zeitliche Unterschied zwischen der Preis- und Lohnentwicklung erklärt sich vor allem in dem Nachhinken der Löhne gegenüber dem Ansteigen der Preise.

Tab. 48 Entwicklung der Löhne und der Lebenshaltungskosten von 1924 bis 1943

M/RM Mark/Reichsmark; *Rpf* Reichspfennig

Jahr	Jahreslohn		Stunden-lohn (Rpf pro Stunde)	Index der Lebens-haltung (1938 = 100)
	M/RM	Änderung (1939 = 100)		
1913	1 163	69	65,9	80
1924	1 332	67	63,8	104
1925	1 677	84	82,9	112
1926	1 711	86	92,6	112
1927	1 854	93	96,6	117
1928	2 001	101	95,9	120
1929	2 131	107	101,1	122
1930	2 131	107	102,8	117
1931	1 947	98	97,4	107
1932	1 651	83	81,6	96
1933	1 586	80	78,5	94
1934	1 637	82	78,3	96
1935	1 697	85	78,3	98
1936	1 770	89	78,3	99
1937	1 811	91	78,5	99
1938	1 909	96	78,8	100
1939	1 986	100	79,1	104
1940			79,2	106
1941			79,9	108
1942			80,3	110
1943			80,9	112

Die Lohn-Preis-Entwicklung in den Jahren 1933 bis 1944 muß in Verbindung mit der nationalsozialistischen Wirtschaftspolitik gesehen werden. Die Löhne wurden stabilisiert, die Preise dagegen gingen wieder nach oben.

Auch aus der Gehaltsentwicklung geht dieselbe Tendenz hervor, wie Tab. 49 mit den monatlichen Bezügen der planmäßigen Reichsbeamten zeigt. Bis zur Besoldungsreform vom 1. Oktober 1927 stiegen die Bezüge, je nach Besol-

Tab. 49 Monatliche Gesamtbezüge[1] der planmäßigen Reichsbeamten von 1923 bis 1941

Angaben in Mark bzw. Reichsmark. Mit Index (1913 = 100)

Jahr	Besoldungsgruppen									
1923–27 1927–36 1936–41	II A 10 A 10 a	III A 9 A 9	V A 8 a A 8 a	VI A 7 A 7 a	VII A 5 b A 5 b	VIII A 4 c A 4 c 2	IX A 4 b A 4 b 1	X A 2 c A 2 c 2	XII A 2 b A 2 b	XIII A 1 A 1 a
1913[2]	156	173	242	321	417	442	525	708	808	1 140
1. 12. 1923	121	128	161	180	207	235	265	307	397	450
1. 12. 1924	203	213	267	318	398	442	491	628	793	1 034
1. 4. 1926	209	218	274	326	408	452	502	642	807	1 052
1. 10. 1927	260	277	285	352	430	497	563	810	918	1 190
1. 2. 1931	244	260	268	331	404	467	530	761	863	1 119
1. 7. 1931	231	246	254	313	383	442	495	713	808	1 035
1. 1. 1932	208	221	228	281	344	397	445	640	726	928
1. 4. 1936	228	221	228	281	344	397	445	640	726	928
1. 7. 1938	267	238	244	291	357	410	458	657	743	950
1. 1. 1941	285	279	287	342	419	482	545	782	884	1 145
1913	100	100	100	100	100	100	100	100	100	100
1023	78	74	67	56	50	53	50	43	49	39
1924	130	123	110	99	95	100	94	89	98	91

Tab. 49 (Fortsetzung)

Jahr	Besoldungsgruppen									
1923–27	II	III	V	VI	VII	VIII	IX	X	XII	XIII
1927–36	A 10	A 9	A 8 a	A 7	A 5 b	A 4 c	A 4 b	A 2 c	A 2 b	A 1
1936–41	A 10 a	A 9	A 8 a	A 7 a	A 5 b	A 4 c 2	A 4 b 1	A 2 c 2	A 2 b	A 1 a
1927	167	160	118	110	103	112	107	114	114	104
1932	133	128	94	88	82	90	85	90	90	81
1938	171	138	101	91	86	93	87	93	92	83

[1] Endgrundgehalt einschließlich Wohngeldzuschuß für einen kinderlos verheirateten Beamten nach Vollendung des 45. Lebensjahres

[2] Das Besoldungsgesetz vom 15. Juli 1905 wies 70 Besoldungsgruppen mit aufsteigenden Gehältern aus. Hier wurden zum Vergleich mit den 1927 eingeführten neuen Besoldungsgruppen folgende ausgewählt: II Amtswart, III Kanzleigehilfe, V Kanzleisekretäre, VI Kanzleiobersekretäre, Werkmeister, VII Obersekretäre, Volksschullehrer, VIII Inspektoren, Hauptlehrer, IX Oberinspektoren, Oberlehrer, X Regierungsräte, Studienräte, XII Oberregierungsräte, Oberstudienräte, XIII Ministerialräte

dungsgruppe, zwischen 3 und 66 % gegenüber 1913. Die Wirtschaftskrise erzwang Gehaltskürzungen (»Brüningsche Notverordnungen«), die bis 1932 etwa 20 % ausmachten.

Aufschluß über die Kaufkraft und damit den Lebensstandard der Bevölkerung vermittelt die Gliederung der privaten Haushaltsausgaben (Tab. 50). Ein Vergleich der Konsumstruktur von 1907 bis 1937 belegt zwei wichtige Tatbestände: Einmal war in den dreißiger Jahren der Anteil der Nahrungsmittel gesunken, der Spielraum für

OSKE

Zitronenkringel	0,20
Apfelkuchen	0,20
Marienschnitte	0,20
Nußtörtchen	0,20
Maitranktörtchen	0,20
Paganini	0,20
Tort	0,20
Apfelsinenschnitte	0,20
Weinbeertörtchen	0,20
Kirschtörtchen	0,20
Proskauer	0,20
Makrone	0,20
1 Scheibe Königskuchen	0,20
Altdeutsche Portion	0,20
Käsekuchen	0,20
Corbella-Törtchen	0,20
Pariser Waffel	0,20
Gef. Streußelkuchen	0,20
Gef. Bienenstich	0,20
Ananasscheibe	0,20
Krokanthäufchen	0,20
Wiesbadener Ananastörtchen	0,20
Kranz	0,25
Marzipanstolle	0,25
Nougathörnchen	0,25
Buttercremetorte	0,25
Bismarckeiche	0,25
Krokantkranz	0,25
Spiegelei	0,25
Portion Sahne	0,25
Windbeutel	0,30
Sahnenbaiser	0,30
Obsttorte	0,30
Sahnentorte	0,35
Teegebäck Portion	0,35
Weintrauben Dessert Spezialität	0,40
Portion Baumkuchen, weiß	0,40
Portion Baumkuchen, Schok.	0,45
Torte mit Sahne	0,50

und reichhaltige Auswahl am Kuchenbüffet.

Obstkuchen aller Art der Saison entsprechend.

OSKE

1 belegtes Brötchen	0,75
Belegtes Brot mit Schinken oder Wurst	0,80
Belegtes Brot mit Schweizer Käse	0,75
Brot mit Sardelle	1,10
Brot mit Lachs	0,80
Brot mit Ei und Sardelle	1,—
Appetitsbrot Spezialität	1,25
Illustrierte Gurke	1,10
Ölsardinen mit Brot u. Butter	1,20
Brot m. Schinken u. Spiegelei	1,20
Schwedenplatte	2,—
Portion Aufschnitt	1,75
½ Aufschnitt	1,—
Portion Schweizerkäse oder Camembert m. Butter u. Brot	0,80
Warme Speisen:	
Fleischbrühe	0,40
Fleischbrühe mit Ei	0,50
Echte Schildkrötensuppe, Tasse	0,80
Fleischpastete	0,35
Ragout-fin-Pastete	0,60
Würstchen in Blätterteig	0,50
Ragout fin in Muschel	1,—
2 Stück Eier im Glas mit Butterbrot	0,60
3 Stück Spiegeleier mit Schinken	1,30
Sülzkotelett m. Bratkartoffeln	1,40
3 Stück Spiegeleier mit Bratkartoffeln	1,20
3 Stück Rühreier m. Schinken	1,30
3 Stück Rühreier mit Butterbrot	1,10
1 Paar große Würstchen	1,—
1 Paar große Würstchen mit Butterbrot od. Bratkartoff.	1,20
Thüringer Bratwurst m. Salat	1,—
Schnitzel oder Kotelett mit Bratkartoffeln u. Kompott	1,75
Rumpsteak mit Bratkartoffeln und Kompott	1,75

Warme Getränke:

Tasse Kaffee	0,40
Tasse Kaffee verkehrt	0,40
Tasse Kaffee halb u. halb	0,40
Tasse Kaffee Hag	0,45
Kaffee Melange	0,50
Filterkaffee	0,60
Kännchen Kathreiner	0,45
Kännchen Hag	0,80
Kännchen Mokka	1,—
Kännchen Mokka Double	1,50
Tasse Kakao in Milch	0,50
Tasse Schokolade mit Sahne	0,50
Tasse Milch	0,30
Glas Tee mit Zitrone oder Milch	0,40
Glas Tee mit Rum od. Arrak	0,70
Portion Tee	1,—
Grog von Rum	0,85
Grog von Arrak	0,85
Grog von Cognac	0,85
Glühwein	0,85
Schlummerpunsch	0,85
Burgunderpunsch	0,85
Seehund	0,70
Eierpunsch	1,20
Helgoländer Welle	1,10

Abb. 27 Auszug aus der Speise- und Getränkekarte des Café Oske in Brandenburg (Havel), 1934

andere Bedürfnisse etwas größer geworden; zum anderen war der Anteil der Ausgaben für das Wohnen 1937 gegenüber 1927 stark angestiegen und übertraf relativ die Wohnungsausgaben von 1907. 1927 waren sie in Folge eines sehr restriktiven Wohnungsbewirtschaftungsprogramms beträchtlich gesunken.

Tab. 50 Struktur der wichtigsten Ausgaben für die Lebenshaltung privater Haushalte in Prozent der jeweiligen Gesamtausgaben zwischen 1907 und 1937

	1907	1927	1937
Nahrungsmittel	42,6	41,0	34,8
Genußmittel	6,7	9,2	8,1
Wohnung	16,8	12,7	20,0
Möbel, Hausrat, Heizung, Beleuchtung	8,4	9,7	12,0
Bekleidung, textiler Hausrat, Lederwaren	13,0	14,7	15,8
Gesundheits- und Körperpflege und Reinigung	4,2	5,0	2,2
häusliche Dienste	0,7	0,6	0,2
Bildung, Erholung	6,1	6,0	5,2
Verkehr	1,5	1,0	1,7
Gesamtausgaben	100,0	100,0	100,0

Abb. 28 Speisekarte der Gaststätte Waldschlößl in München aus dem ersten Jahr des Zweiten Weltkriegs, mit Genehmigungsvermerk der Bezirksinspektion des 34. Stadtbezirks vom 29. November 1939. Wegen der Preisstoppverordnungen hat sich das Preisniveau seit 1934 (vgl. Abb. 27) nicht verändert. Infolge der Lebensmittelbewirtschaftung müssen Lebensmittelmarken abgegeben werden, die auf der Zeile »Notw. Marken i. Gr[amm]« verzeichnet werden (Fleischmarken ohne Kennbuchstaben, Brotmarken mit einem *B*; im weiteren Kriegsverlauf wurden auch noch Fett- und Zuckermarken verlangt).

23. XI. 39.

Bezirksinspektion des 34. Stadtbezirkes

Gaststätte „Waldschlößl"

am Waldfriedhof • Christian Geigenberger • Tel. 72571

SPEISE-KARTE

	RM.
Kalte Vorgerichte und kalte Speisen — Notw. Marken I Gr. 50 g	
Metwurst	40
Warmes Vorgericht — Notw. Marken I. Gr.	
Makaroni Salat	70
Suppen	
Rollgerstensuppe	15
Eintopf- und Tellergerichte — Notw. Marken I. Gr. 50 g	
Ochsenfleisch garni	1.20
Stammgericht (Markenfrei) -.70	
Wirsing m. Einlage	
Fischgerichte 2. Fischgericht nur an fleischlosen Tagen	
Forelle blau	1.20
Eierspeisen Notw. Marken in Gramm	
Gemüse und Salate	
Wirsing	20
Gem. Salat	20

	RM
~~Gedeck (Menü)~~ zu RM -.80 — Notw. Marken I. Gr. 50 g	
Rosenstück Makaroni	
~~Gedeck (Menü)~~ zu RM -.90 — Notw. Marken I. Gr. 50 g	
Nierenbraten Salat	
Wurstsorten (Nicht an fleischlosen Tagen) — Notw. Marken I. Gr. 50 g	
Leberkäs	30
~~Makaroni~~	~~30~~
Zungenwurst	30
Mehlspeisen (Süßspeisen) — Notw. Marken I. Gr. 100 g B	
Pfannkuchen	1.–
Kompotte	
Apfelmus	30
~~Käse~~ Essen -.70 Suppe	
~~Kuchen~~ Rosenspitz	1.50
Kalbsbraten Salat	1.50

Transkription der handschriftlichen Wörter: Metwurst; Makaroni Salat; Rollgerstensuppe; Ochsenfleisch garni; Wirsing m. Einlage; Forelle blau; Wirsing, Gem. Salat; Rosenstück, Makaroni; Nierenbraten, Salat; Leberkäs; Zungenwurst; Pfannkuchen; Apfelmus; Essen, Suppe; Rosenspitz; Kalbsbraten, Salat

Tab. 51 Einzelhandelspreise der Nahrungsmittel und Preisindizes der Wohnungsmieten, der Heizung und Beleuchtung und der Bekleidung für die Jahre 1913 bis 1938

Preise in Pfennig je Kilogramm oder Liter; Indizes: 1913 = 100

	1913	1925	1926	1927	1928	1929	1930	1931	1932	1933	1934	1935	1936	1937	1938
Nahrungsmittel															
Roggenbrot	37	55	52	62	62	58	55	53	51	45	45	44	44	44	44
Kartoffeln	7	11	11	15	13	12	10	9	8	7	9	9	9	9	10
Gemüse, Salat	8	18	14	24	24	27	16	13	12	14	16	16	16	16	17
Zucker	51	71	67	72	62	62	63	69	75	76	77	78	77	77	77
Rindfleisch	181	227	220	233	231	236	232	191	147	143	146	158	165	167	167
Kalbfleisch	201	244	243	251	251	262	260	212	163	157	164	181	217	209	206
Schweinefleisch	173	249	253	221	217	261	230	170	148	152	164	167	170	163	163
Hammelfleisch	190	216	222	235	241	260	259	219	166	160	172	191	221	222	186
Schweineschmalz	197	296	294	265	249	269	249	193	168	182	207	213	216	211	211
Geflügel	180	295	294	304	304	317	315	257	197	190	198	219	263	253	250
Eier (Stück)	9	15	14	14	14	14	13	11	10	10	11	11	11	11	12
Milch	15	26	23	24	24	24	20	18	16	15	17	16	17	17	17
Fisch	80	90	95	96	95	95	90	76	74	71	71	71	71	71	66
Wein	100	123	205	282	227	135	99	67	114	134	94	87	81	128	142

Tab. 51 (Fortsetzung)

	1913	1925	1926	1927	1928	1929	1930	1931	1932	1933	1934	1935	1936	1937	1938
(Nahrungsmittel)															
Bier	37	73	73	78	74	76	81	88	79	76	76	75	76	75	75
Branntwein	425	925	975	1076	1142	1291	1291	1111	860	860	860	860	860	860	963
Kaffee	318	717	712	707	706	706	683	628	572	551	533	529	525	521	525
Wohnungsmiete	100	82	100	115	126	126	129	132	121	121	121	121	121	121	121
Heizung, Beleuchtung	100	130	133	134	136	141	142	139	127	127	127	126	126	125	125
Bekleidung	100	173	164	159	170	172	164	137	112	107	111	118	120	126	130

4.3.7 Die Zeit nach dem Zweiten Weltkrieg

Mit der erfolgreichen Währungsreform vom 20./21. Juni 1948 gingen die Jahre der Not nach dem Ende des Zweiten Weltkriegs allmählich zu Ende, und es begann ein wirtschaftlicher Aufschwung, der später das »Wirtschaftswunder« genannt wurde. Durch das wirtschaftliche Wachstum steigerte sich das Einkommen aller Bevölkerungsschichten und wegen des anfänglich moderaten Preisanstiegs auch der Lebensstandard. Tab. 53 gibt einen Überblick über die Entwicklung von Einkommen und Lebenshaltungskosten.

Tab. 52 Entgelte der Post für einen Standardbrief von 20 g und für eine Postkarte, von 1872 bis 1997

Angaben in Pfennig der jeweiligen Währung

Gültig ab:	Brief		Postkarte	
	Ort	Fern	Ort	Fern
1. 1. 1872	10[1)]	10[1)]	2	5
1. 1. 1876	10	10	2	5
1. 8. 1906	5	10	5	5
1. 8. 1916	7½	15	7½	7½
1. 10. 1918	10	15	7½	10
1. 10. 1919	15	20	10	15
6. 5. 1920	30	40	30	30
1. 4. 1921	40	60	30	40
1. 1. 1922	125	200	75	125
1. 7. 1922	100	300	75	150
Große Inflation				
1. 1. 1924	5	10	3	5
1. 8. 1927	8	15	5	8
15. 1. 1932	8	12	5	6
1. 3. 1946	16	24	10	12
1. 9. 1948	10	20	8	10
1. 3. 1963		20[2)]		15[2)]

Tab. 52 (Fortsetzung)

Gültig ab:	Brief		Postkarte	
	Ort	Fern	Ort	Fern
1.4.1966		30		20
1.7.1972		40		30
1.7.1974		50		40
1.1.1979		60		50
1.7.1982		80		60
1.4.1989		100		60
1.7.1991		100		80
1.9.1997		110		100

[1] Höchstgewicht: 15 g
[2] kein Unterschied mehr zwischen Orts- und Fernverkehr

Besser als nach einer Tabelle läßt sich die Zu- und Abnahme der Einkommen und der Lebenshaltungskosten an Hand von graphischen Darstellungen verfolgen.

Die Abbildungen 29, 30 und 31 beruhen auf den Werten der Tabelle 53. Um die Einkommen von Arbeitern und Angestellten besser vergleichen zu können, sind die Stundenlöhne der Arbeiter in Monatslöhne umgerechnet worden.

Während der Aufschwungphase, die bis in die sechziger Jahre dauerte, bewegte sich die gewerkschaftliche Lohnpolitik in den durch den Produktivitätszuwachs gegebenen Grenzen. Starkes Wirtschaftswachstum ermöglichte hohe Reallohnsteigerungen (Tab. 53 und Abb. 29). Die lohnpolitische Zurückhaltung während der Rezession von 1966/67 wurde anschließend mit einer deutlichen Verbesserung der Reallöhne mehr als kompensiert. In der Folgezeit stiegen die Löhne und auch die Einkommen allgemein (Tab. 53 und Abb. 30) stärker als die Lebenshaltungskosten. Besonders gut läßt sich diese Entwicklung an Hand von Abb. 31 verfolgen. Es sind für jeweils zwei Jahre

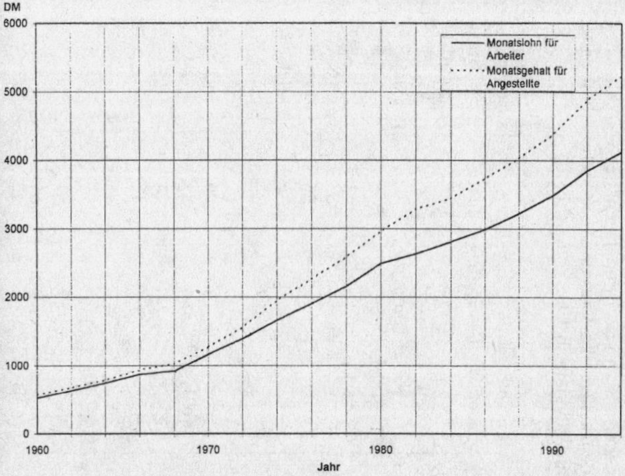

Abb. 29 Entwicklung der Monatslöhne von Industriearbeitern und der Monatsgehälter von Angestellten in Industrie und Handel, 1960 bis 1990 (alte Bundesländer)

die jährlichen Änderungen aufgetragen, d. h. das geometrische Mittel aus der Zweijahres-Änderung.

Für die Jahre von 1970 bis nach 1980 fällt auf, daß der Zuwachs der Einkommen den der Lebenshaltung beträchtlich überstieg. Auch in den folgenden Jahren wuchsen die Einkommen nicht nur schneller als die Lebenshaltungskosten, sondern übertrafen auch ständig den Zuwachs der Produktivität je Beschäftigten (Arbeitsproduktivität), so daß Preissteigerungen die Folge waren, die wiederum die Gewerkschaften zum Ausgleich des »Kaufkraftverlustes« zu Lohnforderungen veranlaßten. Die Lohn-Preis-Lohnspirale war in Gang gesetzt und führte zu der »schleichenden Inflation«, die heute das Wirtschaftsgeschehen beherrscht.

Tab. 53 Entwicklung der Stundenlöhne von Industriearbeitern und der Monatsgehälter von Angestellten in Industrie und Handel im Vergleich mit den Lebenshaltungskosten von Arbeitnehmerhaushalten mit mittlerem Einkommen, von 1950 bis 1996 (alte Bundesländer; ab 1991 Deutschland)

Jahr	Stundenlohn			Angestelltengehalt			Lebenshaltung	
	DM/Std.	Index (1985 = 100)	Änderung gegen Vorjahr (in %)	DM/Mon.	Index (1985 = 100)	Änderung gegen Vorjahr (in %)	Index (1985 = 100)	Änderung gegen Vorjahr (in %)
1938	0,79	4,8					21	
1950	1,29	7,9	4,2				33	3,8
1952	1,60	9,8	11,4				36	4,9
1954	1,72	10,5	3,6				36	–0,8
1956	1,99	12	7,6				37	2,1
1958	2,32	14	8,0	506	14		39	2,1
1960	2,68	16	7,5	572	16	6,5	40	1,2
1962	3,29	20	10,8	682	19	9,0	42	2,6
1964	3,88	24	8,6	789	22	7,6	44	2,7
1966	4,56	28	8,4	937	26	8,9	47	3,5
1968	4,89	30	3,6	1026	29	4,7	48	1,4
1970	6,11	37	11,8	1271	35	11,3	51	2,6
1972	7,44	45	10,3	1556	43	10,7	57	5,2
1974	9,13	56	10,8	1950	54	11,9	64	6,8

Tab. 53 (Fortsetzung)

Jahr	Stundenlohn			Angestelltengehalt			Lebenshaltung	
	DM/Std.	Index (1985 = 100)	Änderung gegen Vorjahr (in %)	DM/Mon.	Index (1985 = 100)	Änderung gegen Vorjahr (in %)	Index (1985 = 100)	Änderung gegen Vorjahr (in %)
1976	10,59	64	7,2	2265	64	8,5	72	5,3
1978	11,88	72	6,4	2583	72	6,3	76	2,7
1980	13,41	82	6,2	2965	82	6,6	83	4,5
1982	14,49	89	3,9	3286	90	5,0	93	5,8
1984	15,77	96	4,3	3446	97	3,6	98	2,8
1986	16,99	104	3,8	3740	104	3,2	100	0,9
1988	18,43	112	4,2	4035	110	3,2	101	0,6
1990	20,21	123	4,7	4382	117	3,0	107	2,9
1992	22,68	138	5,9	4888	130	5,6	115	3,7
1994	24,66	150	4,3	5247	138	3,0	123	3,6
1996	26,39	159	3,9	6357	146	2,1	127	1,4

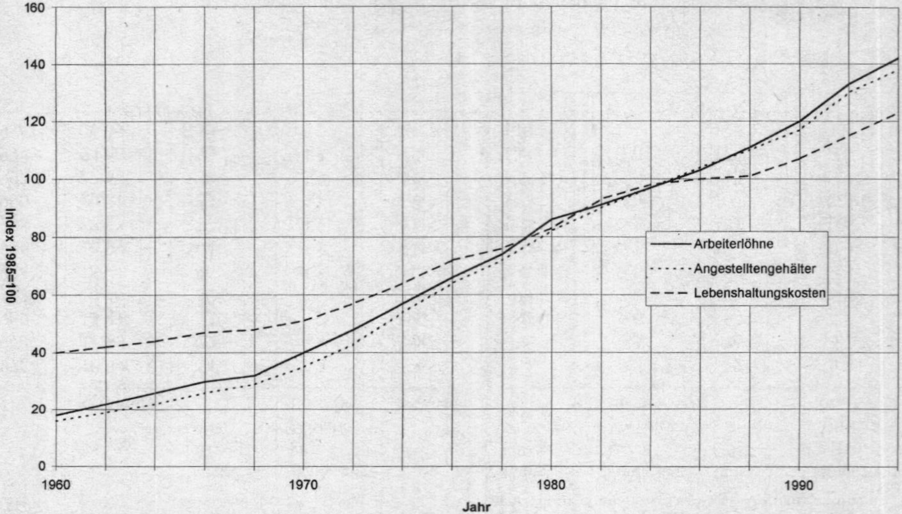

Abb. 30 Indizes der Arbeiterlöhne, der Angestelltengehälter und der Kosten der Lebenshaltung, 1960 bis 1990 (1985 = 100)

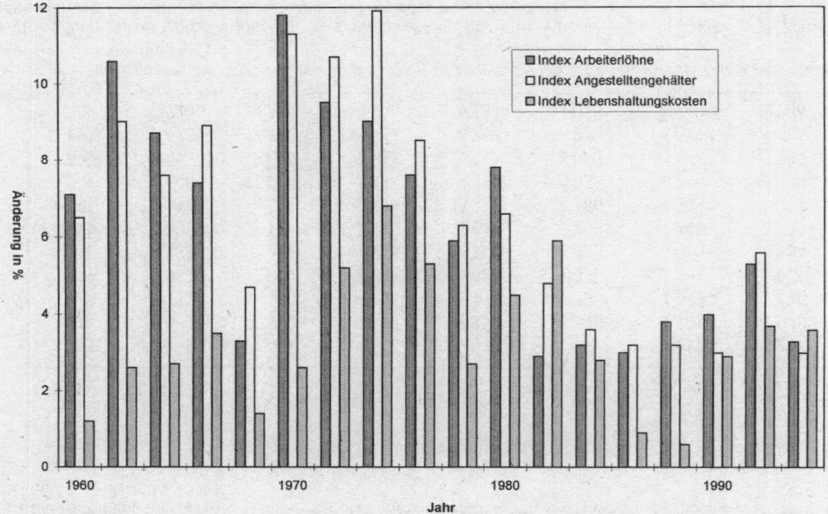

Abb. 31 Änderung der Indizes der Arbeiterlöhne, der Angestelltengehälter und der Kosten der Lebenshaltung gegenüber dem jeweiligen Vorjahr, 1960 bis 1990

Tab. 54 Monatliche Dienstbezüge der Bundesbeamten – Auswahl wichtiger Besoldungsgruppen – von 1951 bis 1997

Angegeben ist die Besoldung der höchsten Dienstaltersstufe für Verheiratete mit Ortszuschlag der höchsten Klasse für einen Beamten mit einem Kind (in DM)

Jahr	Besoldungsgruppen							
	A 3 A 9a	A 6 A 6	A 8 A 5	A 9 A 4c2	A 12 A 2d	A 13 A 2c2	A 15 A 1b	A 16 A 1a
1.10.51	362	452	536	616	932	992	1212	1448
27.7.57	498	603	782	847	1253	1333	1704	1949
1.1.61	596	717	900	976	1434	1526	1943	2226
1.1.65	743	884	1057	1143	1688	1770	2293	2623
1.1.70	1001	1188	1421	1558	2167	1423	3035	3384
1.1.76	1563	1797	2101	2298	3144	3498	4348	4833
1.1.80	1887	2114	2531	2760	3776	4186	5207	5789
1.5.85	2188	2606	3060	3338	4564	5051	6296	6999
1.1.90	2706	3095	3609	3932	5320	5880	7175	7970
1.5.95	3250	3672	4290	4569	6250	6928	8619	9582
1.3.97	3323	3720	4346	4692	6332	7018	8730	9706

Bezeichnung der Besoldungsgruppen nach dem Bundesbesoldungsgesetz vom 27. Juli 1957 (die zweite Zeile oben nennt die zuvor geltenden Bezeichnungen):

A 3: Hauptamtsgehilfe; A 6: Sekretär, Werkmeister; A 8: Hauptsekretär, Hauptwerkmeister; A 9: Inspektor, A 12: Amtsrat; A 13: Regierungsrat; A 15: Regierungsdirektor; A 16: Leitender Regierungsdirektor

Tab. 55 Einnahmen und Ausgaben privater Haushalte (alte Bundesländer) zwischen 1950 und 1995

4-Personen-Haushalte von Angestellten und Arbeitern mit mittlerem Einkommen

	1950		1969		1989		1995	
	DM	%	DM	%	DM	%	DM	%
Bruttoeinkommen[1)]	343	100	1340	100	5244	100	6590	100
Ausgabefähiges Einkommen[2)]	305	89	1142	85	4246	81	5349	81
Ausgaben für den privaten Verbrauch	285	83	1010	75	3325	63	4103	62
Nahrungsmittel	149	44	365	27	793	15	896	14
davon Getränke, Tabakwaren	16	5	56	4	147	3	.	.
Bekleidung, Schuhe	39	11	108	8	119	2	275	4
Wohnungsmieten, Energie	45	13	207	15	875	17	1188	18
Möbel, Haushaltsgeräte	14	4	103	8	288	5	275	4
Gesundheits-, Körperpflege	7	2	37	3	111	2	139	2
Verkehr und Nachrichtenübermittlung	6	2	96	7	516	10	704	11
Bildung, Unterhaltung, Freizeit	16	5	67	5	354	7	462	7
Persönliche Ausstattung, Reisen	.	.	28	2	121	2	164	2
Zur freien Verfügung	20	6	132	10	921	18	1246	19

1) Umfaßt Einkommen aus unselbständiger Arbeit, aus selbständiger Arbeit, Einnahmen aus Vermögen sowie Renten und Pensionen

2) Bruttoeinkommen abzüglich Steuern, Versicherungen, zuzüglich sonstiger Einnahmen

Tab. 56 Einzelhandelspreise der Nahrungsmittel und Preisindizes der Wohnungsmieten, der Heizung und Beleuchtung und der Bekleidung, von 1950 bis 1995

Preise in DM je Kilogramm oder Liter. Indizes: 1985 = 100

	1950	1955	1960	1965	1969	1975	1980	1985	1990	1995
Nahrungsmittel										
Roggenbrot	0,43	0,86	0,82	1,05	1,19	2,02	2,61	3,04	3,39	3,99
Kartoffeln	0,15	0,18	0,29	0,29	0,46	0,66	0,79	0,88	1,19	1,57
Weißkohl	0,34	0,66	0,54	0,70	0,81	0,89	1,04	1,14	1,32	1,32
Zucker	1,16	1,53	1,24	1,23	1,21	1,65	1,72	1,91	1,90	1,94
Rindfleisch (zum Schmoren)	3,44	4,54	6,40	9,71	9,79	13,91	15,66	17,83	18,30	18,30
Kalbsbraten, -schnitzel	3,55	5,06	6,61	8,93	10,18	22,40	26,60	29,30	31,70	34,36
Schweinefleisch, Kotelett	4,25	4,79	6,40	7,91	7,99	10,15	11,20	11,83	12,10	12,66
Brathähnchen (tiefgekühlt)			5,56	5,21	4,02	4,48	4,98	5,33	5,00	5,02
Jagd- oder Schinkenwurst	4,86	5,36	5,97	7,36	7,88	10,15	13,23	15,44	16,76	18,47
Seefisch (frisch)[2)]	1,42	1,72	3,00	4,26	4,49	6,3	8,77	9,85	14,50	14,67
Vollmilch	0,35	0,40	0,58	0,68	0,74	1,06	1,14	1,22	1,29	1,32
Käse (Edamer oder Gouda)			3,94	5,05	6,49	9,58	11,04	12,03	12,69	12,87
Eier (mittlere Gewichtsklasse, 10 St.)	2,20	2,45	2,15	2,40	2,20	2,21	2,53	2,64	2,65	2,73

Tab. 56 (Fortsetzung)

	1950	1955	1960	1965	1969	1975	1980	1985	1990	1995
(Nahrungsmittel)										
Markenbutter	5,50	6,77	7,07	7,81	7,72	8,36	9,36	9,44	8,48	8,04
Tafeläpfel	0,75	0,64	1,44	1,48	1,18	2,08	2,55	3,13	3,44	3,20
Bohnenkaffee	28,79	21,60	18,30	16,25	15,60	16,80	23,00	24,20	16,16	17,96
Weinbrand (gute Qualität, 0,7 ℓ)			12,54	10,95	7,74	10,70	12,30	15,15	14,56	15,20
Doppelkorn (38 %, 0,7 ℓ)	6,93	6,23	6,14		6,99	8,50	9,91	12,27	12,31	11,40
Flaschenbier (1 ℓ)	0,96	0,96	1,24	1,27	1,25	1,56	1,64	1,86	1,94	2,26
Wohnungsmiete	5,3	5,7	11,4	17,4	27,9	49,7	71,2	100	118	174
Heizung, Beleuchtung	7,7	10,1	14,0	19,2	23,6	43,8	76,4	100	88	85
Bekleidung	16,6	33,2	35,7	44,7	46,0	75,7	97,0	100	120	117

[1] Ab 1975 Preise für Kalbsschnitzel

[2] Ab 1975 Preise für Seelachsfilet

Tab. 57 Kaufkraft des Lohnes. Notwendige Arbeitszeit eines Industriearbeiters zum Erwerb ausgewählter Güter; 1955, 1975 und 1995

	1955			1975			1995		
	Preis	Zeit		Preis	Zeit		Preis	Zeit	
	DM	Std.	Min.	DM	Std.	Min.	DM	Std.	Min.
Roggenbrot (1 kg)	0,86	0	28	2,02	0	13	3,99	0	09
Kartoffeln (1 kg)	0,18	0	06	0,66	0	04	1,57	0	04
Zucker (1 kg)	1,53	0	50	1,65	0	10	1,94	0	05
Rindfleisch zum Schmoren (1 kg)	4,54	2	29	13,91	1	25	18,30	0	43
Vollmilch (1 ℓ)	0,40	0	13	1,06	0	06	1,32	0	03
Eier (10 St.)	2,45	1	20	2,21	0	13	2,73	0	06
Markenbutter (1 kg)	6,77	3	42	8,36	0	51	8,04	0	19
Bohnenkaffee (1 kg)	21,60	11	48	16,80	1	42	17,96	0	42
Flaschenbier (0,5 ℓ)	0,48	0	16	0,78	0	05	1,13	0	03
Straßenanzug (mittl. Qualität)	116,00	63	23	239,00	24	10	381,00	14	54
Damenkleid	22,00	12	01	176,00	17	52	322,00	12	36
Herren-Straßenschuhe	25,80	14	06	53,90	5	28	122,00	4	46
Damen-Straßenschuhe	30,00	16	24	73,00	7	25	147,00	5	45
Normalbenzin (1 ℓ)	0,63	0	21	0,83	0	05	1,51	0	04
Stundenlohn (Industriearbeiter)	1,83			9,85			25,57		

[1] 1955 einfaches Kleid aus Kunstseide; später zweiteilig, aus Jersey und reiner Schurwolle

Infolge dieser schleichenden Inflation ist der Geldwert, die *Kaufkraft des Geldes*, seit 1950 kontinuierlich gesunken. Gemessen am Index der Lebenshaltungskosten ist eine D-Mark des Jahres 1950 im Jahre 1995 nur noch 26 Pfennig wert. Dies bedeutet, daß man 1950 für 26 Pfennig soviel kaufen konnte wie 1995 für eine D-Mark. Abweichend von diesem Durchschnitt konnte man 1950 für 19 Pfennig soviel Rinderschmorfleisch kaufen wie 1995 für eine D-Mark. Bei Roggenbrot ist die Mark sogar nur noch 11 Pfennig wert (s. Tab. 56).

Im Gegensatz dazu ist die Kaufkraft des Einkommens seit 1950 beträchtlich gestiegen. Tab. 57 zeigt diese Entwicklung anhand der Zeit, die ein Industriearbeiter arbeiten muß, um die aufgeführten Waren kaufen zu können. Wir sehen, daß der Schwund der Kaufkraft des Geldes durch Steigerung der Kaufkraft des Lohnes mehr als ausgeglichen wurde.

Die Einkommen im öffentlichen Dienst (Tab. 54) folgen der allgemeinen Tendenz der Einkommenssteigerungen, wenn auch meist verzögert und in geringerem Maße.

Das in den privaten Haushalten verfügbare Einkommen fließt überwiegend in den Konsum (Tab. 55). Die für Ersparnisse aufgewendeten Anteile lagen zunächst 1950 bei niedrigen 3,2 %, stiegen bis 1964 auf 11,3 % an und folgen seitdem in etwa der Konjunktur.

Aus den Verbrauchsstrukturen privater Haushalte läßt sich die Tendenz ersehen, daß mit steigendem Einkommen der Anteil der Ausgaben für Nahrungs- und Genußmittel zurückgeht. Der Anstieg der Ausgaben für Wohnungsmieten erklärt sich aus der reduzierten staatlichen Mietensubventionierung und der gestiegenen Nachfrage nach größeren und komfortableren Wohnungen.

4.3.8 Der Weg zur Europäischen Währungsunion

Vorgeschichte

Der Vertrag von Maastricht (1993) ist nicht der erste Versuch zur Errichtung einer Europäischen Währungsunion. Nachdem die im Vertrag über die Europäische Wirtschaftsgemeinschaft (EWG) von 1957 vorgesehene Zollunion bereits Mitte 1969 realisiert war, entstand 1970 unter der Leitung des damaligen luxemburgischen Ministerpräsidenten und Finanzministers Pierre Werner ein nach ihm benannter Plan zur stufenweisen Errichtung einer Wirtschafts- und Währungsunion innerhalb von zehn Jahren.

Dieser Zeitplan ließ sich nicht verwirklichen, da die USA den »Dollar-Gold-Standard« beendeten und damit das alte System fester Wechselkurse zusammenbrach. Die EWG versuchte wenigstens in ihren Ländern die Wechselkursschwankungen in den engen Grenzen von +/– 2,25 % gegenüber den in US-Dollar ausgedrückten Mittelkursen zu halten.

Der nächste Schritt auf dem Wege zur europäischen Einheitswährung war die Gründung des Europäischen Währungssystems (EWS) im Jahre 1979.

Kernelement des EWS ist der Wechselkursmechanismus mit festen, aber anpassungsfähigen Kursen der Währungen der Teilnehmerländer. Die Leitkurse werden nicht mehr in US-Dollar, sondern in »ECU« (European Currency Unit) ausgedrückt.

Diese rechnerische Bezugsgröße des EWS wurde am 1. Januar 1979 eingeführt. Sie erfüllt folgende Aufgaben. Sie ist:

- Bezugsgröße im Wechselkursmechanismus;
- Rechengröße bei Finanzierungsoperationen;
- Zahlungsmittel und Reserveinstrument der EWS-Zentralbanken untereinander.

Der ECU ist keine eigenständige Währung, sondern ein »Währungskorb«, in dem die Währungen aller EU-Länder mit bestimmten Verhältniszahlen entsprechend ihrer Wirtschaftskraft vertreten sind. Die Zusammensetzung des Währungskorbes ist mit Inkrafttreten des Vertrages von Maastricht am 1. November 1993 eingefroren. Deshalb sind im Währungskorb nur die Währungen derjenigen Länder enthalten, die bereits damals EG-Mitglieder waren. Nach der letzten Korbrevision vom 21. September 1989 ist ein ECU folgendermaßen zusammengesetzt (Tab. 58, Spalte 1):

1 ECU = 0,6242 DEM + 0,08784 GBP + 1,332 FR + 151,8 ITL + 0,2198 NLG + 3,301 BEF + 0,130 LUF + 0,1966 DKK + 0,0086 IEP + 1,440 GRD + 6,885 ESP + 1,393 PTE
(Währungsabkürzungen vgl. Tab. 59).

Um diese Bestandteile addieren zu können, werden sie mit dem Devisenmittelkurs – dem Mittelwert aus Geld- und Briefkurs – des betreffenden Börsentages (Spalte 2) multipliziert. In dem folgenden Beispiel wird auf D-Mark-Basis gerechnet. Die Ergebnisse der Multiplikation (Spalte 3) werden addiert und ergeben den aktuellen Wert des ECU. Das relative Gewicht der Währungen an diesem Tag berechnet sich aus der Division des D-Mark-Wertes der Spalte 3 durch den Wert des in D-Mark ausgedrückten Wertes des ECU. Der Leitkurs des ECU in den anderen EU-Währungen ergibt sich aus dem D-Mark-Wert des ECU durch den auf DEM bezogenen Mittelkurs der Spalte 2.

Die nachfolgende Tabelle zeigt die Berechnung des ECU-Kurses am Beispiel der Devisenkurse vom 11. April 1997.

Mit dem Beginn der Endstufe der Wirtschafts- und Währungsunion (WWU) zum 1. Januar 1999 wurde der amtliche ECU-Korb abgeschafft.

Tab. 58 Berechnung von ECU-Kursen am Beispiel der D-Mark (Stand 18. April 1997)

Absoluter Betrag in nationaler Währung		DM-Mittelkurs vom 18. 4. 97	Gegenwert in D-Mark	Relatives Gewicht der Währungen (in %)	ECU-Leitkurs in den anderen Währungseinheiten
(1)		(2)	(3)	(4)	(5)
Deutsche Mark	0,6242	1,000	0,624	31,8	1,959 DEM
Pfund Sterling	0,08784	2,8024	0,246	12,6	0,699 GBP
Französ. Franc	1,332	0,2968	0,395	20,2	6,600 FR
Ital. Lire	151,8	0,0010127	0,154	7,9	1 934,430 ITL
Niederl. Gulden	0,2198	0,8898	0,196	10,0	2,202 NLG
Belgische Franc	3,301	0,04848	0,160	8,2	40,408 BEF
Luxemb. Franc	0,130	0,04848	0,006	0,3	40,408 LUF
Dänische Krone	0,1976	0,2624	0,052	2,6	7,466 DKK
Irisches Pfund	0,008552	2,66	0,023	1,2	0,736 IEP
Griech. Drachme	1,44	0,00635	0,009	0,5	308,503 GRD
Span. Peseta	6,885	0,011847	0,082	4,2	165,358 ESP
Portug. Escudo	1,393	0,00994	0,014	0,7	197,082 PTE
			1,959 DM = 1 ECU	100,0	
			1 DM = 0,510 ECU		

Tab. 59 EU-Länder und ihre Währungsabkürzungen laut ISO-Code (International Standard Organisation)

B	Belgien	Belgischer Franc	BEF
DK	Dänemark	Dänische Krone	DKK
D	Deutschland	Deutsche Mark	DEM
GR	Griechenland	Drachme	GRD
E	Spanien	Peseta	ESP
F	Frankreich	Französischer Franc	FR
IRL	Irland	Irisches Pfund	IEP
I	Italien	Lira	ITL
L	Luxemburg	Luxemburgischer Franc	LUF
NL	Niederlande	Gulden	NLG
A	Österreich	Schilling	ATS
P	Portugal	Escudo	PTE
SF	Finnland	Finnmark	FIM
S	Schweden	Schwedische Krone	SEK
GB	Großbritannien	Pfund Sterling	GBP

Die Schritte zur Währungsunion

Der Vertrag von Maastricht sieht vor, die Europäische Währungsunion (EWU) in mehreren Schritten zu verwirklichen. Es sind drei Stufen vorgesehen:

- Die erste Stufe begann bereits am 1. Juli 1990 und ist inzwischen abgeschlossen. Sie umfaßte im wesentlichen die vollständige Liberalisierung des Kapitalverkehrs und eine engere Kooperation in der Wirtschafts-, Finanz- und Geldpolitik der EG-Mitgliedsländer.
- Die zweite Stufe läuft seit dem 1. Januar 1994. Sie ist die Vorbereitungsphase für die EWU. Zu den wichtigsten Maßnahmen zählt die Gründung des Europäischen Währungsinstituts (EWI) als Vorläufer der künftigen

Europäischen Zentralbank (EZB). Seit Beginn der zweiten Stufe gilt das Verbot der Notenbankfinanzierung öffentlicher Defizite und eine erhöhte Überwachung der Wirtschafts- und Finanzpolitik der Mitgliedsländer.
In der dritten Stufe, die am 1. Januar 1999 begonnen hat, wird die Währungsunion vollendet. Mit dem Eintritt in die dritte Stufe erfolgte die unwiderrufliche Festlegung der Umrechungskurse der nationalen Währungen zur neuen Europawährung und damit auch die Fixierung der Wechselkurse der teilnehmenden Länder untereinander. Die Kompetenz für die Geldpolitik ging auf das Europäische System der Zentralbanken (ESZB) über, das sich aus der EZB und den nationalen Notenbanken zusammensetzt. Tab. 60 zeigt die Euro-Wechselkurse für die teilnehmenden Währungen.

Tab. 60 Euro-Wechselkurse

D-Mark	1,95583
Französischer Franc	6,55957
Italienische Lira	1936,27
Österreichischer Schilling	13,7603
Niederländischer Gulden	2,20371
Belgischer Franc	40,3399
Luxemburgischer Franc	40,3399
Spanische Peseta	166,386
Portugiesischer Escudo	200,482
Irisches Pfund	0,787564
Finnmark	5,94573

An der dritten Stufe der Währungsunion können nur diejenigen Mitgliedstaaten teilnehmen, die die notwendigen Stabilitätsvoraussetzungen mitbringen, sie müssen die sogenannten Konvergenzkriterien erfüllen; das sind

- *Preisstabilität:* Die Inflationsrate darf nur um 1,5 Prozentpunkte über der Rate der drei preisstabilsten Länder liegen.
- *Haushaltsdisziplin:* Das öffentliche Defizit darf in der Regel nicht mehr als 3 % des Bruttoinlandsprodukts (BIP) betragen. Der Schuldenstand darf in der Regel 60 % des BIP nicht übersteigen.
- *Zinshöhe:* Der Zinssatz für langfristige Kredite darf nur 2 Prozentpunkte über den Zinsen für Staatsanleihen der drei preisstabilsten Länder liegen.
- *Wechselkursstabilität:* Die jeweilige Währung muß mindestens zwei Jahre vor der Entscheidung des Europäischen Rates über den Teilnehmerkreis ohne Spannungen mit der normalen Bandbreite am EWS teilgenommen haben.

Von der Mark zum Euro

Als Ergänzung zum Maastrichter Vertrag bestimmte der EU-Gipfel in Madrid im Dezember 1995 den Namen *Euro* für die neue Währung und legte den Zeitplan und die Modalitäten für dessen Einführung fest. Danach wird der Übergang zum Euro in drei Phasen nach einem verbindlichen Zeitplan ablaufen:

Phase A: Vorbereitung der EWU. Frühjahr 1998:
Entscheidung über den Kreis der Teilnehmer an der Währungsunion und Errichtung der Europäischen Zentralbank (EZB) in Frankfurt a. M.

Phase B: Beginn der EWU und der marktgesteuerten Umstellung des Buchgeldes: 1. Januar 1999:
Unwiderrufliche Festlegung der Umrechnungskurse der teilnehmenden Währungen untereinander und zum Euro; Übertragung der geldpolitischen Verantwortung auf die EZB; Durchführung der gemeinsamen europäischen Geld- und Währungspolitik in Euro. Für die (unbare) Verwendung des Euro gilt im übrigen: keine Behinderung, kein Zwang.

Phase C: Bargeldaustausch und Abschluß der Währungsumstellung. Beginn spätestens 1. Januar 2002, Abschluß spätestens 1. Juli 2002:
Beginn des Umtauschs der nationalen Banknoten und Münzen gegen Euro-Banknoten und Euro-Münzen; Durchführung der endgültigen Umstellung in allen Bereichen; Abschluß der Währungsumstellung sämtlicher Sektoren spätestens am 1. Juli 2002; dann verlieren nationale Noten und Münzen ihre Eigenschaft als gesetzliche Zahlungsmittel, können aber weiterhin umgetauscht werden.

Es muß betont werden, daß die Einführung des Euro keine »Währungsreform« ist; es werden keine Vermögensverluste eintreten. Alle Geldgrößen wie Bargeld, Sparguthaben, Schulden, Löhne und Gehälter, Renten und Pensionen, Preise und Mieten, Lebensversicherungen und Hypotheken usw. werden mit ein und demselben Umstellungsfaktor nach Tab. 60 von DM in Euro umgerechnet. Diese Umrechnung ist somit ein rein technischer Vorgang. Am realen Wert einer Geldgröße ändert sich dabei nichts, nur die Zahlen ändern sich. Niemand wird durch die Umstellung ärmer oder reicher.

5 Anhang

5.1 Glossar

al marco (ital.), ›nach der Mark‹, dem Gewicht. Im Mittelalter war es technisch nicht möglich, jede Münze mit dem vorgeschriebenen Gewicht zu prägen. Man konnte nur aus einer Gewichtsmenge, in der Regel einer Kölnischen Mark, eine vorgeschriebene Anzahl Münzen herstellen, so daß das Durchschnittsgewicht eingehalten wurde.

al numero, **al pezzo** (ital.), ›nach der Zahl‹, ›nach dem Stück‹. Das Gewicht jeder einzelnen Münze wird entweder genau ausgebracht oder auf den Sollwert justiert.

Aufzahl, Anzahl der Münzen, die auf das Münzgrundgewicht entfallen. Die A. ist also eine indirekte Gewichtsangabe.

Ausbringung, gleichbedeutend mit Aufzahl.

Brakteaten, auf sehr dünnem Schrötling einseitig geprägte Silbermünzen (Pfennige) des deutschen Mittelalters. Auch »Hohlpfennige« genannt.

Denar(ius) (lat. *denarius* ›zehn enthaltend‹), älteste römische Silbermünze. Im Mittelalter Hauptwährungsmünze, lat. Bezeichnung für Pfennig.

Feingehalt, **Feingewicht** (auch *Korn* genannt), Edelmetallanteil einer Münze.

Geldwert, Kaufkraft des Geldes, die für eine Geldeinheit käufliche Gütermenge.

Greshamsches Gesetz, von dem englischen Kaufmann und Gründer der Londoner Börse (1570) Sir Thomas Gresham (um 1519–1579) stammender Ausspruch: »Das schlechte Geld verdrängt das gute (aus dem Umlauf)«.

Grobe Münzen, alte Bezeichnung für größere Silbermünzen des 16. bis 19. Jahrhunderts, im Gegensatz zu *Landmünzen* und *Scheidemünzen*.

Handelsmünzen, Prägungen, die in erster Linie im Groß- und Fernhandel eine Rolle spielten.

Indexzahl, Kenngröße zur umfassenden Beschreibung einer Vielzahl von einzelnen Preis-, Mengen- oder Umsatzentwicklungen (Preis-, Mengen-, Umsatz-I.). Eine I. wird als gewogenes arithmetisches Mittel von »Meßzahlen« mit gleicher Basis- und Berichtsperiode ermittelt.

Inlandsprodukt, umfaßt alle Güter und Dienstleistungen, die im Inland während einer Periode von In- und Ausländern (Personen und Institutionen) produziert werden.

Justieren, Berichtigung des Gewichts von Schrötlingen vor dem Prägen.

Kipper und Wipper, Münzbetrüger, die durch Wiegen (Wippen der Waagschale) übergewichtige Münzen aussortierten, einschmolzen (Kippen) und daraus minderwertige Münzen prägten: Praktiken, die durch die Edelmetallknappheit zu Beginn des Dreißigjährigen Krieges üblich wurden und eine große Inflation verursachten. 1622 wurde das Kippergeld verboten.

Kölnische Mark, das wichtigste Münzgrundgewicht seit dem 15. bis ins 19. Jahrhundert. 1 Kölnische Mark = 233,856 g.

Konventionsfuß, Münzfuß nach der Konvention zwischen Österreich und Bayern 1753.

Kurantmünzen, ursprünglich Bezeichnung für »Umlaufmünzen« im Gegensatz zu »Handelsmünzen«. Seit dem 17. Jahrhundert bezeichnet man damit die vollwertigen Münzen im Gegensatz zu den »Scheidemünzen« oder dem Papiergeld.

Landmünzen galten nur innerhalb gewisser Territorien. Sie wurden nicht nach dem Reichsfuß, sondern in geringeren Legierungen geprägt.

Lebenshaltungskosten, Aufwand, den Familien- und Einzelhaushalte im Rahmen ihres Einkommens bei ordnungsgemäßer Wirtschaftsführung für Ernährung, Wohnung, Heizung, Verkehrsmittel und kulturelle Bedürfnisse aufbringen müssen.

Mark, (1) Gewichtseinheit, Edelmetallgewicht und jahrhundertelang Währungsgrundgewicht im Römisch-Deutschen Reich (s. Kölnische Mark). Man unterschied bei der Silbermark zwischen der »feinen (lötigen) Mark« (aus unvermischtem Silber) und der »rauhen Mark« aus mit Kupfer legiertem Silber. (2) Zählmark, Zählmaß zu 160 Pfennig. Im Mittelalter wurden größere Summen in der Regel in Mark Silber oder Gold angegeben, wobei ursprünglich Gewichts- und Zählmark identisch waren. Nachdem jedoch zur Erhöhung des Münzgewinns dem Silber immer mehr Kupfer zugesetzt wurde, entfielen auf die Gewichtsmark wesentlich mehr Pfennige. (3) Währungsnominal. Im Wendischen Münzverein erstmals 1506 geprägt.

Medaille, münzähnliche Prägung, meist zur Erinnerung an ein Ereignis oder an ein Persönlichkeit herausgegeben. Kein Zahlungsmittel.

Meßzahl, in der Statistik eine Verhältniszahl, bei der Zähler und Nenner gleichartig und gleichgeordnet sind. M. liegt vor allem dann vor, wenn sich Zähler und Nenner nur durch verschiedene Zeitbezüge unterscheiden. Die Meßzahlen gehören zu den Grundlagen der Indexzahlen.

Münzfuß, Vorschrift über die Anzahl von Münzen, die aus dem Münzgrundgewicht des Währungsmetalls, Gold oder Silber, geprägt werden darf.

Münzsystem, besteht in den Bestimmungen über die Währung, den Münzfuß, die Stückelung, die Zählweise und die Geltung der papiernen Zahlungsmittel.

Nennwert, **Nominalwert**, die auf der Münze aufgeprägte Wertangabe. In früheren Jahrhunderten fehlte bei den Talern und ihren Teilstücken sowie bei den meisten Goldmünzen jede Wertangabe.

Preisniveau, Bezeichnung für den durch Indexzahlen gemessenen Durchschnitt aller wichtigen Preise einer Volkswirtschaft. Der reziproke Wert des P. drückt die Kaufkraft des Geldes (Geldwert) aus.

Probationswesen. Mit den Reichsmünzordnungen des 16. Jahrhunderts wurde die Beaufsichtigung des Münzwesens den Reichskreisen anvertraut, die auf »Kreisprobationstagen« die neugeprägten Münzen ihrer Münzstände und die im Kreisgebiet umlaufenden fremden Münzen prüfen (»probieren«) lassen mußten. Diese Versammlungen der Münzmeister, Aufsichtsbeamten (»Wardeine«) und Gesandten der Kreisstände mußten die Untersuchungsergebnisse (»Probationsabschiede«, »Valvationen«, »Tarifierungen«) veröffentlichen.

Rauhgewicht, Schrot, Gesamtgewicht der Münze (Edelmetall mit Legierungsmetall).

Realeinkommen, Nominaleinkommen dividiert durch einen Preisindex (z. B. Preisniveau der Konsumgüter). Das R. ist Indikator für die reale Kaufkraft des Geldeinkommens.

Rechnungsmünze, keine Münze, sondern eine Rechnungseinheit. Aus Mangel an eigenen geprägten Großmünzen wurde früher oft der Wert gedachter Währungseinheiten zur Verrechnung benutzt.

Scheidemünze, eine im Gegensatz zur Kurantmünze aus unterwertigem Material geprägte Kleinmünze. Unser heutiges Metallgeld besteht aus Scheidemünzen.

Sozialprodukt, genauer: »Bruttosozialprodukt«, ein Maß für die wirtschaftliche Leistung einer Volkswirtschaft in einer Periode. Es entspricht dem Wert aller in der Periode produzierten Güter (Waren und Dienstleistungen), jedoch ohne die Güter, die als Vorleistungen bei der Produktion verbraucht wurden, und einschließlich der aus dem Ausland netto empfangenen Erwerbs- und Vermögenseinkommen. Das Bruttosozialprodukt ist eine zentrale Größe der »Volkswirtschaftlichen Gesamtrechnung«.

Umlaufmünze, Münze des täglichen Zahlungsverkehrs im Gegensatz zu Gedenkmünzen.

Zählweise, **Zählsystem**, die Teilung einer Obereinheit in Untereinheiten aufgrund ein und derselben Zahl. Das älteste Z. ist wohl das Quartalsystem, das auf ständiger Halbierung beruht. Das Duodezimalsystem, ebenfalls schon im Altertum verbreitet, teilt die Obereinheit in 12 Untereinheiten und ist wegen der vielfachen Teilbarkeit der Zahl 12 beliebt. Das Dezimalsystem mit der Teilung in 100 Untereinheiten ist heute allein gebräuchlich.

5.2 Zeittafel

um 1200 v. Chr.	In China ist Bronzegeld in der Form von verkleinerten Gebrauchsgegenständen (Spaten, Messer) in Umlauf
um 600 v. Chr.	Im kleinasiatischen Lydien werden die ersten Edelmetallmünzen aus Elektron, einer natürlich vorkommenden Legierung aus Gold und Silber, geprägt, mit einem Bild (Löwenkopf)
289 v. Chr.	Im Römischen Reich wird offiziell die Münzprägung eingeführt
214 v. Chr.	Für Rom wird der Denarius (aus Silber) geprägt. Er gilt als Vorläufer des mittelalterlichen Pfennigs
23 v. Chr.	Augustus legt eine für alle künftigen Epochen vorbildliche Geldordnung fest, gestaffelt nach Werten: Gold-, Silber, Messing-(Aurichalkum-) und Kupfermünzen
um 500 n. Chr.	Beginn der Münzprägung bei den Franken unter König Chlodwig (481–511)
793/794	Münzreform Karls d. Gr.
um 900	Erste Nachweise von Papiergeld in China
1045	Erste Erwähnung der Mark als neuer Gewichtseinheit. Sie wird im 11./12. Jh. Münzgrundgewicht (233,7 g)
12./13. Jh.	Periode des »regionalen Pfennigs«
1137	Die Bürger von St. Omer in Flandern erwirken von ihren gräflichen Stadtherrn das Münzrecht – die erste städtische Münze entsteht
1252	In Florenz wird als erste europäische Goldmünze der Florenus oder Florin geprägt, Vorbild des mittelalterlichen Goldguldens
1266	Im französischen Tours wird der gros tournois, der Turnosgroschen, geprägt, der in vielen europäischen Staaten nachgeprägt und zum Vorbild der Groschenprägung wurde

1274 Graf Meinhard II. von Tirol (1257–95) läßt in Meran und Bozen einen Grosso nach venezianischem Vorbild, den Urtyp des Kreuzers, prägen

1284 In Venedig wird der Zecchino, die Zechine, geprägt, seit dem 14. Jh. meist Dukat genannt und bis ins 19. Jh. von vielen Staaten nachgeprägt

1379 Gründung des Wendischen Münzvereins durch die Hansestädte Lübeck, Hamburg und Wismar

1385 Köln, Mainz, Trier und die Pfalz gründen einen Münzverein, der den »Rheinischen Goldgulden« herausbringt. Dieser wird zum Vorbild für die spätere Talerprägung

1458–60 »Schinderlingszeit«, die in den habsburgischen Ländern des Reichs zu einer verheerenden Inflation führt

1484 Der Herzog von Tirol läßt das Silberäquivalent des Goldguldens prägen; es wird Guldengroschen, ab etwa 1525/30 Taler genannt

1520 In Joachimsthal (Böhmen) beginnt Graf Schlick mit der Prägung von Guldengroschen, die bald »Joachimsthaler«, dann nur noch »Taler« genannt werden

1524 Die Esslinger Reichsmünzordnung zur Vereinheitlichung der Münzsysteme im Reich macht u. a. die Kölnische Mark mit etwa 238,86 g zum Grundgewicht der Talerprägung

1551 Die erste Augsburger Reichsmünzordnung erhob das Kreuzergeld zum Reichsgeld, was aber nur südlich des Mains realisiert wurde

1559 Zweite Augsburger Reichsmünzordnung. Der Dukat wird zur Reichsmünze erklärt

1566 Ergänzung zur Zweiten Augsburger Reichsmünzordnung: Der Reichstaler wird wieder Reichsmünze

1617 Beginn der Kipper- und Wipperzeit, einer durch Münzverschlechterung hervorgerufenen Inflation bis dahin ungekannten Ausmaßes. 1623 werden wieder vollwertige Münzen geprägt

1641 Frankreich prägt den Louis d'or, der zu einer der Hauptgoldmünzen Europas wird

1661 Erste Papiergeldemission in Schweden

1663 England führt die Guinea ein, die nach dem Herkunftsland des Goldes benannt wird

1667 Münzkonvention von Zinna zwischen Brandenburg und Sachsen, führt u. a. die Kurantmünze und den 10½-Taler-Fuß ein

1694 Die Bank von England gibt Papiergeld aus

1701 Erstes Papiergeld in Frankreich

1705 In Köln wird das erste Papiergeld im Deutschen Reich ausgegeben

1750 In Preußen wird der 14-Taler-Fuß, der Graumannsche Münzfuß, ausgegeben

1753 Österreich und Bayern einigen sich auf ein einheitliches Münzsystem: Konventions-Münzordnung

1780 Ausgabe des berühmten Maria-Theresientalers, der wegen der weltweiten Bedeutung als Handelsmünze noch heute mit unveränderter Jahreszahl nachgeprägt wird

1790 Assignaten – seit 1789 ausgegebene Staatsobligationen auf die beschlagnahmten Güter der Krone, der Kirche und der Emigrierten – werden offizielles Zahlungsmittel (Papier)

1816 Großbritannien führt die reine Goldwährung ein

1837 Münzvereinigung süddeutscher Staaten beschließt einen 24½-Gulden-Fuß

1838 Gründung eines Münzvereins der Zollvereinsländer, der die Prägung einer gemeinsamen Münze beschließt und zwei Währungsgebiete festlegt: das Talergebiet in Nord-, das Guldengebiet in Süddeutschland

1857 Das Zollpfund zu 500 g wird erstmals Münzgrundgewicht

1871 Das Deutsche Reich führt die Goldwährung ein; sie tritt am 1. Oktober 1908 in Kraft. Die Mark wird ab 1. Januar 1876 alleinige gesetzliche Zahlungsmitteleinheit, das Geldwesen im Reich vereinheitlicht

1914	Mit Beginn des Ersten Weltkriegs wird die Pflicht, Banknoten gegen Gold einzutauschen, in den kriegführenden Staaten aufgehoben
1923	Höhepunkt der 1922 ausgebrochenen Inflation, zu deren Behebung Ende 1923 im Deutschen Reich die Rentenmark, in Österreich der Schilling und in Ungarn der Pengö eingeführt werden
1924	Rückkehr zur Goldwährung. Die Reichsmark löst am 11. Oktober die Rentenmark ab. Die Geschäfte der Rentenbank gehen auf die Reichsbank über
1927	Maßnahmen zur Eindämmung des überhöhten Bargeldumlaufs führen zum »Schwarzen Freitag« am 13. Mai. Danach werden Gold und Devisen in Höhe von ca. 1 Mrd. Mark aus Deutschland abgezogen
1928	Der New Yorker Börsenkrach vom 29. Oktober führt weltweit zu Liquiditätskrisen und Zusammenbrüchen von Firmen
1948	Währungsreform am 20. Juni in den drei westlichen Besatzungszonen Deutschlands, in der sowjetisch besetzten Zone vom 24. bis 28. Juni. Die Reichsmark wird durch die Deutsche Mark ersetzt
1957	Gründung der Europäischen Wirtschaftsgemeinschaft (EWG) mit Deutschland, Frankreich, Italien und den Benelux-Ländern
1967	Bildung der Europäischen Gemeinschaft (EG)
1971	Als letzter europäischer Staat führt Großbritannien eine dezimale Währung ein und bricht mit einer Tradition, die in ihren Grundzügen auf die Münzreform Karls d. Gr. zurückreicht
1972	Gründung des Europäischen Wechselkursverbunds. Damit wird die »Europäische Währungsschlange« eingeführt
1973	EG-Beitritt von Großbritannien, Irland und Dänemark
1979	Die Währungsschlange wird durch das »Europäische Währungssystem« (EWS) abgelöst. Gleichzeitig wird der ECU als Währungseinheit des EWS eingeführt

1981	EG-Beitritt Griechenlands
1986	Spanien und Portugal treten der EG bei
1987	Die »Einheitliche Europäische Akte« legt die Schaffung des Binnenmarktes ab 1993 und das Ziel einer Währungsunion fest
1990	Beginn der ersten Stufe der Europäischen Währungsunion (EWU) mit der Liberalisierung des Kapitalverkehrs
1991	Abschluß des Vertrags von Maastricht über die Europäische Union (EU), Festlegung der Modalitäten und des Zeitplans für die Währungsunion
1993	Start des Binnenmarktes mit freiem Personen-, Waren-, Kapital- und Dienstleistungsverkehr
1994	Beginn der zweiten Stufe der EWU, Gründung des Europäischen Währungsinstituts (EWI)
1995	Österreich, Schweden und Finnland treten der EU bei. »Euro« wird der Name des künftigen Europa-Geldes
1998	Entscheidung über den Kreis der Teilnehmer an der EWU. Errichtung der Europäischen Zentralbank (EZB) in Frankfurt a. M.
1999	1. Januar: Unwiderrufliche Festlegung der Umrechnungskurse der teilnehmenden Währungen untereinander und zum Euro. Übertragung der geldpolitischen Verantwortung auf die EZB. Durchführung der gemeinsamen europäischen Geld- und Währungspolitik in Euro. Für die (unbare) Verwendung des Euro gilt im übrigen: Keine Behinderung, kein Zwang
2002	Spätestens am 1. Januar: Beginn des Umtausches der nationalen Banknoten und Münzen gegen Euro-Banknoten und Euro-Münzen. Durchführung der endgültigen Umstellung in allen Bereichen Spätestens am 1. Juli: Abschluß der Währungsumstellung in allen Bereichen; der Euro wird alleiniges gesetzliches Zahlungsmittel. Nationale Banknoten und Münzen werden nur noch von den Zentralbanken umgetauscht

5.3 Abkürzungen

Ag	Silber
alb	Albus
Au	Gold
d, den	Denar, Pfennig
fl	Gulden
fl (rh)	Rheinischer Gulden
fr	Franc, Franken
ggl	Goldgulden
ggr	Gute Groschen
gt	Grote
hl	Heller
K	Karat
Kr	Kreuzer
Kro	Krone
L	Lot
lb	Pfund
lt	Livre tournois
M, Mk	Mark
Mgr	Mariengroschen
Ml	Mark lübisch
p	Penny
Pf	Pfennig
RM	Reichsmark
Rpf	Reichspfennig
Rtl	Reichstaler
s, sh, ß	Schilling
Sgr	Silbergroschen
Tlr	Taler

5.4 Einheitenzeichen von Münzen in alten Urkunden

Einheitenname	Einheitenzeichen
Dukaten	ß ß 1656
Gulden	fl ƒ 15.–17. Jh.
Mark	mᵃk mᵃ mᵃd (Mittelalter) · ⅏ (15. Jh.) · ₰ (16.–19. Jh.)
Mark lübisch	mŋ lub (Mittelalter) · ℓb (16. Jh.) · ℓ/lb (1697) · ₰L (17.–18. Jh.)
Pfennig	₰ Mittelalter bis Neuzeit
Reichstaler	tal Thal Rtl RMtr Rthlr Rtl Rthlr RDl Rg 16.–17. Jahrhundert Rthr RMthlr rthl rtl rtlr rtl rtlr (18. Jahrhundert) · rbt ℞ (19. Jh.)
Reichstaler kurant	rtC C Ct 18. Jh.
Schilling	ß ß Mittelalter bis Neuzeit
Schilling lübisch	ßl lß 17. Jh.

5.5 Literaturhinweise

5.5.1 In den einzelnen Kapiteln verwendete Literatur

Die Nummern verweisen auf das alphabetische Literaturverzeichnis (5.5.2)

1 *Begriff des Geldes:* 6, 50, 61

2 *Münzkunde:* 14, 18, 21, 41, 44, 47, 56, 69, 108, 122

2.4 *Schrot und Korn – der Edelmetallgehalt:* 63, 118

2.5 *Form und Gewicht:* 5, 13, 15, 21, 31, 33, 36, 41, 84, 85, 104, 127

3 *Münz- und Geldgeschichte:* 20, 23, 41, 48, 50, 64, 75, 86, 87, 92, 93, 96, 98, 108, 112, 114, 119, 121, 123, 131

3.1 *Mittelalter und frühe Neuzeit:* 12, 16, 28, 37, 57, 58, 65, 80, 107, 114, 133, 135, 136, 137, 138

3.1.2 *Zeit der Pfennige:* 54

3.1.7 *Zeit der »Kipper und Wipper«:* 2

3.2 *Neuere Zeit (Münzsysteme des 19. Jahrhunderts):* 10, 28, 34, 37, 52, 55, 67, 80, 90, 106, 107, 108, 138

3.3 *Von der Einführung der Reichswährung bis zum Ersten Weltkrieg:* 9, 40, 49, 108, 109

3.4 *Vom Ersten Weltkrieg bis zur Gegenwart:* 40, 49, 100, 109

3.4.1 *Abschied von der Goldwährung und Große Inflation:* 30, 125

3.4.3 *Reichsmarkzeit:* 7, 97, 101, 134

3.5 *Geldwesen der Gegenwart:* 70, 132

4 *Preise, Löhne, Kaufkraft in der Geschichte:* 39, 113

4.1 *Methoden zur Ermittlung des Geldwerts:* 4, 8, 17, 38

4.2 *Methoden des Preisvergleichs, Indexzahlen:* 3, 4, 8, 17, 19, 22, 35, 38, 73, 89, 102

5.5.2 Alphabetisches Literaturverzeichnis

1 Abel, Wilhelm: Agrarkrisen und Agrarkonjunktur. Eine Geschichte der Land- und Ernährungswirtschaft Mitteleuropas seit dem hohen Mittelalter. Hamburg/Berlin ^{3}1978.

2 Altmann, Hans Christian: Die Kipper- und Wipperzeit in Bayern (1620–23). München 1976. (Neue Schriftenreihe des Stadtarchivs München. 83.)

3 Anderson, Oskar: Artikel Indexzahlen. In: Handwörterbuch der Wirtschaftswissenschaft. Hrsg. von Willi Albers [u. a.]. Bd. 4. Stuttgart [u. a.] 1978. S. 98–108.

4 Bamberg, Günter / Baur, Franz: Statistik. München/Wien ^{7}1991.

5 Barb, B.: Zur antiken Münztechnik. In: Numismatische Zeitschrift N. F. 23 (1930) S. 1–7.
6 Barfuß, Karl M.: Geld und Währung. Wiesbaden [5]1933.
7 Boelcke, Willi A.: Der Schwarzmarkt 1945–1948. Vom Überleben nach dem Kriege. Braunschweig 1986.
8 Bombach, Gottfried: Artikel Kaufkraftmessung. In: Handwörterbuch der Sozialwissenschaften. Bd. 5. Stuttgart/Tübingen/Göttingen 1956. S. 585–589.
9 Born, Karl Erich: Die Entwicklung der Banknote vom »Zettel« zum gesetzlichen Zahlungsmittel. Mainz/Wiesbaden 1972. (Akademie der Wissenschaften und der Literatur. Abhandlungen der Geistes- und Sozialwissenschaftlichen Klasse 1972.1.)
10 Braudel, Fernand: Das Geldwesen. In: F. B.: Die Geschichte der Zivilisation. 15.–18. Jh. Übers. von Renate Nickel und Thurid Pieler. München 1971. (Kindlers Kulturgeschichte des Abendlandes.)
11 Brückner, Michael: Eurowährung. Heute handeln – morgen verdienen. Niedernhausen (Ts.) 1996.
12 Buchenau, Heinrich: Beiträge zur fränkischen Münzkunde des 15. Jahrhunderts. München 1926.
13 Caspar, Helmut: »In meiner Müntz schlag ich gericht. . .« Münztechnik auf historischen Bilddokumenten. Berlin 1974. (Numismatische Beiträge. Sonderheft 1.)
14 Caspar, Helmut: Auswahlbibliographie zur Münzen- und Medaillentechnik. In: Kulturbund der DDR / Arbeitskreis Medaillenkunde. Jahrbuch 1981. Berlin 1981.
15 Caspar, Helmut: Zur Geschichte der Münztechnik vom Mittelalter bis zum Beginn des 19. Jh. In: Numismatische Beiträge 2 (1971) S. 27–42.
16 Christmann, Thomas: Das Bemühen von Kaiser und Reich um die Vereinheitlichung des Münzwesens. Berlin 1988. (Schriften zur Rechtsgeschichte. 41.)
17 Cramer, Ulrich: Statistik für nicht-mathematische Berufe 1: Beschreibende Statistik. Ismaning 1988.
18 Dannenberg, Hermann: Grundzüge der Münzkunde. 3. Aufl. bes. von F. Friedensburg. Leipzig 1912. Reprogr. Nachdr. ebd. 1976.

19 Danner, Peter: Das Berechnungsverfahren beim Preisindex für die Lebenshaltung. In: Zeitschrift des Bayerischen Statistischen Landesamtes München 107 (1975) S. 21–54.
20 Decher, Helmuth / Heinkel, Jörg: 5000 Jahre Geld. Vom Kuhhandel bis zur Scheckkarte. Celle [1986].
21 Dehnke, Erhard: Münzen. Ein Brevier für Sammler. Niedernhausen (Ts.) 1974. [2]1987. [Darin: Die Münzprägung.]
22 Deneffe, Peter J.: Lebenshaltungskostenindex; Preisstatistik. In: Handwörterbuch der Sozialwissenschaften. Bd. 7 und 8. Göttingen 1961 und 1964.
23 Deutsche Bank (Hrsg.): Geld. Frankfurt a. M. [3]1987.
24 Deutsche Bundesbank (Hrsg.): Währung und Wirtschaft in Deutschland 1876–1975. Frankfurt a. M. 1976.
25 Diesbach, Alfred: Die Fahrpost- und Briefposttarife im badischen Seekreis und ihre Beziehung zu den Einkommensverhältnissen im 4. Jahrzehnt des 19. Jahrhunderts. In: Archiv für Deutsche Postgeschichte (1975) H. 2.
26 Dirlmeier, Ulf: Untersuchungen zu Einkommensverhältnissen und Lebenshaltungskosten in oberdeutschen Städten des Spätmittelalters. Mitte 14. – Anfang 16. Jh. Heidelberg 1978.
27 Ebeling, Dietrich / Irsigler, Franz: Zur Entwicklung von Agrar- und Lebensmittelpreisen in der vorindustriellen und der industriellen Zeit. Beobachtungen am rheinischen Beispiel. In: Archiv für Sozialgeschichte 19 (1979) S. 299–329.
28 Eichhorn, Hannsheiner: Der Strukturwandel im Geldumlauf Frankens zwischen 1437 und 1610. Wiesbaden 1973.
29 Elsas, Moritz John: Umriß einer Geschichte der Preise und Löhne in Deutschland. Bd. 1. Bd. 2. Leiden 1936. 1940.
30 Elster, Karl: Von der Mark zur Reichsmark. Die Geschichte der deutschen Währung in den Jahren 1914–1924. Jena 1928.
31 Ernst, C. von: Die Kunst des Münzens von den ältesten Zeiten bis zur Gegenwart. In: Numismatische Zeitschrift 12 (1880) S. 22–67.
32 Der Euro, stark wie die Mark. Europäische Wirtschafts- und Währungsunion. Hrsg. vom Bundesministerium der Finanzen. Bonn 1996.
33 Fengler, Heinz: Die Entwicklung der Münztechnik. Staatliche Kunstsammlungen Berlin. Berlin 1982. (Kleine Schriften des Münzkabinetts. 9.)

34 Fickert, Wilhelm: Geldwesen, Kaufkraft und Maßeinheiten des Fürstentums Kulmbach-Bayreuth. Nürnberg 1989.
35 Flaskämper, Paul: Indexzahlen. In: Handwörterbuch der Staatswissenschaften. Bd. 5. Stuttgart 1956. S. 191–195.
36 Flörke, Heinrich Gustav: Münze und Münzwissenschaft. In: Johann Georg Krünitz: Ökonomisch-technologische Encyclopädie. Tl. 97. Berlin 1805.
37 Friedensburg, Ferdinand: Münzkunde und Geldgeschichte der Einzelstaaten des Mittelalters und der Neuzeit. München/ Berlin 1929. Reprogr. Nachdr. Darmstadt 1974.
38 Fürst, Gerhard (Hrsg.): Messung der Kaufkraft des Geldes. Göttingen 1976. (Sonderhefte zum allgemeinen statistischen Archiv. Organ der Statistischen Gesellschaft. 10.)
39 Gaettens, Richard: Inflationen. Das Drama der Geldentwertungen vom Altertum bis zur Gegenwart. München 1955.
40 Gall, Lothar [u. a.]: Die Deutsche Bank: 1870–1995. München 1995.
41 Gebhart, Hans: Numismatik und Geldgeschichte. Heidelberg 1949.
42 Gerstmayr, Hans: Die Technik der Walzenprägung. In: Numismatische Zeitschrift N. F. 22 (1929) S. 61–63.
43 Geyer, Rudolf / Pribram, Alfred Francis (Hrsg.): Materialien zur Geschichte der Preise und Löhne in Österreich. Wien 1938.
44 Göbl, Robert: Numismatik, Grundriß und wissenschaftliches System. München 1987.
45 Gömmel, Rainer: Realeinkommen in Deutschland. Ein internationaler Vergleich (1810–1914). Nürnberg 1979. (Vorträge zur Wirtschaftsgeschichte. 4.)
46 Gömmel, Rainer: Wachstum und Konjunktur der Nürnberger Wirtschaft (1815–1914). Nürnberg 1978. (Beiträge zur Wirtschaftsgeschichte. 1.)
47 Grasser, Walter: Münzen. München 1983.
48 Grasser, Walter: Bayerische Münzen. Vom Silberpfennig zum Golddukaten. Rosenheim [1980].
49 Grasser, Walter: Deutsche Münzgesetze 1871–1971. München 1971.
50 Grote, Hermann: Geldlehre. Leipzig 1865.

51 Grube, Frank / Richter, Gerhard: Die Schwarzmarktzeit. Deutschland zwischen 1945 und 1948. Hamburg 1979.
52 Hahn, Gunther / Kernd'l, Alfred: Friedrich der Große im Münzbildnis seiner Zeit. Berlin / Frankfurt a. M. / Wien 1996.
53 Handschuch, Konrad: D-Mark ade! Das Maastrichter Experiment. Frankfurt a. M. 1994.
54 Hävernick, Walter: Der Kölner Pfennig im 12. und 13. Jahrhundert. Periode der territorialen Pfennigmünze. Stuttgart 1930. (Vierteljahrschrift für Sozial- und Wirtschaftsgeschichte. Beiheft 18.)
55 Hauschild, Johann Friedrich: Zur Geschichte des deutschen Maß- und Münzwesens in den letzten 60 Jahren. Frankfurt a. M. 1861.
56 Heutger, Nicolaus C.: Einführung in die Münzkunde. Frankfurt a. M. 1975.
57 Hilliger, Benno: Der Ursprung der Mark. In: Numismatische Zeitschrift N. F. 22 (1929) S. 13–30.
58 Hilliger, Benno: Gold- und Silbergewicht im Mittelalter. Halle (Saale) 1932.
59 Hoffmann, Walther G. [u. a.]: Das Wachstum der deutschen Wirtschaft seit der Mitte des 19. Jahrhunderts. Berlin [u. a.] 1965.
60 Inama-Sternegg, Karl Theodor von: Deutsche Wirtschaftsgeschichte bis zum Schluß der Karolingerperiode. Bd. 1–3. Leipzig 1879–1901.
61 Issing, Otmar: Einführung in die Geldtheorie. München ^{7}1990.
62 Jacobs, Alfred: Preis, Preisgeschichte. In: Handwörterbuch der Sozialwissenschaften. Bd. 8. Stuttgart [u. a.] 1964. S. 459–476.
63 Jenemann, Hans R.: Über Ausführung und Genauigkeit von Münzwägungen in spätrömischer und neuerer Zeit. In: Trierer Zeitschrift 48 (1985) S. 163–194.
64 Jesse, Wilhelm: Münz- und Geldgeschichte Niedersachsens. Braunschweig 1952.
65 Jesse, Wilhelm: Quellenbuch zur Münz- und Geldgeschichte des Mittelalters. Halle 1924. Reprogr. Nachdr. Aalen 1968.
66 Jungblut, Michael: Wenn der Euro rollt ... : Was bringt die Europäische Währungsunion für Arbeitnehmer, Sparer, Verbraucher und Unternehmer? Wien 1996.

67 Kahl, Hans-Dietrich: Hauptlinien der deutschen Münzgeschichte vom Ende des 18. Jahrhunderts bis 1878. Frankfurt a. M. 1972.

68 Kiss, István: Der Zusammenhang von Edelmetall, Inflation und Kaufkraft (16.–18. Jahrhundert). In: Harald Witthöft [u. a.] (Hrsg.): Die Historische Metrologie in den Wissenschaften. St. Katharinen 1986. S. 202–212.

69 Kroha, Tyll: Münzen sammeln. München [6]1985.

70 Kubicek, Herbert / Klein, Stephan: Wertkarten im Zahlungsverkehr: Trends und Perspektiven auf dem Weg zur elektronischen Geldbörse. Wiesbaden 1995.

71 Kuczynski, Jürgen: Darstellung der Lage der Arbeiter in Deutschland 1871–1900. Berlin 1962.

72 Lamprecht, Karl: Deutsches Wirtschaftsleben im Mittelalter. 3 Bde. Leipzig 1885–86. Reprogr. Nachdr. Aalen 1960.

73 Lange, Klaus: Artikel Preisstatistik. In: Handwörterbuch der Wirtschaftswissenschaft. Bd. 6. Stuttgart [u. a.] 1981. S. 222–233.

74 Leuchs, Johann Michael: Neueste Münz-, Maass- und Gewichtskunde. Nürnberg [5]1834.

75 Leverkus, Erich: Freier Tausch und fauler Zauber. Vom Geld und seiner Geschichte. Frankfurt a. M. 1990.

76 Lexika

76.1 Fassbender, Dieter: Lexikon für Münzsammler. Augsburg 1991.

76.2 Fengler, Heinz [u. a.]: Lexikon der Numismatik. Berlin [3]1982.

76.3 Holl, Theodor: Fachbegriffe der Geldwirtschaft. Stuttgart 1974.

76.4 Kahnt, Helmut / Knorr, Bernd: Alte Maße, Münzen und Gewichte. Ein Lexikon. Mannheim [u. a.] 1987.

76.5 Klimpert, Richard: Lexikon der Münzen, Maße, Gewichte, Zählarten und Zeitgrößen aller Länder der Erde. Berlin [2]1896. Reprogr. Nachdr. Graz 1972.

76.6 Kroha, Tyll: Großes Lexikon der Numismatik. Gütersloh [2]1999.

76.7 Lorenzen-Schmidt, Klaus-Joachim: Kleines Lexikon alter schleswig-holsteinischer Gewichte, Maße und Währungseinheiten. Neumünster 1990.

76.8 Müller, Gerhard / Löffelholz, Josef: Bank-Lexikon. Wiesbaden [6]1969.
76.9 North, Michael (Hrsg.): Von Aktie bis Zoll. Ein historisches Lexikon des Geldes. München 1995.
76.10 Pick, Albert: Papiergeld-Lexikon. München 1978.
76.11 Rittmann, Herbert (Hrsg.): Deutsches Münzsammler-Lexikon. München 1977.
76.12 Schrötter, Friedrich Frhr. von (Hrsg.): Wörterbuch der Münzkunde. Berlin [2]1970.
76.13 Zedlers Müntz-Wissenschaft 1739–1742. (Reprint aus: Großes vollständiges Universal-Lexikon. 22. Bd. Leipzig und Halle 1739.) Graz 1980.
77 Littrow, J. J. von: Handbuch der vorzüglichsten Münzen, Maße und Gewichte zur Vergleichung mit denen des österreichischen Kaiserstaates. 3. Aufl. bes. von Karl von Littrow. Wien 1865.
78 Löhmann, Friedrich: Tafeln der Rechnungsmünzen oder Verwandlung, Eintheilung, Gewicht und wahrer Werth derjenigen Münzen, nach welchen sowohl bei öffentlichen Cassen, als auch im Handel gerechnet wird. Leipzig 1826.
79 Lory, Karl: Lebensmittelpreise durch dritthalb Jahrhunderte (nach den Angaben der Kulmbacher Ratsprotokolle). In: Forschungen zur Geschichte Bayerns 8 (1900) S. 292–301.
80 Luschin von Ebengreuth, Arnold: Allgemeine Münzkunde und Geldgeschichte des Mittelalters und der neueren Zeit. München/Berlin [2]1926.
81 Mader, Heinrich: Untersuchung über die Guldenkaufkraft von 1400–1650 für den fränkischen Gulden, bezogen auf Goldmark 1914. In: Archiv für Geschichte und Altertumskunde von Oberfranken 32 (1933) H. 1. S. 44–50.
82 Menzner, Eugen / Flocken, Hermann: Kaufkraft und Zeitgeschehen im Spiegel der Zahl. Otterbach/Kaiserslautern [2]1960.
83 Metz, Rainer: Geld, Währung und Preisentwicklung. Der Niederrheinraum im europäischen Vergleich 1350–1800. Frankfurt a. M. 1990.
84 Mittmann, J.: Die Glasfenster der Konstanzer Münze 1624. In: Numismatische Zeitschrift N. F. 21 (1928) S. 69–87.
85 Moser, Heinz / Tursky, Heinz: Die Münzstätte Hall in Tirol. Bd. 1: 1477–1665. Bd. 2: 1665–1809. Innsbruck 1977–81.

86 Nau, Elisabeth: Seit Jahrtausenden begehrt. Die Geschichte des Geldes. Stuttgart 1959.
87 Nau, Elisabeth: Epochen der Geldgeschichte. Stuttgart 1972.
88 Nautz, Jürgen: Tarifautonomie und Lohnentwicklung in der Phase der Weimarer Inflation. In: Eckart Schremmer (Hrsg.): Geld und Währung vom 16. Jahrhundert bis zur Gegenwart. Stuttgart 1993. (Vierteljahrschrift für Sozial- und Wirtschaftsgeschichte. Beiheft 106.)
89 Neubauer, Werner: Preisindex der Lebenshaltung. In: Handwörterbuch der Wirtschaftswissenschaft. Bd. 6. Stuttgart [u. a.] 1981. S. 213–222.
90 Neueste Münzkunde. Abbildung und Beschreibung der jetzt coursierenden Gold- und Silbermünzen mit Angabe ihres Gewichts, Feingehalts, ihrer Geltung und ihres Werthes. Bd. 2: Die Münzverhältnisse der europäischen Staaten. Leipzig 1853.
91 Noback, Christian / Noback, Friedrich: Vollständiges Taschenbuch der Münz-, Maß- und Gewichtsverhältnisse. Leipzig 1851.
92 North, Michael: Das Geld und seine Geschichte. Vom Mittelalter bis zur Gegenwart. München 1994.
93 Pentzlin, Heinz: Das Geld. Berlin [u. a.] 1982.
94 Pierenkemper, Toni (Hrsg.): Haushalt und Verbrauch in historischer Perspektive. Zum Wandel des privaten Verbrauchs in Deutschland im 19. und 20. Jahrhundert. St. Katharinen 1987.
95 Die deutschen Portosätze. Handbuch und Tabellen 1872–1972. Hrsg. vom Verband oberfränkischer Briefmarken-Sammlervereine. Nürnberg 1972.
96 Probszt, Günther: Österreichische Münz- und Geldgeschichte. Von den Anfängen bis 1918. Wien [u. a.] ^{2}1983.
97 Riecke, Hans-Joachim: Ernährung und Landwirtschaft im Kriege. In: Bilanz des Zweiten Weltkrieges. Oldenburg/Hamburg 1953.
98 Rittmann, Herbert: Deutsche Geldgeschichte 1484–1914. München 1975.
99 Rittmann, Herbert: Auf Heller und Pfennig. Die faszinierende Geschichte des Geldes und der wirtschaftlichen Entwicklung in Deutschland. München 1976.

100 Rittmann, Herbert: Deutsche Geldgeschichte seit 1914. München 1986.

101 Rohrbach, Justus: Im Schatten des Hungers. Dokumentarisches zur Ernährungspolitik und Ernährungswirtschaft in den Jahren 1945–1949. Hrsg. von Hans Schlange-Schöningen. Hamburg/Berlin 1955.

102 Scharnbacher, Kurt: Statistik im Betrieb. Wiesbaden 1989.

103 Scherf, Harald: Inflation. In: Handwörterbuch der Wirtschaftswissenschaft. Bd. 4. Stuttgart 1978. S. 159–184.

104 Schlösser, E.: Die Münztechnik. Ein Handbuch. Hannover 1884.

105 Schmidt, Louis: Die Münzen, Maße, Gewichte, die Usanzen im Waaren-, Wechsel-, Staatspapier- und Aktienhandel sämmtlicher Staaten und Handelsplätze der Erde. Mit einer geschichtlichen Einleitung. Wien und Pest [1870].

106 Schramm, Petra: Geldgeschäfte und Kapitalanlagen in alter Zeit. Wiesbaden 1988.

107 Schremmer, Eckart (Hrsg.): Geld und Währung vom 16. Jahrhundert bis zur Gegenwart. Stuttgart 1993. (Vierteljahrschrift für Sozial- und Wirtschaftsgeschichte. Beiheft 106.)

108 Schrötter, Friedrich von: Aufsätze zur deutschen Münz- und Geldgeschichte des 16. bis 19. Jahrhunderts (1902–1938). Leipzig 1991.
[Darin: »Die preußische Münzpolitik im 18. Jahrhundert«; »Die Münzverwaltung Friedrichs des Großen«; »Die preußische Münzpolitik im 19. Jahrhundert. 1806–1973«.]

109 Seidel, Karl-Dieter: Die deutsche Geldgesetzgebung seit 1971. München 1973.

110 Sozialgeschichtliche Arbeitsbücher

110.1 Fischer, Wolfram [u. a.]: Materialien zur Geschichte des Deutschen Bundes 1815–1870. München 1982. (Sozialgeschichtliches Arbeitsbuch. Bd. 1.)

110.2 Hohorst, Gerd [u. a.]: Materialien zur Statistik des Kaiserreichs 1870–1914. München ²1978. (Sozialgeschichtliches Arbeitsbuch. Bd. 2.)

110.3 Petzina, Dietmar [u. a.]: Materialien zur Statistik des Deutschen Reiches 1914–1945. München 1978. (Sozialgeschichtliches Arbeitsbuch. Bd. 3.)

110.4 Rytlewski, Ralf / Opp de Hipt, Manfred: Die Bundesrepublik Deutschland in Zahlen 1945/49–1980. München 1987. (Sozialgeschichtliches Arbeitsbuch. Bd. 4.)
110.5 Rytlewski, Ralf / Opp de Hipt, Manfred: Die Deutsche Demokratische Republik in Zahlen 1945/49–1980. München 1987. (Sozialgeschichtliches Arbeitsbuch. Bd. 5.)
111 Sprenger, Bernd: Preisindizes unter besonderer Berücksichtigung verschiedener Münzsorten als Bezugsgrößen für das 16. und 17. Jahrhundert, dargestellt anhand von Getreidepreisen. In: Scripta Mercaturae 1 (1977) S. 57–72.
112 Sprenger, Bernd: Das Geld der Deutschen. Geldgeschichte Deutschlands von den Anfängen bis zur Gegenwart. Paderborn [u. a.] 1991.
113 Statistische Jahrbücher
113.1 Statistisches Jahrbuch für das Deutsche Reich. Hrsg. vom Kaiserlichen Statistischen Amt. 1878–1918.
113.2 Statistisches Jahrbuch für das Deutsche Reich. Hrsg. vom Statistischen Reichsamt. 1918–1944.
113.3 Statistisches Jahrbuch für die Bundesrepublik Deutschland. Hrsg. vom Statistischen Bundesamt. Seit 1952.
113.4 [Statistische Jahrbücher der Bundesländer. Hrsg. von den jeweiligen Statistischen Landesämtern.]
113.5 Statistisches Handbuch von Deutschland 1928–1944. München 1949.
114 Suhle, Arthur: Die Münze. Von den Anfängen bis zur europäischen Neuzeit. Leipzig ²1970.
115 Suhle, Arthur: Deutsche Münz- und Geldgeschichte von den Anfängen bis zum 15. Jahrhundert. Berlin 1955.
116 »Tele-Banking«. [Informationsschriften der Banken und Sparkassen.]
117 Teuteberg, H. J.: Der Verzehr von Nahrungsmitteln in Deutschland pro Kopf und Jahr seit Beginn der Industrialisierung (1850–1975). In: Archiv für Sozialgeschichte 19 (1979) S. 331–388.
118 Tewes, Lothar: Die Geschichte der Berliner Goldmünzwaagen, ihre Fabrikation und Eichung. Berlin 1990. (Numismatische Hefte. 64.)
119 Veit, Ludwig: Das liebe Geld. Zwei Jahrtausende Geld- und Münzgeschichte. München 1969.

120 Verdenhalven, Fritz: Alte Maße, Münzen und Gewichte aus dem deutschen Sprachgebiet. Neustadt (Aisch) 1968.
121 Vilar, Pierre: Gold und Geld in der Geschichte. Vom Ausgang des Mittelalters bis zur Gegenwart. Übers. von Helga Reimann und Manfred Vasold. München 1984.
122 Voigtlaender, Heinz: Falschmünzer und Münzfälscher. Geschichte der Geldfälschungen aus zweieinhalb Jahrtausenden. Münster 1976.
123 Wagenführ, Horst: Der goldene Kompaß. Vom Werden und Wandel des Geldes. Stuttgart 1961.
124 »Währungsunion« und »Euro«. [Informationsschriften der Banken und Sparkassen.] [Ausführlich: Deutsche Bank: Der Euro, eine stabile Währung für Europa. Sonderbericht. – Dresdner Bank: Die Währungsunion – Chance für Europa.]
125 Wagner, Helmut: Inflation! Würzburg/Wien 1983.
126 Walther, Andreas: Geldwert in der Geschichte. In: Vierteljahrschrift für Sozial- und Wirtschaftsgeschichte 10 (1912) S. 1–52.
127 Walther, R.: Die Entwicklung der europäischen Münzprägetechnik von den Karolingern bis zur Gegenwart. In: Deutsches Jahrbuch für Numismatik. Bd. 2. München 1939. S. 139–159.
128 Waschinski, E.: Währung, Preisentwicklung und Kaufkraft des Geldes in Schleswig-Holstein von 1226 bis 1864. 2 Bde. Neumünster 1952–59.
129 Weixner, Bärbel / Wimmer, Michaela: Stichwort »Ecu«. München 1993.
130 Weixner, Bärbel / Wimmer, Michaela: Stichwort »Euro«. München 1997.
131 Weimer, Wolfram: Geschichte des Geldes. Eine Chronik mit Texten und Bildern. Frankfurt a. M. / Leipzig 1992.
132 Wendling, Peter: Karte oder bar? Rastatt 1990.
133 Werner, Joachim: Waage und Geld in der Merowingerzeit. In: Sitzungsbericht der Bayerischen Academie der Wissenschaften. Phil. hist. Klasse. Jg. 1954. H. 1. S. 1–40.
134 Wildt, Michael: Der Traum vom Sattwerden. Hunger und Protest, Schwarzmarkt und Selbsthilfe in Hamburg 1945–1948. Hamburg 1986.

135 Witthöft, Harald: Die Kölner Mark zur Hansezeit. In: Michael North (Hrsg.): Geldumlauf, Währungssysteme und Zahlungsverkehr in Nordwesteuropa. Köln/Wien 1989. S. 51–74.
136 Witthöft, Harald: Über den lübischen und andere norddeutsche Münzfüße nach metrologischen Sach- und Schriftzeugnissen des 12.–14. Jahrhunderts. Lübeck 1989. Zeitschrift des Vereins für Lübeckische Geschichte und Altertumskunde. Bd. 69.
137 Witthöft, Harald: Münzfuß, Kleingewichte, pondus Caroli und die Grundlegung des nordeuropäischen Maß- und Gewichtswesens in fränkischer Zeit. Ostfildern 1984.
138 Witthöft, Harald: Die Münzordnungen und das Grundgewicht im Deutschen Reich vom 18. Jahrhundert bis 1871/72. In: Eckart Schremmer (Hrsg.): Geld und Währung vom 16. Jh. bis zur Gegenwart. Stuttgart 1993. (Vierteljahrschrift für Sozial- und Wirtschaftsgeschichte. Beiheft 106.)
139 Witthöft, Harald: Handbuch der historischen Metrologie. Bd. 1: Deutsche Bibliographie zur historischen Metrologie. St. Katharinen 1991.
140 Zwer, Reiner: Einführung in die Wirtschafts- und Sozialstatistik. München/Wien 1994.

5.6 Verzeichnis der Tabellen und Abbildungen

5.6.1 Tabellen

5.6.2 Abbildungen

5.7 Nachweis der Abbildungen

Wilhelm Abel: Agrarkrisen und Agrarkonjunktur. Eine Geschichte der Land- und Ernährungswissenschaft Mitteleuropas seit dem hohen Mittelalter. Hamburg/Berlin ^{3}1978.
Abb. 21.

Auktionskatalog Numismatika Wien, Auktion X 1975.
Abb. 18.

Karl M. Barfuß: Geld und Währung. Wiesbaden ^{5}1933.
Abb. 1.

Helmut Caspar: Zur Geschichte der Münztechnik vom Mittelalter bis zum Beginn des 19. Jahrhunderts. In: Numismatische Beiträge 2 (1971) S. 27–42.
Abb. 7, 15.

Erhard Dehnke: Münzen. Ein Brevier für Sammler. Niedernhausen (Ts.) 1974. ^{2}1987.
Abb. 6.

Encyclopédie ou Dictionnaire raisonné des sciences, des arts et des métiers. Hrsg. von Denis Diderot und Jean le Rond d'Alembert. Recueil de Planches. Bd. 3. Paris 1771.
Abb. 13.

Dieter Fassbender: Münzen sammeln. Augsburg 1994.
Abb. 12.

Heinrich Gustav Flörke: Münze und Münzwissenschaft. In: Johann Georg Krünitz: Ökonomisch-technologische Encyclopädie. Tl. 97. Berlin 1805. – © Württembergische Landesbibliothek. Foto: Joachim Siener.
Abb. 3, 8.

Robert Göbl: Numismatik. Grundriß und wirtschaftliches System. München 1987.
Abb. 11.

Rainer Gömmel: Realeinkommen in Deutschland. Ein internationaler Vergleich (1810–1914). Nürnberg 1979. (Vorträge zur Wirtschaftsgeschichte. 4.)
Abb. 22, 23, 24.

Tyll Kroha: Lexikon der Numismatik. Gütersloh 1977.
Abb. 4, 10.

Meyers Konversationslexikon. Leipzig ^{5}1896.
Abb. 16.

Meyers Konversationslexikon. Leipzig ^{7}1928.
Abb. 5, 14.

Heinz Moser / Heinz Tursky: Die Münzstätte Hall in Tirol. Bd. 2: 1665–1809. Innsbruck 1981.
Abb. 9.

Gert Richter: Die gute alte Zeit im Bild. Alltag im Kaiserreich 1871–1914. Gütersloh 1974.
Abb. 25, 26.

Herbert Rittmann (Hrsg.): Deutsches Münzsammler-Lexikon. München 1977.
Abb. 2.

Bernd Sprenger: Preisindizes unter besonderer Berücksichtigung verschiedener Münzsorten als Bezugsgrößen für das 16. und 17. Jahrhundert, dargestellt anhand von Getreidepreisen. In: Scripta Mercaturae 1 (1977) S. 65.
Abb. 20.

Heiko Steuer: Feinwaagen und Gewichte als Quellen zur Handelsgeschichte des Ostseeraumes. In: Deutsche Forschungsgemeinschaft: Archäologische und naturwissenschaftliche Untersuchungen an Siedlungen im deutschen Küstengebiet. Bd. 2: Handelsplätze des frühen und hohen Mittelalters. Weinheim 1984. S. 276.
Abb. 17.

Die übrigen Abbildungen stammen vom Verfasser.

5.8 Register

Zum Autor

WOLFGANG TRAPP, Jahrgang 1918, studierte Fernmelde- und Hochfrequenztechnik an der Technischen Hochschule Braunschweig. Promotion zum Dr.-Ing. Als Leiter des Laboratoriums für Neigungswaagen an der Physikalisch-Technischen Bundesanstalt in Braunschweig wirkte er maßgeblich bei der Neufassung von Eichgesetzen und der Harmonisierung der Eichvorschriften im Rahmen der Europäischen Gemeinschaft mit. Ab 1964 Leiter der Eichverwaltung von Schleswig-Holstein in Kiel, ab 1967 Direktor des Bayerischen Landesamtes für Maß und Gewicht in München. Berater der Kommission für Warenverpackung (DIN-Ausschuß). Für seine Verdienste um die bayerische Eichverwaltung erhielt er anläßlich seiner Pensionierung im Jahre 1983 das Bundesverdienstkreuz am Bande. Verschiedene Fachpublikationen, darunter *Kleines Handbuch der Maße, Zahlen, Gewichte und der Zeitrechnung* ([3]1998).